8 REGELS VAN DE LIEFDE

EERDER WERK VAN JAY SHETTY:

Denk als een monnik

8 REGELS van de LIEFDE

JAY SHETTY

Liefde vinden, vasthouden en durven loslaten

Vertaling Karin de Haas

HarperCollins

Voor het papieren boek is papier gebruikt dat onafhankelijk is gecertificeerd door FSC®
om verantwoord bosbeheer te waarborgen.
Kijk voor meer informatie op www.harpercollins.co.uk/green.

HarperCollins is een imprint van Uitgeverij HarperCollins Holland, Amsterdam.

Copyright: © 2023 Jay R. Shetty
Oorspronkelijke titel: 8 Rules of Love
Copyright Nederlandse vertaling: © 2023 HarperCollins Holland
Vertaling: Karin de Haas
Omslagontwerp: Rodrigo Corral
Bewerking: Pinta Grafische Producties
Foto auteur: Josh Telles
Zetwerk: Mat-Zet B.V., Huizen
Druk: ScandBook UAB, Lithuania, met gebruik van 100% groene stroom

ISBN 978 94 027 1112 7
ISBN 978 94 027 6668 4 (e-book)
NUR 770
Eerste druk januari 2023

Originele uitgave verschenen bij Simon & Schuster, Inc., New York, Verenigde Staten.

HarperCollins Holland is een divisie van Harlequin Enterprises ULC.
® en ™ zijn handelsmerken die eigendom zijn van en gebruikt worden door de eigenaar van het
handelsmerk en/of de licentienemer. Handelsmerken met ® zijn geregistreerd bij het United States
Patent & Trademark Office en/of in andere landen.

www.harpercollins.nl

Voor mijn moeder, die me leerde
om eindeloos lief te hebben

Voor mijn zus, die me leerde
om onvoorwaardelijk lief te hebben

Voor mijn vrouw, die me leerde
om daadwerkelijk lief te hebben

Inhoudsopgave

Deel 4: Verbinding

Inleiding

'Wat is het verschil tussen mooi vinden en houden van?' vraagt een leerling.[1]

De leraar antwoordt: 'Als je een bloem mooi vindt, dan pluk je hem. Wanneer je van een bloem houdt, dan geef je hem elke dag water.' Deze vaak geciteerde dialoog illustreert een van mijn favoriete ideeën over liefde. We voelen ons aangetrokken tot schoonheid – we verlangen ernaar – en we willen het bezitten. Dit is de bloem die we plukken en waar we van genieten. Maar lust verwelkt uiteindelijk, net als een afgesneden bloem, en dan gooien we het weg. Wanneer aantrekkingskracht zich ontwikkelt tot liefde, vereist het meer zorg. Als we een bloem in leven willen houden, snijden we hem niet af om hem in een vaas te zetten. We geven hem zonlicht, aarde en water. En pas wanneer je langere tijd voor een bloem zorgt en je best doet om hem in leven te houden, kun je de schoonheid ervan helemaal ervaren – de versheid, de kleur, de geur, de bloei. Je merkt de verfijnde details van elk bloemblaadje op. Je ziet de bloem reageren op de seizoenen. Je ervaart vreugde en voldoening wanneer er nieuwe knoppen verschijnen en je bent opgetogen wanneer hij bloeit.

We worden aangetrokken door liefde zoals we aangetrokken worden door een bloem – eerst door de schoonheid en de bekoorlijkheid ervan –, maar net als een bloem kunnen we liefde alleen door constante zorg en aandacht in leven houden. Liefde vergt dagelijkse inspanning. In dit boek wil ik samen met jou de gewoonte van de liefde ontwikkelen. Ik laat je kennismaken met oefeningen, manieren van denken en instrumenten die je zullen helpen om lief te hebben op een manier die dagelijkse beloningen brengt, seizoen na seizoen.

Het wordt wel gezegd dat het grootste streven van de mens is om lief te hebben en liefgehad te worden. We geloven in liefde – het ligt in onze aard om ons aangetrokken te voelen tot liefdesverhalen, om er zelf eentje te willen beleven en te hopen dat ware liefde mogelijk is. Maar velen van ons weten ook hoe het voelt om een bloem te zijn die is afgesneden en in water is gezet, om te verwelken en onze blaadjes te verliezen. Misschien heb jij je ook wel zo gevoeld, of misschien heb je zelf wel een paar bloemen afgesneden en weggegooid. Of misschien heb je nog geen liefde gevonden en ben je nog op zoek. Deze teleurstellingen kunnen verschillende vormen aannemen. Je denkt dat je verliefd bent en voelt je vervolgens misleid. Je denkt dat het liefde is, maar je ontdekt dat het slechts lust is. Je weet zeker dat het liefde is, maar je komt erachter dat het een leugen is. Je verwacht dat de liefde zal standhouden, maar ziet die verloren gaan. Misschien zijn we bang voor een vaste verbintenis of kiezen we mensen die dat zijn, of we stellen onmogelijke eisen en geven mensen geen kans. Misschien zijn we in

MOOI VINDEN   HOUDEN VAN

gedachten nog bij een ex, of misschien hebben we een periode van pech achter de rug. In plaats van te vallen voor valse beloftes of partners die je niet gelukkig maken, in plaats van je verslagen of hopeloos te voelen wil ik dat je de overvloedige liefde ervaart waarvan je hoopt dat die bestaat.

Romantische liefde is tegelijkertijd vertrouwd en complex. In de loop der tijd en in verschillende culturen is liefde op oneindig veel manieren waargenomen en beschreven. Psycholoog Tim Lomas, van het Human Flourishing Program van Harvard University, heeft vijftig talen geanalyseerd en veertien unieke soorten liefde vastgesteld.[2] Volgens de oude Grieken waren er zeven basistypes: *Eros*, seksuele of hartstochtelijke liefde; *Philia*, oftewel vriendschap; *Storge*, oftewel liefde tussen familieleden; *Agape*, universele liefde; *Ludus*, oppervlakkige, vrijblijvende liefde; *Pragma*, dat gebaseerd is op plichtsgevoel of andere belangen; en *Philautia*, zelfliefde.[3] Een analyse van Chinese literatuur tussen de vijfhonderd en de drieduizend jaar oud onthult vele vormen van liefde, variërend van hartstochtelijk en obsessief tot toegewijd tot vrijblijvend.[4] In de taal van de Tamil zijn er meer dan vijftig woorden voor verschillende soorten en nuances van liefde, zoals *liefde als deugd, liefde binnen een bevredigende relatie* en *vanbinnen smelten door een gevoel van liefde*.[5] In het Japans beschrijft de term *koi no yokan* de gewaarwording van de ontmoeting met een nieuw iemand en het gevoel dat je bestemd bent om verliefd op die persoon te worden,[6] en *kokuhaku* betekent 'een verklaring van liefdevolle verbintenis'.[7] In de Indiase Borotaal beschrijft het woord *onsra* het besef dat een relatie niet zal voortduren.[8]

Onze eigen cultuur beschrijft liefde op talloze manieren. Als we naar de Top 50 Liefdesliedjes Aller Tijden kijken, krijgen we te horen dat liefde een tweedehands emotie is (Tina Turner), een achtbaan (The Ohio Players), een kater (Diana Ross) of een raar klein dingetje (Queen). Beyoncé gaat zich er raar door gedragen en bij Leona Lewis blijft de liefde maar wegstromen.[9] In films wordt de liefde geïdealiseerd, maar we komen maar zelden te weten wat er gebeurt nadat de hoofdpersonen elkaar hebben gevonden. Met dit boek wil ik je helpen om tussen al die perspectieven en portretten en parabelen van liefde je eigen definitie te creëren en de vaardigheden te ontwikkelen die je nodig hebt om die liefde elke dag uit te oefenen en ervan te genieten.

Toen ik eenentwintig was, liet ik mijn studie voor wat het was en vertrok naar een ashram in een dorp vlak bij Mumbai. Als een Hindoestaanse monnik bracht ik daar drie jaar door met mediteren, het bestuderen van oude geschriften en het doen van vrijwilligerswerk tussen de andere monniken.

De oudste hindoegeschriften die we bestudeerden, heetten de Veda's. Deze geschriften zijn meer dan vijfduizend jaar geleden in het Sanskriet op palmbladeren geschreven. De meeste van die palmbladeren bestaan niet meer, maar de teksten zijn bewaard gebleven. Sommige ervan staan zelfs online. Hun aanwezigheid en relevantie in de moderne wereld blijven me verbazen en inspireren. Ik bestudeer de Veda's nu zestien jaar, en in de drie jaar dat ik als monnik heb geleefd, heb ik me er zeer uitgebreid in verdiept. Toen ik de praktische en toegankelijke wijsheid zag die erin verborgen lag, ben ik deze inzichten via podcasts, boeken en video's gaan delen met mensen over de hele wereld. Een groot deel van mijn huidige werk bestaat uit het coachen van individuen en stellen, en het opleiden van anderen om hetzelfde te doen. Dit werk heeft me in staat gesteld om meer dan tweeduizend coaches te certificeren, die allemaal gebruikmaken van een door mij ontwikkeld programma dat zijn wortels heeft in de Vedische principes.

De concepten in dit boek zijn gevormd op basis van wijsheden uit de Veda's. Ik heb me tot deze geschriften gewend omdat ze over de liefde spreken op een manier die nieuw voor mij was. Wat ze zeggen is eenvoudig en toegankelijk – een oude lens die een nieuw perspectief biedt. De Veda's hebben me kennis laten maken met het idee dat liefde verschillende fases kent, dat liefde een proces is en dat we er allemaal naar verlangen om lief te hebben en liefgehad te worden. Tijdens mijn werk als relatietherapeut zag ik dat deze concepten de toets van situaties uit het werkelijke leven doorstaan. Vervolgens kwam ik in reacties op mijn video's en mijn podcast mensen tegen die allemaal met dezelfde terugkerende patronen in hun relaties worstelden, waaronder meerdere problemen die ik in de sessies met mijn cliënten succesvol had weten aan te pakken met gebruik van Vedische concepten. Ik heb dit boek geschreven zodat iedereen er toegang toe heeft en er met vrienden, familie en partners over kan praten. Ik heb geput uit de wijsheid van de Veda's, uit mijn ervaring met cliënten, uit mijn eigen reizen en uit datgene wat ik samen met de andere monniken heb geleerd. Ik ben gek op de kruisbestuiving tussen moderne wetenschap en eeuwenoude wijsheid. De ideeën in dit boek worden ondersteund door beide, hoewel we Vedische concepten op nieuwe manieren gebruiken door spirituele concepten op aardse relaties toe te passen.

Het beoefenen van de liefde

Niemand gaat er eens goed voor zitten om ons te leren hoe we lief moeten hebben. Liefde is overal om ons heen, maar het valt niet mee om haar te leren van vrienden en familieleden die er zelf ook maar een slag naar slaan. Sommigen van hen zijn op zoek naar liefde. Sommigen zijn stapelverliefd en vervuld van hoop. Sommigen sluiten elkaar buiten of houden elkaar aan het lijntje. Sommigen zijn samen, maar zonder verliefd te zijn. Sommigen gaan uit elkaar omdat ze gewoon niet weten hoe ze hun relatie kunnen laten slagen. En weer anderen lijken gelukkig in hun liefdesrelaties. Iedereen heeft advies voor ons. *Liefde is het enige wat je nodig hebt. Je weet het vanzelf wanneer je je zielsverwant ontmoet. Je kunt iemand veranderen. Een relatie hoort vanzelf te gaan. Tegenpolen trekken elkaar aan.* Het valt echter niet mee om te weten welk advies je moet volgen en waar je moet beginnen. We kunnen niet verwachten dat we een succes maken van de liefde als we nooit hebben geleerd hoe we die moeten geven of ontvangen. Hoe we onze emoties moeten hanteren in connectie met die van iemand anders.

Hoe we anderen moeten begrijpen. Hoe we een relatie kunnen opbouwen en onderhouden waarin beide partners gelukkig zijn.

Het grootste deel van het advies over de liefde betreft het vinden van de ware. We denken dat er een perfecte persoon voor ons rondloopt, onze zielsverwant, de liefde van ons leven, en datingapps versterken dat geloof. Het is fantastisch wanneer we zo iemand vinden, maar het overkomt niet iedereen, en het blijft niet altijd zo perfect. Dit boek is anders; het gaat er niet om dat je de perfecte partner of relatie vindt en de rest vervolgens aan het toeval overlaat. Ik wil je helpen om bewust aan liefde te bouwen, in plaats van te wensen, te verlangen en te wachten tot je haar in de schoot geworpen krijgt. Ik wil je helpen om te gaan met de uitdagingen en de onvolkomenheden die we tegenkomen op de reis naar liefde. Ik wil je helpen om een liefde te creëren die elke dag groeit en zich ontwikkelt, in plaats van een liefde die helemaal af is. We kunnen niet weten waar en wanneer we liefde zullen vinden, maar we kunnen ons erop voorbereiden, en wanneer we liefde vinden, kunnen we toepassen wat we hebben geleerd.

De Veda's beschrijven vier levensfases, en dat zijn de klaslokalen waarin we de regels van de liefde zullen leren, zodat we haar kunnen herkennen en het optimale eruit kunnen halen wanneer ze op ons pad komt.[10] In plaats van liefde als een etherisch concept te presenteren beschrijven de Veda's haar als een serie stappen, fases en ervaringen die een duidelijk pad voorwaarts in kaart brengen. Zodra we de lessen van het ene niveau hebben geleerd, gaan we door naar het volgende. Als we moeite hebben met een fase, of we gaan verder voordat we die fase volledig beheersen, keren we simpelweg terug naar de les die we nodig hebben. De vier klaslokalen zijn: *Brahmacharya-ashram*, *Grhastha-ashram*, *Vanaprastha-ashram* en *Sannyasa-ashram*.

Als je 'ashram' opzoekt in een woordenboek, zul je ontdekken dat het 'kluizenarij' betekent.[11] Woorden uit het Sanskriet worden in vertaling vaak teruggebracht tot een eenvoudige betekenis, maar in de praktijk hebben ze meer diepgang. Ik definieer ashram als een school van wijsheid, groei en steun. Een toevluchtsoord voor zelfontwikkeling, een beetje zoals de ashram waar ik mijn jaren als monnik heb doorgebracht. We zijn voorbestemd om in elke fase van ons leven te leren.

VIER ASHRAMS

| Brahmacharya | Grhastha | Vanaprastha | Sannyasa |
| Voorbereiden op liefde | Liefde beoefenen | Liefde beschermen | Liefde perfectioneren |

Stel je het leven voor als een reeks klaslokalen of ashrams waarin we verschillende lessen leren.

Elke ashram brengt ons naar een ander niveau van liefde.

De eerste ashram: voorbereiden op liefde

In de eerste ashram, Brahmacharya, bereiden we ons voor op de liefde. We rijden ook niet in een auto voordat we rijlessen hebben gevolgd en de basisvaardigheden op een veilige plek hebben geoefend. Wanneer we aan een nieuwe baan beginnen, bereiden we ons wellicht voor door een nieuw computerprogramma te leren, onze aanstaande collega's te vragen wat er van ons verwacht wordt of de vaardigheden aan te scherpen die we nodig hebben. En we bereiden ons voor op liefde door te leren om onszelf in afzondering lief te hebben, om onze eigen pijn te genezen en voor onszelf te zorgen. We leren vaardigheden aan zoals compassie, medeleven en geduld (Regel 1). Dit zal ons helpen om liefde te delen, want zonder deze eigenschappen kunnen we niet van iemand anders houden. Daarnaast nemen we eerdere relaties onder de loep om te voorkomen dat we in een nieuwe relatie dezelfde fouten zullen maken (Regel 2).

De tweede ashram: liefde beoefenen

In de tweede ashram, Grhastha, breiden we onze liefde uit naar anderen terwijl we onszelf blijven liefhebben. In de drie hoofdstukken van deze fase wordt uitgelegd hoe je een andere geest en een andere set normen, waarden en voorkeuren kunt begrijpen en waarderen, en hoe je ermee kunt samenwerken.

We hebben de neiging om liefde te veel te simplificeren en haar te zien als een kwestie van chemie en bij elkaar passen. Verliefdheid en aantrekkingskracht zijn inderdaad de aanvankelijke verbindingspunten, maar ik definieer de diepste liefde als liefde waarbij je de persoonlijkheid van de ander waardeert, zijn of haar waarden respecteert en hem of haar in een langdurige, toegewijde relatie helpt om gewenste doelen te bereiken. Misschien kijk je wel op deze manier naar je vrienden – dat hoop ik –, maar ik bedoel een relatie waarbij dit allemaal in stand blijft wanneer je met iemand samenwoont, die persoon elke dag ziet en elkaar terzijde staat bij de grootste geluksmomenten, de diepste teleurstellingen en de alledaagse ups en downs.

In Grhastha onderzoeken we hoe je weet of je verliefd bent (Regel 3), hoe je samen met je partner kunt leren en groeien (Regel 4), en hoe je binnen je relatie prioriteiten kunt stellen en je persoonlijke tijd en ruimte kunt managen (Regel 5).

De derde ashram: liefde beschermen

Vanaprastha, de derde ashram, is een helende plek waar we ons terugtrekken om rust en vrede te vinden. We komen er terecht na een verbroken relatie of een verlies, of wanneer het gezinsleven minder van onze aandacht vraagt. Nadat we in Grhastha hebben geleerd hoe we anderen liefde kunnen geven, is dit een soort pauze waarin we stilstaan bij de ervaring van het liefhebben van anderen.

We ontdekken wat ons vermogen om lief te hebben mogelijk in de weg staat en werken aan vergeving en genezing. In Vanaprastha leren we hoe we conflicten kunnen oplossen zodat we onze liefde kunnen beschermen (Regel 6). We beschermen onszelf en ons vermogen om lief te hebben ook door te leren wanneer we een relatie moeten verbreken en hoe we daarmee moeten omgaan (Regel 7).

De vierde ashram: liefde perfectioneren

De vierde ashram, Sannyasa, is het toppunt van liefde – waar we onze liefde uitbreiden tot iedere persoon en elk moment van ons leven. In deze fase wordt onze liefde grenzeloos. We beseffen dat we op elk moment en met iedereen liefde kunnen ervaren. We leren hoe we steeds opnieuw lief kunnen hebben (Regel 8). We streven naar deze perfectie, maar we bereiken die nooit.

Velen van ons doorlopen deze vier fases zonder de lessen te leren waar ze voor staan. In de eerste ashram verzetten we ons ertegen om alleen te zijn en lopen we de groei mis die alleen-zijn biedt. In de tweede vermijden we de lessen die voortkomen uit de uitdagingen waarmee elke relatie vergezeld gaat. In de derde nemen we geen verantwoordelijkheid voor ons helingsproces. En de vierde – van iedereen houden – is iets wat we niet eens overwegen, omdat we geen idee hebben dat het mogelijk is.

Dit boek houdt de volgorde van de ashrams aan, die in wezen de cyclus van relaties volgen – van voorbereiding op de liefde naar het beoefenen van de liefde naar het beschermen van de liefde naar het perfectioneren van de liefde. Voor het boek heb ik de vier ashrams teruggebracht tot de acht regels die we moeten leren en eigenschappen die we moeten ontwikkelen om van de ene ashram naar de volgende te gaan: twee regels om je voor te bereiden op de liefde, drie regels om de liefde te beoefenen, twee regels om de liefde te beschermen en één regel om naar de perfecte liefde te streven. Acht tijdloze, universele regels. Deze regels zijn cumulatief – ze bouwen elk voort op de voorgaande. Het boek is zo opgezet dat je ze in deze volgorde benadert, maar ze zijn bedoeld om ons op elke leeftijd en in elke fase van een relatie te dienen. Sommige ervan zullen tegen je instinct indruisen. Ik spreek over alleenzijn als het begin van liefde. Ik zal je vertellen dat je jouw doelstellingen voor moet laten gaan op die van je partner. Ik zal uitleggen dat je partner je goeroe is. Deze nieuwe benaderingen van liefde zullen je helpen bij het vergroten van je kansen om liefde te vinden, en een leidraad vormen bij het beantwoorden van belangrijke vragen: waar je op moet letten bij een eerste date, wat je moet doen als je een 'type' hebt, hoe je jezelf moet presenteren, wanneer je 'ik houd van je' moet zeggen, wanneer je een commitment aan kunt gaan, hoe je om moet gaan met conflicten, hoe je een huishouden moet runnen en wanneer je een relatie moet verbreken.

Elk van deze regels helpt je om een mindset te vinden voor de liefde, of je nu single bent, een relatie hebt of je relatie juist aan het verbreken bent. Ook binnen een relatie kun je oefenen met alleenzijn. Je kunt je benadering van conflicten herzien, wat je situatie ook is. Deze regels komen in alle levensscenario's aan de orde.

Dit boek is geen verzameling van manipulatieve technieken. Ik ga je geen zinnetjes aanleren waarmee je de aandacht van mensen kunt trekken. Ik ga je niet vertellen hoe je jezelf in de persoon kunt veranderen die de ander zoekt, of hoe je de ander naar je eigen ideaalbeeld kunt smeden. Dit gaat over het omarmen van je voorkeuren en je neigingen, zodat je geen tijd verspilt aan mensen die niet goed voor je zijn. Het gaat erom dat je leert hoe je je waarden kunt uitdragen, niet hoe je jezelf in de markt moet zetten. Het gaat om het loslaten van de boosheid, hebzucht, onzekerheid, verwarring en het ego die je hart bevolken en je vermogen om lief te hebben in de weg staan. Gaandeweg zal ik je technieken aanreiken waarmee je je door eenzaamheid heen kunt werken, verwachtingen los kunt laten, intimiteit kunt koesteren en kunt genezen van een gebroken hart.

Toen ik besloot om Radhi ten huwelijk te vragen, wilde ik het beste, meest romantische aanzoek aller tijden doen. Ik informeerde bij een vriend naar verlovingsringen en kocht een klassieke ring met een diamant voor haar. Toen, op een prachtige voorjaarsavond in 2014, stelde ik haar voor dat we in de buurt van London Bridge zouden afspreken om langs de oever van de Theems te wandelen (destijds woonden we in Londen). Ik vertelde haar dat we in een goed restaurant uit eten zouden gaan, omdat ik wist dat ze dan de geschikte kleren zou dragen voor de avond die ik had gepland. Net toen we een idyllisch plekje passeerden met een van de mooiste uitzichten van de stad verscheen er plotseling een man die haar een gigantisch boeket overhandigde. Terwijl ze zich verwonderde over de bloemen begon een a-capellagroep uit het niets het nummer 'Marry You' van Bruno Mars te zingen. Ik liet me op één knie zakken en vroeg haar ten huwelijk. Ze huilde; ik huilde ook. Nadat ze ja had gezegd, werd er een veganistische maaltijd bezorgd, en we aten aan een tafeltje dat ik aan de oever van de Theems had laten neerzetten. Ze dacht dat dat het eind was van de verrassingen, maar toen we op weg naar huis een hoek omsloegen, stond er een wit rijtuig met paarden voor ons klaar. We stapten in het rijtuig en werden door de stad gereden, langs alle grote bezienswaardigheden. Radhi riep luid: 'Ik ben verloofd!' en voorbijgangers juichten ons toe. Uiteindelijk gingen we naar haar ouders om het goede nieuws met hen te delen.

Onderweg naar het huis van haar ouders verschenen er echter rode vlekken op Radhi's gezicht. Tegen de tijd dat we er waren, was ze helemaal bedekt met uitslag, en het eerste wat haar ouders tegen ons zeiden was niet 'Gefeliciteerd!' maar 'Wat is er met je gezicht?' Dat was de dag dat we ontdekten dat ze allergisch is voor paarden.

Ik dacht dat ik het perfecte aanzoek in elkaar had gezet, maar later kwam het bij me op dat al mijn ideeën regelrecht uit Disney-films en virale aanzoekvideo's waren gekomen. Houdt Radhi eigenlijk wel van a-capellamuziek? Dat wel, maar ze houdt niet van grote gebaren. Hecht ze bijzonder aan de Theems of aan ritjes door Londen? Niet echt. En de nabijheid van paarden gevolgd door uitslag hoorde al helemáál niet bij haar droomdate. Bovendien bleek dat diamanten niet haar favoriete edelstenen zijn. Waar geeft Radhi werkelijk om? Ze is gek op lekker eten, en hoewel ik een vegan maaltijd had laten bezorgen bij de rivier, was die koud en smakeloos toen we eraan begonnen. Het detail dat ze het meest zou hebben gewaardeerd, was datgene wat ik het minst zorgvuldig had gepland en waarvan de uitvoering het slechtst was. Bovendien is Radhi gek op haar familie, en als ik er beter over had nagedacht zou ik hen uit de bosjes hebben laten springen om ons te verrassen, in plaats van de zangers. Dat zou ze prachtig hebben gevonden.

Het was een leuke avond, en ik had mazzel – Radhi zei ja en heeft nooit over mijn aanzoek geklaagd –, maar erg persoonlijk was het niet. Mijn leven lang heb ik de liefde geuit zien worden door overdreven romantische gebaren, en ik dacht dat dat de enige manier was om haar mijn gevoelens te tonen. De rode uitslag was een subtiele hint dat ik geen idee had wat ik deed; dat ik aan de persoon recht voor mijn neus moest denken, in plaats van de beelden van sprookjesliefde waarmee we continu gebombardeerd worden.

Mijn leven lang ben ik omringd geweest door verhalen die me vertelden hoe de liefde zich zou moeten afspelen. Dat zijn we allemaal. En de meesten van ons neigen onbewust – in de liefde en al het andere – naar een conventionele route. In heteroseksuele relaties komen verreweg de meeste aanzoeken nog steeds van mannen. Op trouwsite The Knot is 97 procent van de aanzoekverhalen afkomstig van aanstaande bruidegoms die de grote vraag stellen.[12] Van de bruiden krijgt 80 procent een verlovingsring met een diamant.[13] Volgens een onderzoek van het tijdschrift *Brides* trouwt 80 procent van de bruiden in het wit en neemt 76 procent van de vrouwen de achternaam van hun echtgenoot aan.[14] Het klassieke kerngezin is nog steeds de meest voorkomende gezinsstructuur in de Verenigde Staten; slechts een op de vijf Amerikanen woont met twee of meer volwassen generaties onder één dak – grofweg hetzelfde percentage als in 1950.[15] 72 procent van de Amerikanen woont in of vlak bij de plaats waar ze zijn opgegroeid.[16] En hoewel het aantal mensen dat zegt dat ze graag een niet-exclusieve relatie zouden willen gestegen is,[17] heeft slechts 4 tot 5 procent van de Amerikanen daadwerkelijk een niet-monogame relatie met wederzijds goedvinden.[18]

De sprookjesboekversie van liefde die ik Radhi liet zien, was niet de liefde die onze relatie zou laten voortduren. Sprookjes, films, liedjes en mythes vertellen ons niet hoe we de liefde elke dag moeten beoefenen. Daarvoor moeten we leren wat liefde voor ons beiden als individuen betekent en afleren wat we dáchten dat het betekende. Daarom deel ik mijn onvolmaakte verhaal. Ik weet niet alles, en ik heb niet alles uitgevogeld. Radhi heeft me zoveel over liefde geleerd, en ik blijf samen met haar leren. Ik deel de adviezen in dit boek met jou omdat ik weet hoe goed ik ze zelf had kunnen gebruiken en hoe vaak ik ze in de toekomst zal gebruiken. Liefde gaat niet om het perfecte aanzoek of het creëren van een perfecte relatie. Het gaat erom dat je leert omgaan met de onvolkomenheden die nu eenmaal bij ons, bij onze partners en bij het leven horen. Ik hoop dat dit boek jou daarbij helpt.

DEEL 1

Alleen-zijn: leren van jezelf te houden

In de eerste ashram, Brahmacharya, bereiden we ons voor op de liefde door te leren alleen te zijn en door van onze voorgaande relaties te leren hoe we de volgende kunnen verbeteren. In ons eentje leren we om van onszelf te houden, onszelf te begrijpen, onze eigen pijn te genezen en voor onszelf te zorgen. We ervaren *atma prema*, zelfliefde.[1]

Gun het jezelf
om alleen te zijn

Ik zou willen dat ik je, wanneer je alleen bent of om-
ringd door duisternis, het verbazingwekkende licht van
je eigen wezen kon laten zien.

HAFIZ[1]

We zijn het er allemaal over eens: niemand wil eenzaam zijn. Veel mensen blijven zelfs liever in een ongelukkige relatie dan dat ze single zijn. Als je het zinnetje 'Zal ik ooit…' intypt in een zoekmachine, voorspelt die dat de kans groot is dat je daarna 'een relatie vinden' in zult typen, omdat 'Zal ik ooit een relatie vinden' een van de populairste vragen is die mensen over hun toekomst stellen.

Deze vraag onthult onze onzekerheid, onze angst, onze vrees voor eenzaamheid – en het zijn juist die gevoelens die ons ervan weer-houden om liefde te vinden. Wetenschappers aan de University of Toronto ontdekten door een reeks onderzoeken dat de angst om single te zijn de kans vergroot dat we genoegen zullen nemen met een minder bevredigende relatie.[2] We lopen in het bijzonder een groter risico dat we afhankelijk worden van onze partners en dat we de relatie met hen niet beëindigen, zelfs wanneer die niet in onze behoeften voorziet.

Een relatie lijkt de logische oplossing voor eenzaamheid. Zijn we niet eenzaam omdat we alleen zijn? De angst voor eenzaamheid hindert echter ons vermogen om goede beslissingen over relaties te nemen.

Mijn cliënt Leo had al bijna een jaar verkering met Isla toen zij voor haar werk van Philadelphia naar Austin moest verhuizen.

'Je moet doen wat voor jou het beste is,' zei ze tegen hem. 'Ik wil hier duidelijk over zijn. Ik weet niet waar onze relatie naartoe gaat.' Aanvankelijk twijfelde Leo, maar een maand na haar vertrek verhuisde hij naar Austin.

'Mijn vrienden hadden bijna allemaal een relatie. Zonder Isla voelde ik me single, en ik wilde niet eenzaam zijn, dus besloot ik bij haar in de buurt te gaan wonen.' In plaats van na te denken over de voors en tegens van een verhuizing – wat zou het voor zijn werk betekenen? Wat liet hij achter in Philadelphia? Wie kende hij in Austin? Zou het hem daar bevallen? Zou deze stap goed zijn voor zijn relatie? – was Leo er vooral op gericht om eenzaamheid te vermijden.

Een maand na zijn verhuizing beëindigde Isla de relatie. Leo was voor haar verhuisd om eenzaamheid te vermijden, met als resultaat dat hij vanuit huis werkte in een stad waar hij niemand kende en zich eenzamer voelde dan ooit.

Willen we een relatie die gebaseerd is op onzekerheid en wanhoop, of eentje die gebaseerd is op tevredenheid en vreugde? Uit eenzaamheid gaan we overhaast relaties aan; het maakt dat we in de verkeerde relaties blijven hangen, en het brengt ons ertoe om minder te accepteren dan we verdienen.

Om onszelf, onze voorkeuren en onze waarden te begrijpen moeten we de tijd gebruiken dat we single zijn, of tijd voor onszelf nemen wanneer we een relatie hebben. Als we leren om onszelf lief te hebben, ontwikkelen we medeleven, empathie en geduld. Vervolgens kunnen we die eigenschappen gebruiken om van iemand anders te houden. Op die manier is alleen-zijn – niet eenzaam, maar op ons gemak en vol vertrouwen in situaties waarin we onze eigen keuzes maken, zelf onze weg bepalen en nadenken over onze eigen ervaringen – de eerste stap in de voorbereiding op houden van anderen.

Angst voor eenzaamheid

Het is geen wonder dat we bang zijn om alleen te zijn. Ons leven lang is ons ingeprent dat we het moeten vrezen. Het kind dat in zijn eentje speelt op het schoolplein? Dat werd een einzelgänger genoemd. Het kind dat een verjaardagsfeestje gaf waar de coole kinderen niet kwamen? Dat voelde zich onpopulair. Als we niemand kunnen vinden die we als date mee kunnen nemen naar een bruiloft voelen we ons losers. Het angstaanjagende vooruitzicht om tijdens de lunch in je eentje te moeten zitten is zó'n veelvoorkomend thema in films over middelbarescholieren dat Steven Glansberg, een personage met een piepklein gastrolletje in de film *Superbad*, in de Urban Dictionary werd opgenomen als 'dat joch dat elke dag tijdens de lunch in zijn eentje zijn dessert zit te eten'.[3] Het is erin geramd dat we een date moesten hebben voor het eindexamenbal, dat onze jaarboeken vol moesten staan met handtekeningen, dat we omringd moesten zijn door een grote groep vrienden. Wie alleen was, moest wel eenzaam zijn. Eenzaamheid is gecast als de vijand van vreugde, groei en liefde. We zien onszelf als gestrand op een eiland, verloren, verward en hulpeloos, zoals Tom Hanks in *Cast Away*, met alleen een volleybal genaamd Wilson om mee te praten.[4] Eenzaamheid is de laatste toevlucht. Een plek die niemand wil bezoeken, laat staan er wonen.

Tijdens mijn drie jaar als monnik heb ik meer tijd in mijn eentje doorgebracht dan in de rest van mijn leven bij elkaar. Hoewel er een heleboel monniken in de ashram waren, brachten we een groot gedeelte van onze tijd door in stilte en afzondering, en we hadden zeker geen romantische relaties. De emotionele isolatie stelde me in staat om vaardigheden te ontwikkelen en te oefenen waar je niet zo snel aan toekomt te midden van de lusten en lasten van een relatie. Zo was ik bijvoorbeeld geschokt toen ik bij mijn eerste bezoek aan een meditatieoord te horen kreeg dat ik mijn mp3-speler niet mee mocht brengen. Destijds was muziek mijn leven, en ik had geen idee hoe ik de pauzes zou moeten doorkomen als ik er niet naar kon luisteren. Ik ontdekte echter dat ik gek was op stilte. Ik bleek helemaal niets nodig te hebben om mezelf af te leiden. Ik werd niet afgeleid door gesprekken, geflirt of verwachtingen. Er was geen muziek of apparaat om me bezig te houden. En ik was meer betrokken en aanwezig dan ik ooit was geweest.

Als je de lessen van een ashram niet hebt geleerd, zal het leven je op de een of andere manier terug blijven duwen naar die fase. Veel van de sleutellessen van Brahmacharya worden geleerd wanneer je alleen bent. Laten we om te beginnen nagaan hoeveel tijd je in je eentje doorbrengt en hoe je je daarbij voelt. Of je nu een relatie hebt of niet, het is belangrijk om dit basale zelfonderzoek te doen; om te zien of je de tijd die je alleen doorbrengt gebruikt om jezelf te begrijpen en je voor te bereiden op liefde.

Probeer dit:

ZELFONDERZOEK

1. Houd een week lang bij hoeveel tijd je in je eentje doorbrengt. Dit betekent zonder gezelschap. Breng die tijd niet door met tv-kijken of gedachteloos op je telefoon scrollen. Ik wil dat je actieve solobezigheden bijhoudt, bijvoorbeeld lezen, wandelen, mediteren, sporten of het beoefenen van een hobby, zoals koken, musea bezoeken, verzamelen, bouwen of iets creatiefs doen. Nee, de tijd dat je slaapt mag je niet meetellen. Voor dit deel van de oefening hoef je geen extra moeite te doen om alleen te zijn. In deze fase hoef je alleen maar te observeren wat je gewoontes zijn.

Schrijf niet alleen op hoeveel tijd je alleen hebt doorgebracht, maar ook wat je hebt gedaan en of het je dwarszat dat je het niet met iemand anders deed. Misschien vind je het wel prettig om in je eentje de vaat te doen, of je ziet het juist als een pijnlijke herinnering aan het feit dat je voor één persoon hebt gekookt. Wellicht slaap je het best alleen, of het bezorgt je juist een gevoel van eenzaamheid. Bedenk waarom je je prettig of onprettig voelde. Wanneer voel je je prettig in je eentje? Het doel van deze oefening is om je te helpen in kaart te brengen hoe je je tijd in je eentje doorbrengt, voordat je het alleen-zijn verder gaat ontwikkelen.

TIJD	ACTIVITEIT	PRETTIG/ONPRETTIG	WAAROM?

2. Nu je hebt vastgesteld wat je uitgangssituatie is, is het de bedoeling dat je elke week aan een nieuwe soloactiviteit begint. Ik wil graag dat je de manier waarop je die tijd doorbrengt bewust kiest. Ga voor een activiteit die je nog niet zo vaak in je eentje hebt gedaan.

Ga naar een film, een optreden of een sportevenement
Bezoek een museum
Ga in je eentje uit eten
Bezoek een restaurant zonder op je telefoon te kijken
Ga een eind wandelen
Vier je verjaardag
Geniet van een feestdag
Bezoek in je eentje een feestje
Doe eenmalig vrijwilligerswerk
Volg een masterclass

→

Probeer dit een maand lang elke week te doen. Let tijdens de activiteit op de manier waarop je op een nieuwe situatie reageert. Besteed vooral aandacht aan verstorende gedachten die het moeilijk voor je maken om alleen te zijn. Gebruik de vragen hieronder om te evalueren.

Hoelang duurt het voordat je je op je gemak voelt?
In welk opzicht zou het anders zijn als je dit niet in je eentje, maar met z'n tweeën zou doen?
Kun je jezelf in je eentje beter vermaken?
Zou je graag willen dat er iemand anders bij was?
Vind je het moeilijk om te weten wat je met jezelf moet aanvangen?
Zou je mening over de activiteit worden beïnvloed door de reactie van een metgezel?
(Afhankelijk van de activiteit) kom je in de verleiding om afleiding te zoeken op je telefoon, je tv of een podcast?
Wat bevalt je aan de ervaring?
Wat zijn de voor- en nadelen van alleen-zijn?

Als je niet in je eentje uit eten kunt gaan zonder je ongemakkelijk te voelen, hoe zou je het dan prettiger kunnen maken? Misschien ontdek je wel dat je graag een boek of een werkopdracht meeneemt, omdat je dan het gevoel hebt dat je iets te doen hebt of dat je productief bent. Maar misschien is een kort, vriendelijk gesprek met de ober wel het enige wat je nodig hebt om op de juiste voet aan je solo-etentje te beginnen.

Als je in je eentje een film kijkt en je mist het om de ervaring met iemand te delen, zoek dan een nieuwe manier om jezelf te uiten. Schrijf een blogpost, een online recensie of een dagboekbrief over de film. Doe dit ook als je een les of masterclass hebt gevolgd. Heb je er iets van geleerd? Wat beviel je eraan? Wat zou je liever hebben veranderd? Neem een ingesproken boodschap op waarin je jezelf vertelt hoe je deze ervaring hebt beleefd. Het is fijn om met iemand van gedachten te wisselen over een film, een cursus of een lezing, maar wanneer je die in je eentje bezoekt, kun je oefenen met het ontwikkelen van ideeën en je meningen zonder dat die worden beïnvloed door de smaak van iemand anders. Als je niet gewend bent om in je eentje te wandelen, stel jezelf dan een leuk, niet al te moeilijk doel. Dat kan een fysiek doel zijn, zoals het behalen van een recordtijd, of het kan zijn dat je op zoek gaat naar iets wat je aandacht trekt en wat je mee naar huis neemt. Het doel kan ook zijn om een mooie foto te maken (die je voor jezelf kunt houden of op social media kunt plaatsen).

De doelstelling van dit zelfonderzoek is om je beter op je gemak te voelen in je eigen gezelschap. Je leert je eigen voorkeuren kennen zonder dat je op de prioriteiten en doelen van iemand anders leunt. Je leert om een gesprek met jezelf te voeren.

Alleen-zijn als tegengif voor eenzaamheid

Paul Tillich zei: 'De taal heeft het woord *loneliness* (eenzaamheid) gecreëerd om de pijn van alleen-zijn uit te drukken, en de uitdrukking *solitude* (alleen-zijn) om de glorie ervan te reflecteren.'[5]

Het verschil tussen eenzaamheid en alleen-zijn is de lens waardoor we de tijd bekijken die we in ons eentje doorbrengen, en de manier waarop we die tijd gebruiken. De lens van eenzaamheid maakt ons onzeker en geneigd tot het nemen van slechte beslissingen. De lens van alleen-zijn maakt ons open en nieuwsgierig. Als zodanig is alleen-zijn de basis waarop we onze liefde bouwen.

Alleen-zijn betekent niet dat je gefaald hebt in de liefde. Het is het begin van liefde. Gedurende de tijd die we zonder maatje doorbrengen bewegen we ons anders door de wereld, alerter op onszelf en de wereld om ons heen. Bij een onderzoek gaven wetenschappers meer dan vijfhonderd bezoekers van een kunstmuseum een speciale handschoen die hun bewegingspatronen vastlegde, samen met fysiologische data zoals hun hartslag.[6] Uit de gegevens bleek dat de mensen die niet werden afgeleid door gesprekken met een metgezel een sterkere emotionele reactie op de kunst vertoonden. Zoals de onderzoekers schreven, waren de bezoekers die in hun eentje waren in staat om 'de tentoonstelling in hogere mate met open en alerte gewaarwording te bekijken'.

Daarnaast vulden de deelnemers voor en na hun bezoek aan het museum een vragenlijst in. Uiteindelijk beschreven de mensen die de tentoonstelling met een groep bezochten hun ervaring als minder gedachteprikkelend en emotioneel stimulerend dan degenen die alleen gingen. Natuurlijk is er niets mis mee om al kletsend langs de kunst te lopen, maar denk eens aan de inspiratie die deze bezoekers misliepen. Pas dat vervolgens toe op het leven in zijn algemeenheid. Wanneer we onszelf met andere mensen omringen, missen we meer dan alleen de fijnere details van een kunsttentoonstelling. We lopen de kans mis om beter naar onszelf te kijken en onszelf beter te begrijpen.

In feite wijst onderzoek uit dat het domweg moeilijker voor ons is om iets te leren als we onszelf nooit de kans geven om alleen te zijn. In *Flow: Psychologie van de optimale ervaring* schrijft Mihály Csíkszentmihályi: 'Ons huidige onderzoek met getalenteerde tieners laat zien dat het niet door cognitieve tekortkomingen komt dat zij hun vaardigheden vaak niet ontwikkelen, maar doordat ze er niet tegen kunnen om alleen te zijn...'[7] Uit zijn onderzoek blijkt dat jonge mensen minder snel creatieve vaardigheden als schrijven of het bespelen van een instrument ontwikkelen omdat je die het effectiefst kunt aanleren door ze in je eentje te oefenen.[8] Net als die getalenteerde tieners kunnen wij onze vaardigheden ook maar moeilijk ontwikkelen als we het vermijden om alleen te zijn.

Het pad van eenzaamheid naar alleen-zijn

Op zichzelf geeft alleen-zijn ons niet de vaardigheden die we nodig hebben voor relaties. Je kunt niet zomaar besluiten dat je alleen-zijn gaat gebruiken om jezelf te begrijpen en dan verwachten dat het vanzelf gebeurt. Maar als we het gebruiken om onszelf te leren kennen, kan het ons op een heleboel manieren voorbereiden op liefde. Onthoud dat je in een gezonde relatie de kruising van twee levens het beste kunt laten verlopen als je je eigen persoonlijkheid, waarden en doelen al kent. Wanneer we de weg afleggen van eenzaamheid naar een productief gebruik van alleen-zijn, zullen we dus onze persoonlijkheid, waarden en doelen verkennen. Deze overgang kent drie fases: aanwezigheid, ongemak en zelfvertrouwen.

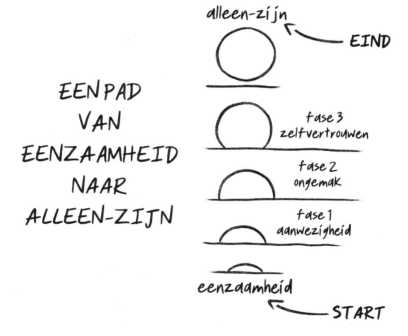

Aanwezigheid

De eerste stap bij het gebruikmaken van alleen-zijn is aanwezig zijn bij jezelf. Zelfs wanneer we niet in het gezelschap van andere mensen verkeren, zijn we vaak druk, afgeleid en verwijderd van ons eigen leven. Wanneer we aandacht besteden aan de manier waarop we ons voelen en de keuzes die we maken, leren we wat onze prioriteiten in het leven zijn – onze waarden. Deze waarden sturen de beslissingen die we nemen. Wanneer je aandacht hebt voor jezelf en je waarden ziet, krijg je een idee van wie je bent en kun je beslissen of dat de persoon is die je wilt zijn. Je brengt meer tijd met jezelf door dan met wie dan ook in je leven. Neem de tijd om je sterke punten te waarderen en onder ogen te zien waar je nog aan moet werken. Wanneer je dan een relatie aangaat met iemand anders, heb je al een idee van wat je te bieden hebt en wat je nog kunt verbeteren. We staan niet stil bij het belang van zelfkennis in een relatie, maar als je je bewust bent van jezelf, kun je je zwaktes temperen en je sterke punten naar voren laten komen.

Probeer dit:

LEER JE WAARDEN KENNEN

Bekijk de keuzes die je op verschillende gebieden van je leven maakt. Zijn ze verbonden met je waarden of zijn het gewoontes die je graag zou veranderen? Hieronder geef ik opties om je houding ten opzichte van elk thema te beschrijven, maar mochten die niet van toepassing zijn op jou, schrijf dan zelf op wat wel klopt. Hoe specifieker je jezelf kent, hoe beter je kunt verfijnen wat je geweldig vindt aan jezelf en de dingen kunt verbeteren die je graag zou veranderen.

KEUZES MET BETREKKING TOT TIJD

Social media: Ik leg mijn leven graag vast voor mijn vrienden/ Ik heb niets met social media. Ik leef liever in het hier en nu

Weekends/Reizen: Ik wil de wereld zien/In mijn vrije tijd wil ik gewoon ontspannen of heb ik het nodig om te ontspannen

Dates: Het liefst kook ik thuis voor iemand/Ik vind het heerlijk om uit eten te gaan

Tv: Ik kijk elke avond/Ik kies mijn programma's zorgvuldig en kijk alleen wat ik echt goed vind

Punctualiteit: Ik ben altijd op tijd/Ik ben vaak te laat

Planning: Ik houd een agenda bij en houd me aan mijn plannen/Ik leg me niet graag ergens op vast

GEWOONTES

Organisatie: Ik ruim alles netjes op en zorg dat mijn rekeningen betaald zijn/Ik wilde dat ik beter georganiseerd was

Bewegen: Ik ben graag actief of ik beweeg voor mijn gezondheid/Ik vind het moeilijk om mezelf te motiveren

Voedsel: Ik eet gezond, of in elk geval zo gezond mogelijk/ Het leven is kort, ik eet ik wat lekker vind

Slapen: Ik slaap het liefst uit/Ik sta vroeg op

GELD

Uitgavepatroon: Ik spaar voor de toekomst/Als ik geld overheb, geef ik het uit

Vakanties: Ik houd van luxevakanties/Ik reis zo goedkoop mogelijk

Huis, kleding, auto: Ik houd het simpel/Ik houd van mooie spullen

Aankopen: Ik koop dingen spontaan/Ik denk er goed over na voor ik iets aanschaf

SOCIALE INTERACTIE

Vrienden: Ik breng graag tijd door met veel mensen/Ik doe het liefst iets met z'n tweeën of in mijn eentje (in het laatste geval ben je bij de juiste regel!)
Familie: Ik zie mijn familie zo vaak als ik kan/Ik zie mijn familie alleen wanneer het nodig is
Gesprekken: Ik bespreek graag allerlei onderwerpen tot in detail/Ik ben iemand van weinig woorden

Wanneer je je waarden eenmaal kent, kun je ervoor zorgen dat je partner ze respecteert. Als je elkaars waarden niet respecteert, is het moeilijker om de keuzes en de beslissingen van de ander te begrijpen, en dat kan leiden tot verwarring en conflicten. Als je niet dezelfde waarden hebt, hoef je er geen ruzie over te maken of je eigen waarden te verdedigen. Wel moet je die van jezelf kennen, zodat je jezelf kunt respecteren, en die van de ander kennen, zodat je hem of haar kunt respecteren – en vice versa.

Ongemak

Als je het niet gewend bent om tijd door te brengen in je eentje, voelt het aanvankelijk misschien raar en ongemakkelijk. Het kan moeilijk zijn om alleen te zijn met je gedachten. Je hebt dan wellicht het gevoel dat je niets bereikt, of je weet niet wat je met jezelf moet aanvangen. Het kan voelen alsof het geen enkel nut heeft.

Om te wennen aan het gevoel van alleen-zijn moeten we onszelf uitdagen, eerst op de kleine manieren die ik in het voorgaande deel heb beschreven, maar ook op grotere, meeromvattende manieren.

Probeer dit:

MAAK GEBRUIK VAN DE TIJD DIE JE IN JE EENTJE DOORBRENGT

Is er iets nieuws wat je wilt proberen? Hieronder staan drie verschillende manieren waarop je tijd in je eentje door kunt brengen en kunt gebruiken om jezelf beter te leren kennen. Kies de optie die je het meest aanspreekt – het doel van deze oefeningen is immers om je eigen voorkeuren te ontdekken – of verzin zelf iets.

1. Begin met het leren van een nieuwe vaardigheid die weken, maanden of nog langer zal kosten om te ontwikkelen. Neem de zanglessen die je altijd al had willen nemen, leer skaten of volg het voorbeeld van de meutes in quarantaine en leer eindelijk hoe je zuurdesembrood moet bakken. Waarom kies je deze vaardigheid? Waarom begin je er nu pas mee? Wat voor effect heeft de nieuwe vaardigheid op je zelfvertrouwen en je eigenwaarde? Past dit bij het beeld dat je van jezelf hebt en wie je wilt zijn? Het is prima om met een instructeur te werken, zoals een muziekleraar wanneer je een nieuw instrument leert spelen. Het gaat erom dat je de mogelijkheid creëert om in je eentje stil te staan bij wat die activiteit je over jezelf leert.

2. Reis in je eentje. Leer jezelf beter kennen tijdens een weekendtripje dat je in je eentje maakt. Je zult al snel ontdekken hoe onafhankelijk je bent. Juist als je het eng vindt om alleen te zijn, is dit een geweldige activiteit. Ben je:

Besluiteloos/Besluitvaardig
Iemand die met veel/weinig bagage reist

Relaxed/Actief
Netjes/Slordig
Gestructureerd/Spontaan

Voer je gesprekken in je hoofd of is je innerlijke ervaring stil?
Ben je besluitvaardig of zet je vraagtekens bij je eigen keuzes?
Voel je je ongemakkelijk of zelfverzekerd?
Welke aspecten van reizen trekken je het meest?
Waar zou je hierna graag naartoe willen?

3. Ga werk doen dat je nooit eerder hebt gedaan. Het is moeilijk te regelen wanneer je fulltime werkt, maar als je het voor elkaar kunt krijgen, probeer dan iets heel nieuws. Doe vrijwilligerswerk bij een bibliotheek; geef je op voor een carpooldienst; ga serveren in een restaurant; oppassen; lesgeven. Voor alle duidelijkheid, bij veel van deze opties is er interactie met andere mensen, maar het gaat erom dat je het in je eentje kiest, er in je eentje aan begint en het in je eentje evalueert.

Welke aspecten van jezelf zijn altijd aanwezig, wat je ook doet?
Wat ontdek je over jezelf?
Is dit werk waar je belangstelling voor hebt, of gaat het je vooral om het extra geld?
Heb je graag interactie met mensen of werk je liever onafhankelijk?
Krijg je graag duidelijke instructies of zoek je liever je eigen weg?
Zul je eerder om toestemming vragen of om vergeving?
Geeft je werk je energie of kost het je juist energie?
Zou je deze nieuwe kans in je leven graag uitbreiden?

Als we meer weten over onszelf en waar we plezier in scheppen, voelen we ons beter op ons gemak wanneer we alleen zijn. We zijn dan meer bereid om dingen te ondernemen zonder dat we daar het veiligheidsnet van een metgezel bij nodig hebben. De activiteiten die je kiest en de dingen die je daardoor over jezelf leert, zullen je zelfbewustzijn vergroten en je helpen om het maximale te halen uit de tijd die je alleen doorbrengt.

Zelfvertrouwen

Als we ons eenmaal op ons gemak voelen in ons eentje, kunnen we aan ons zelfvertrouwen gaan werken. Het Oxford Languages-woordenboek definieert zelfvertrouwen als vertrouwen in je eigen kracht op basis van inschatting van je eigen vaardigheden of eigenschappen.[9] Zelfvertrouwen is belangrijk in een relatie, omdat het ons helpt om met onze partners te praten zonder dat we op hun goedkeuring azen of onze eigenwaarde afhankelijk maken van hun reactie. Wanneer we hen niet nodig hebben om onze voorkeuren en keuzes te valideren, kunnen we hun vriendelijke woorden op prijs stellen zonder erdoor te worden misleid of afgeleid.

Soms leidt een gebrek aan zelfvertrouwen ertoe dat we denken dat we geen liefde waard zijn. Ik beloof je dat je het waard bent om van te houden. Dat ik het zeg, zal je echter niet helpen om het te voelen. Zelfvertrouwen bouwen we op door tijd vrij te maken voor de dingen die belangrijk voor ons zijn. Als er aspecten aan onszelf zijn die ons niet bevallen, moeten we iets ondernemen om die te veranderen. We hebben een keuze: we kunnen onze manier van denken veranderen, of we kunnen veranderen wat ons niet bevalt. We moeten er een gewoonte van maken om onszelf te beoordelen en moeite te doen om ons eigen leven te verbeteren.

De meeste mensen stellen zichzelf materiële doelen, zoals financiële vrijheid of het bezitten van een eigen huis. De doelen die we in de oefening hieronder zullen ontwikkelen, richten zich echter op groei, niet op bezittingen of prestaties. Als je je doelen kent, ben je beter voorbereid op de liefde. Wanneer ze ter sprake komen in een gesprek met een potentiële partner, kun je vertellen waarom ze belangrijk voor je zijn. De ander kan bemoedigend reageren, onverschillig of neutraal. Als je geen respons krijgt, kun je wat nadrukkelijker zeggen: 'Dit is een belangrijk doel voor mij, ik zal je vertellen waarom.' Wat je zoekt is een partner die niet alleen je doelen respecteert, maar die ook begrijpt waarom je er zoveel waarde aan hecht.

Onthoud dat je partner niet zal beseffen dat je doelen werkelijk belangrijk voor je zijn als je er niet naar handelt. Soms zul je pas serieus worden genomen als je laat zien dat je er ook echt aan werkt. Hoe het ook zij, als we niet weten wat onze eigen doelen zijn, kunnen we onmogelijk weten hoe goed ze bij die van de ander passen.

Probeer dit:

STEL VAST OP WELK GEBIED JE DE GROOTSTE GROEI KUNT DOORMAKEN

Laten we je leven eens vanuit alle hoeken in kaart brengen door de volgende vijf gebieden onder de loep te nemen: Zelf, Financieel, Mentaal/Emotioneel, Gezondheid en Relaties. Kies steeds het antwoord dat jouw relatie met deze thema's het best beschrijft. Wanneer je klaar bent met de vragenlijst, bedenk dan waar je je nu bevindt en waar je zou willen zijn. Op welk gebied zou je het liefst willen groeien?

1. Persoonlijkheid

    a. Ik vind mezelf niet aardig.

    b. Ik vind mezelf aardig als anderen me aardig vinden.

    c. Ik waardeer mezelf ondanks mijn tekortkomingen en ik doe mijn best om mezelf te verbeteren.

$\longrightarrow$

 ☐ IK BEN BLIJ MET HOE HET NU IS ☐ IK WIL VERANDEREN

← ⎯

2. Emotionele gezondheid

    a. Ik voel me vaak gespannen en onrustig.

    b. Ik schuif mijn emoties opzij zodat ik dingen gedaan krijg.

    c. Ik begrijp mijn emoties en probeer ze te verwerken zodat ik verder kan.

☐ IK BEN BLIJ MET HOE HET NU IS   ☐ IK WIL VERANDEREN

3. Lichamelijke gezondheid

    a. Ik besteed geen aandacht aan mijn lichaam, of mijn lichaam bevalt me niet.

    b. Ik werk actief aan mijn lichaam, omdat ik het belangrijk vind om er goed of beter uit te zien.

    c. Ik zorg voor mezelf en ben mijn lichaam dankbaar.

☐ IK BEN BLIJ MET HOE HET NU IS   ☐ IK WIL VERANDEREN

4. Relaties

    a. Ik voel me onzeker over sommige van mijn relaties.

    b. Om vreugde te voelen ben ik afhankelijk van mijn relaties.

    c. Ik investeer in mijn relaties om ze te helpen groeien.

☐ IK BEN BLIJ MET HOE HET NU IS   ☐ IK WIL VERANDEREN

5. Geld

    a. Als ik aan geld denk, voel ik me bezorgd en gespannen.

    b. Als ik aan geld denk, voel ik me opgewonden en ambitieus. Ik ben jaloers op mensen die meer geld hebben dan ik.

    c. Als ik aan geld denk, ben ik tevreden. Het liefst zou ik meer willen geven.

☐ IK BEN BLIJ MET HOE HET NU IS   ☐ IK WIL VERANDEREN

→

Stel dat je het liefst in financieel opzicht zou willen groeien. Je geeft te veel geld uit, en dat is altijd een probleem geweest. Je kunt de tijd die je met jezelf doorbrengt gebruiken om hier iets aan te doen. Ik zou een heel boek kunnen schrijven over het ontwikkelen en bereiken van je doelen, maar een goede manier om te beginnen is het opzetten van een groeiplan met gebruik van de 3 C's van transformatie:

DE DRIE C'S VAN TRANSFORMATIE

1. *Coaching.* We leven in een wereld waarin experts en informatie makkelijk online te vinden zijn. Ga op zoek naar toegankelijke bronnen die je bij deze kwestie kunnen helpen. Zoek een boek, podcast, cursus, vriend, professional, TED-talk, masterclass of online video waar je iets aan hebt. Je zult ontdekken dat de meeste van deze bronnen je zullen helpen om je doel in behapbare kleine stappen te verdelen, zodat een ogenschijnlijk onoverkomelijke uitdaging haalbaar wordt.

2. *Consistentie.* Gebruik de informatie die je hebt verzameld om een plan op te stellen waarmee je de kwestie op langere termijn aan kunt pakken. Stel jezelf een doel dat je aan het eind van het jaar bereikt wilt hebben. Dit doel moet verbonden zijn aan actiepunten, niet aan een prestatie. Dat wil zeggen dat je doel niet moet zijn 'een miljoen verdienen'. Het moet iets zijn waardoor je er structureel aan gaat werken om op dit gebied te groeien.

3. *Community*. Ga op zoek naar een gemeenschap die je kan helpen bij het nastreven van je doelen. Er zijn online en plaatselijke supportgroepen voor alles wat je maar kunt bedenken. Probeer er eentje te vinden met een mengeling van mensen die zich in dezelfde situatie bevinden als jij, mensen die bezig zijn verandering in hun leven te bewerkstelligen, en mensen die al enig succes hebben gehad in het transformeren van hun leven op de manier die jij voor ogen hebt. Besluit of je de voorkeur geeft aan een gemeenschap die gericht is op motivatie, informatie of een mix van deze twee. Wie weet? Misschien ontmoet je daar wel je toekomstige partner.

Onderzoek toont aan dat een hoge mate van zelfvertrouwen niet alleen voor meer voldoening op het werk en een betere fysieke en psychologische gezondheid zorgt,[10,11] maar dat het ook tot betere en bevredigendere romantische relaties leidt.[12] Misschien vraag je je af: zou het andersom kunnen zijn? Zou het geen wonderen doen voor mijn zelfvertrouwen als ik een geweldige relatie had? Dat klinkt logisch, maar onderzoek zegt iets anders. Wanneer mensen met een hoge mate van zelfvertrouwen een relatiebreuk doormaakten, werd hun zelfvertrouwen hierdoor niet aangetast. Ze zagen het niveau van geluk in hun relatie niet als een rechtstreekse weerspiegeling van hun eigenwaarde.

De voordelen van alleen-zijn

Als je eenmaal productieve tijd in je eentje doorbrengt, leer je je eigen persoonlijkheid, waarden en doelen kennen. Gedurende dit proces ontwikkel je eigenschappen die je op verschillende manieren voorbereiden op elke fase van een liefdesrelatie.

Eén geest

We ontwikkelen het vermogen om onszelf te zien en te kennen zonder de invloed van een andere geest. Frida Kahlo zei: 'Ik schilderde zelfportretten omdat ik zo vaak alleen ben.'[13] Is een zelfportret niet een studie van jezelf – een poging om zelfbewustzijn op visuele wijze te portretteren? Alleen-zijn stelt ons in staat om onze eigen complexiteit te begrijpen. We worden studenten van onszelf.

In het eerste appartement waarin ze woonden hadden mijn vriendin Mari en haar huisgenote zo nu en dan problemen met gigantische kakkerlakken. 'Ik trok het totaal niet,' bekent Mari. 'Gelukkig was mijn huisgenote Yvonne een geweldige kakkerlakkendoder. Als ik thuiskwam en ik trof er eentje aan, ging ik gewoon ergens iets drinken en wachtte ik op Yvonne.' Maar op een gegeven moment ging Yvonne een weekend weg, en op vrijdag – de eerste dag van haar weekend alleen – vond Mari bij thuiskomst een kakkerlak in haar kamer. *Op haar kussen.* 'In paniek belde ik Yvonne. Ze zei dat ik hem dood moest slaan. Dat kon ik gewoon niet. En dus heb ik een hele tijd naar dat beest zitten staren. Ik bedacht hoe oneerlijk het was dat ik zo'n hekel aan kakkerlakken had terwijl ik gek ben op vlinders. En toen deed ik het raam open en duwde ik hem voorzichtig met een bezem naar buiten.' Het was een klein moment, met een klein schepsel, maar Mari leerde iets over zichzelf wat ze nooit zou hebben geleerd als ze Yvonne het probleem steeds had laten oplossen. Als we alleen zijn, vertrouwen we volledig op onszelf, bedenken we wat we belangrijk vinden en ontdekken we wie we zijn. We leren om uitdagingen in ons eentje het hoofd te bieden. Natuurlijk kunnen we hulp verwelkomen wanneer die zich aandient, maar we gaan er niet van uit en we zijn er niet afhankelijk van.

Als je mijn eerste boek hebt gelezen, *Denk als een monnik*, weet je misschien nog dat ik vaak verwijs naar de *Bhagavad Gita*. De *Bhagavad Gita*, een tekst die onderdeel is van de bijna drieduizend jaar geleden geschreven *Mahabharata*, heeft de vorm van een dialoog tussen een strijder, Arjuna, en de god Krishna aan de vooravond van een strijd. Dat klinkt misschien niet alsof het de moderne mens veel te bieden heeft, maar de *Bhagavad Gita* komt van alle Veda's het dichtst in de buurt van een zelfhulpboek. In de dialoog zegt Krishna: 'De zintuigen zijn zo krachtig en onstuimig, o, Arjuna, dat ze zelfs het hoofd op hol kunnen brengen van een man met een scherp beoordelingsvermogen die zijn best doet om ze te beheersen.'[14] Met andere woorden, als we niet oppassen, kunnen we worden aangetrokken door iets wat oppervlakkig of niet authentiek is. We moeten onszelf trainen om niet automatisch de aantrekkelijkste persoon in de ruimte aardig te vinden en te vertrouwen, en in gedachten te houden dat we die persoon niet kennen of begrijpen.

Alleen-zijn helpt ons om onze zintuigen – de geest – de baas te zijn, want als we alleen zijn, hebben we slechts met één geest te maken. Eén verzameling gedachten. Tegenwoordig worden onze zintuigen continu gestimuleerd, niet alleen door mensen, maar door alle ongefilterde informatie waarmee we worden gebombardeerd. Alles en iedereen vecht om onze aandacht, en in al die herrie krijgen we de kans niet om vast te stellen wat belangrijk is. Ze zeggen dat liefde blind is, omdat we niet helder meer kunnen zien wanneer we worden overweldigd door zintuiglijke stimulatie. Door onze zintuigen voelen we ons aangetrokken tot het nieuwste, het mooiste en het glimmendste, zonder dat we de gelegenheid krijgen om rustig over onze beslissingen na te denken.

Onze zintuigen nemen niet de beste beslissingen. De *Bhagavad Gita* zegt: 'Zoals een krachtige wind een boot omverblaast op het water, kan zelfs een van de dwalende zintuigen waar de geest zich op concentreert de intelligentie van een mens meevoeren.'[15] Er is niets mis met aantrekkingskracht, maar we laten ons makkelijk meevoeren door datgene wat er aanlokkelijk uitziet, goed voelt, of juist klinkt. Als we alleen zijn, leren we om ruimte te scheppen tussen zintuiglijke stimulatie en het nemen van beslissingen.

Als we continu op zoek zijn naar liefde of continu gefocust zijn op onze partner, wordt onze aandacht afgeleid van het essentiële werk van het begrijpen van onszelf. Als we onszelf niet begrijpen, lopen we het risico dat we de voorkeuren en de waarden van onze partner overnemen. De visie van de ander wordt de onze. Het kan zijn dat we hier bewust voor kiezen omdat we die visie bewonderen – misschien is hij of zij wel een zeer vaardige kok van wie we graag iets leren –, maar we moeten onszelf niet naar het beeld van een ander gaan vormen omdat we onszelf niet kennen. Ik heb te veel cliënten gehad die pas na een relatie van twintig jaar beseften dat ze het contact met zichzelf waren kwijtgeraakt omdat ze hun identiteit ondergeschikt hadden gemaakt. We kunnen de voorkeuren van onze partner met zelfvertrouwen en autonomie integreren in de onze, maar dan moeten we die wel duidelijk uitdragen.

Door de keuzes die we maken wanneer we alleen zijn stellen we een eigen standaard voor de manier waarop we willen leven en liefhebben en liefgehad willen worden. Doordat we de ruimte hebben om ons eigen verhaal vanuit ons eigen gezichtspunt te schrijven overwinnen we geleidelijk de invloed van films, boeken, het model van onze ouders of de wensen van een partner. We verhelderen onze visie op liefde. **Alleen-zijn helpt je om te herkennen dat er een jij is van vóór, tijdens en na elke relatie en dat je zelfs wanneer je gezelschap en liefde hebt, je eigen pad creëert.**

Op deze manier voorkomen we dat we, wanneer ons verhaal dat van een ander kruist, keuzes maken gebaseerd op verliefdheid of de visie van iemand anders op de liefde, of dat we passief afwachten wat er gebeurt zonder te weten wat we willen. In plaats daarvan dragen we geleidelijk de standaard uit die we hebben ontwikkeld om te zien hoe die bij die van de ander past. En wanneer we weer alleen zijn, evalueren en ontwikkelen we.

Zelfbeheersing en geduld

Twee van de sleutelvaardigheden die we leren wanneer we alleen zijn, zijn zelfbeheersing en geduld. Die twee zijn met elkaar verbonden, want hoe meer we onze zelfbeheersing ontwikkelen, hoe geduldiger we kunnen zijn. Zonder deze twee vaardigheden zullen we geneigd zijn om onze zintuigen te volgen, en alles wat ons aantrekt.

Zelfbeheersing is de tijd en de ruimte die je schept tussen het moment waarop je je tot iets aangetrokken voelt en het moment waarop je daarop reageert. De boeddhistische leraar Rigdzin Shikpo schrijft: 'Verlangen is iets wat we naar buiten projecteren, op een andere persoon of een ander object. We denken dat het buiten ons bestaat, in het object van ons verlangen. Maar verlangen ligt in werkelijkheid in ons eigen lichaam en onze eigen geest, en dat is waarom we het in verband brengen met de gevoelens die het opwekt.'[16] Als we ons eigen gevoel van verlangen los kunnen zien van de persoon naar wie we verlangen, worden we er minder door beheerst. Pas dan kunnen we een stap naar achteren doen en de situatie rustig evalueren. In plaats van je te laten leiden door je zintuigen geeft de ruimte die je schept je de beheersing die je nodig hebt om te reageren op een manier die past bij wie je wilt zijn. Dat vermogen om jezelf in te houden – om die ruimte te scheppen – wordt vergroot door zelfkennis.

Alleen-zijn helpt ons om tijd en ruimte te scheppen tussen aantrekkingskracht en reactie. We vragen onszelf: is dit werkelijk gezond? Zal dit mijn welzijn bevorderen? Is dit goed voor me op de lange termijn? We ontwikkelen de zelfbeheersing om pas op de plaats te maken, deze vragen te stellen en de tijd te nemen om ze te beantwoorden. We leren het verschil te zien tussen wat goed voelt en wat bevorderend is voor ons welzijn. Als iets goed voor je is, lijkt het van tevoren vaak moeilijk, maar blijkt het achteraf geweldig. Het duidelijkste voorbeeld hiervan is sport, maar het strekt zich ook uit tot complexere beslissingen, zoals het opgeven van een zaterdag om een vriend te helpen verhuizen, of het verbreken van een relatie waarvan je weet dat die niet werkt. En datgene wat slecht voor je is, lijkt van tevoren geweldig, maar pakt vaak niet goed uit. Bedenk eens hoe fantastisch het van tevoren lijkt om een groot stuk chocoladetaart te eten, maar hoe slecht het uiteindelijk voor je is. Hetzelfde geldt voor ingrijpendere zaken, zoals het meenemen van een date naar een bruiloft omdat je niet alleen wilt zijn, ook al weet je best dat je die ander daarmee het verkeerde idee geeft.

Een compleet zelf

We zijn erop getraind om naar onze 'betere helft' te zoeken, of iemand die ons 'compleet maakt'. Betekent dat dan dat wij de slechtere helft zijn? Betekent het dat we niet compleet zijn zonder een partner? Zelfs al worden deze uitdrukkingen luchthartig gebruikt, ze sturen ons toch in de richting van afhankelijkheid van iemand anders, van verwachtingen die nooit waargemaakt kunnen worden. We wenden ons tot onze partner en zeggen in wezen: 'Ik verveel me, vermaak me. Ik ben moe, geef me energie. Ik ben boos, maak me aan het lachen. Ik ben gefrustreerd, troost me. Ik ben verdrietig, vrolijk me op.' We zien onze partners als menselijke paracetamol en verwachten van ze dat ze direct onze pijn en ongemak verlichten.

Het is niet helemaal verkeerd om dit te verwachten. Partners hebben inderdaad wederzijdse invloed op elkaar – veranderingen in jouw lichaam wekken veranderingen in het lichaam van de ander op, en vice versa. Neurowetenschapper Lisa Feldman Barrett schrijft: 'Als je samen bent met iemand om wie je geeft, kan jullie ademhaling synchroniseren, net als jullie hartslagen…'[17] Deze verbinding begint al wanneer je een baby bent – je lichaam leert om zijn eigen ritmes te synchroniseren door ze eerst te synchroniseren met de ritmes van je verzorger – en dit duurt voort in je volwassenheid. Barrett merkt echter op: 'Het allerbeste voor je zenuwsysteem is een medemens. Het allerslechtste voor je zenuwsysteem is een medemens.' Als we synchroniseren met andere mensen, kunnen we net zo goed hun slechte vibes overnemen als hun goede. Daarom moeten we onszelf reguleren, onszelf troosten, onszelf tot rust brengen of onszelf oppeppen. Als we altijd op de ander leunen bij het afstemmen van onze gevoelens, blijven we steeds zoals dat kind dat niet in staat is om zichzelf te troosten of zichzelf te steunen. Als je verdrietig bent, heb je misschien het geluk dat je een partner hebt die je kan opvrolijken. Mensen kunnen ons helpen en dat zullen ze ook doen, en dat is een fijn gevoel, maar het zal niet altijd zijn wat we nodig hebben. Als iemand ons verzekert dat alles goed komt, is dat natuurlijk fijn om te horen en het is fijn dat die persoon van ons houdt en ons steunt. Soms hebben we echter juist tijd in ons eentje nodig om te bedenken hoe we onze situatie kunnen verbeteren.

Wanneer we alleen zijn, leren we om onszelf te geven wat we nodig hebben voordat we dat van iemand anders verwachten. Ben je vriendelijk voor jezelf? Ben je eerlijk tegen jezelf? Ben je emotioneel beschikbaar voor jezelf? Steun je je eigen inspanningen? Je hoeft de antwoorden op die vragen niet meteen te weten. Hoe meer tijd je in je eentje doorbrengt, hoe beter je ze zult kunnen beantwoorden. Mensen baseren de manier waarop ze ons behandelen grotendeels op de manier waarop we onszelf behandelen. De manier waarop je over jezelf spreekt, beïnvloedt de manier waarop andere mensen over jou spreken. Wat je van andere mensen accepteert, versterkt wat je in de ogen van andere mensen verdient.

Een relatie met iemand anders zal je relatie met jezelf niet genezen. Therapie en vriendschappen en een partner kunnen ons helpen om de bronnen van ons verdriet te begrijpen en aan te pakken, maar veel mensen blijven het gevoel houden dat hun partner hen niet begrijpt. Onze cultuur moedigt ons vaak aan om de verantwoordelijkheid van het uitgraven van onze gevoelens op iemand anders af te wentelen. We verwachten dat de ander onze emoties begrijpt, zelfs al begrijpen we die zelf niet. Andere mensen kunnen je helpen, maar als je jezelf niet probeert te begrijpen, kan niemand anders dat voor je doen. We hebben allemaal wel zo'n vriend of vriendin gehad die zei 'Je hebt gelijk, je hebt gelijk, je hebt gelijk', terwijl je wist dat hij of zij je advies niet ging opvolgen. Iedereen moet het werk zelf verrichten.

Hopen dat een partner je problemen zal oplossen, is zoiets als iemand overhalen om een werkstuk voor je te schrijven. Je moet de lessen volgen, de stof leren en het werkstuk zelf schrijven, anders steek je er niets van op. Misschien denk je nu: mooi, waar worden de lessen gegeven die me leren om een betekenisvol leven te leiden? Schrijf mij maar in!

Die lessen volg je echter al. Daar is alleen-zijn voor. Wanneer je als een complete persoon aan een relatie begint, zonder op zoek te

zijn naar iemand die je compleet maakt of die je betere helft is, kun
je werkelijk verbinden en liefhebben. Je weet hoe je je tijd graag
doorbrengt, wat belangrijk voor je is en hoe je graag zou groeien. Je
hebt de zelfbeheersing om te wachten op iemand met wie je gelukkig kunt zijn, en het geduld om iemand te waarderen met wie je al
samen bent. Je beseft dat je iets van waarde in het leven van een
ander kunt brengen. Met deze basis ben je er klaar voor om zonder
behoeftigheid of angst liefde te geven.

Natuurlijk helen relaties ons door verbinding, maar je geeft
jezelf een voorsprong door optimaal gebruik te maken van de tijd
die je in je eentje doorbrengt. **De bedoeling is dat je samen met
iemand op reis gaat, niet dat je van de ander de reis maakt.**

Deze fase van het leven is ontworpen om je te leren van jezelf te
houden. Als je de lessen van de eerste ashram van de liefde niet
leert, zul je niet weten hoe geliefd je bent en wat je te bieden hebt.
Dit is een alledaagse oefening in het voorbereiden op een relatie
zonder uit het oog te verliezen wie je bent. Het is een van de moeilijkste regels in dit boek, en de belangrijkste.

Hoe beter je jezelf kent wanneer je alleen bent, hoe beter je van
anderen kunt houden. Je weet wat je te bieden hebt, en door jezelf
te leren begrijpen en van jezelf te leren houden, leer je ook begrijpen hoe je van iemand anders moet houden. Doordat het bloed,
zweet en tranen kost om onszelf te leren begrijpen beseffen we ook
dat het altijd moeilijk zal zijn om een ander te begrijpen, hoeveel
we ook om die ander geven. Het belangrijkste resultaat van alleen-
zijn is wellicht dat we onze eigen onvolmaaktheid beter begrijpen.
Dit bereidt ons erop voor om van iemand anders te houden, in al
zijn of haar schoonheid en onvolmaaktheid.

Negeer je karma niet

Laat je niet leiden door anderen, wek je eigen geest, ver-
zamel je eigen ervaringen en kies je eigen pad.

ATHARVAVEDA[1]

Toen Jonny en Emmett elkaar tijdens een zakelijke bijeenkomst ontmoetten, voelde Emmett direct een klik. 'Het voelde zo natuurlijk,' zei hij. 'Na een paar dates brachten we elk weekend samen door. Hij zei tegen me dat hij van me hield.' Na drie maanden maakte Jonny het echter uit. 'Dit is al de derde keer dat iemand me heeft verteld dat hij me "niet kan geven wat ik zoek". Maar ik zoek alleen maar een serieuze relatie! Ik heb gewoon slecht relatiekarma,' vertelde Emmett me. In zekere zin had hij gelijk, maar karma betekent niet wat Emmett en de meeste mensen denken dat het betekent. Karma is de wet van oorzaak en gevolg. Elke actie roept een reactie op. Met andere woorden, karma betekent dat je huidige beslissingen, goed en slecht, je toekomstige ervaringen bepalen. Mensen denken dat karma betekent dat je iets slechts zal overkomen als je iets slechts doet, bijvoorbeeld dat iemand het uitmaakt met jou omdat jij het hebt uitgemaakt met een ander. Maar zo werkt het niet. Karma gaat meer om de mindset waarmee we een beslissing nemen. Als we een bepaalde keuze maken, ontvangen we een reactie die gebaseerd is op die keuze. Stel, je verbergt voor je partner dat je naar een feestje gaat. Vervolgens kom je de beste vriend of vriendin van je partner tegen op dat feestje, die persoon vertelt je partner dat hij je heeft gezien, en je partner is van slag – dat is karma in actie. Je hebt een keuze gemaakt, en je moet leven met de gevolgen van die keuze. Straf en beloning zijn niet de doelstellingen van karma. In plaats daarvan probeert karma je iets te leren – in dit geval om transparant en eerlijk te zijn. Ik wil niet dat je al het goede en al het slechte in je leven of in de wereld toeschrijft aan karma. Dat is niet productief. Karma is veel bruikbaarder als instrument dan als verklaring. Het stelt je in staat om je voorgaande ervaringen te gebruiken om nu de beste keuzes te maken.

De karmacyclus

Karma begint met een indruk. Vanaf onze geboorte worden er keuzes voor ons gemaakt. We worden omringd door informatie en ervaringen die ons vormen: onze omgeving, onze ouders, onze vrienden, onze opleiding en religieuze instructie. Deze invloeden kiezen we niet zelf uit, maar we observeren en absorberen de boodschappen ervan. In het Sanskriet betekent *samskara* indruk, en wanneer we jong zijn, verzamelen we samskara's.[2] De indrukken die we vanuit onze ervaringen met ons meedragen, beïnvloeden ons denken, ons gedrag en onze reacties. Als een indruk sterker wordt, begint hij onze beslissingen te vormen. Wanneer je als kind gewend was om eerst melk en dan cornflakes in een schaaltje te doen, wordt dat vanzelf je norm. Daarna ga je het huis uit en krijg je een huisgenoot die je vertelt dat je het verkeerd doet, dat het veel logischer is om eerst de cornflakes erin te doen, en dan de melk. Nu heb je een keuze. Blijf je bij de indruk die je als kind in je hebt opgenomen, of probeer je een nieuwe manier? Naarmate we ouder worden, verkrijgen we de intelligentie om onze indrukken te beheren op basis van datgene waar we naar kijken en degenen naar wie we luisteren. We hebben ook de mogelijkheid om indrukken uit het verleden te herzien en af te leren.

In je jeugd worden keuzes voor je gemaakt.

Dit worden indrukken.

Als volwassene gebruik je deze indrukken om je eigen keuzes te maken.

Deze keuzes genereren een effect, een gevolg of een reactie.

Als je blij bent met het gevolg, zul je je indruk waarschijnlijk niet veranderen.

Maar als je niet blij bent met het gevolg, kun je de indruk herzien en besluiten of die je de verkeerde kant op heeft gestuurd. Als dat zo is, kun je de cyclus doorbreken door een nieuwe indruk te vormen, die je vervolgens naar een nieuwe keuze stuurt, die weer een nieuwe reactie tot gevolg heeft.

DE KARMISCHE CYCLUS[3]

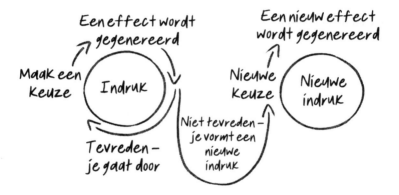

Dit is de cyclus van karma.

Het is de bedoeling dat we van ons karma leren, dat we het gebruiken als hulpmiddel bij het nemen van beslissingen, maar dat is niet zo makkelijk. Het leven is druk, en we nemen datgene wat we hebben geleerd gewoon als vaststaand aan. Waar het op liefde en cornflakes aankomt, kunnen onze samskara's ons echter van het pad leiden.

Karma en relaties

Ik had een cliënte die een bepaalde indruk had overgehouden aan de relatie met haar ex-vriendje. Hij was bijzonder ambitieus en probeerde een nieuwe carrière op te bouwen. Zijn drive sprak haar aan, maar ze vond het niet prettig dat hij maar zo weinig aandacht voor haar had. Het ging uit, en een poosje later ontmoette ze een man die bijzonder attent was. Aan het eind van hun eerste afspraakje vroeg hij haar opnieuw mee uit, en vanaf dat moment was hij een en al aandacht voor haar. Hij stuurde berichtjes, maakte plannen en vroeg steeds hoe haar dag verliep. Dit was precies waar ze naar op zoek was geweest! Binnen een paar weken brachten ze bijna al hun tijd samen door. Een paar maanden later besefte ze echter wat er werkelijk gebeurde. Deze man was niet zomaar attent, hij was obsessief. De aandacht die hij haar gaf was gebaseerd op onzekerheid, niet liefde. Hij was bezitterig en bang dat ze bij hem weg zou gaan. Mijn cliënte had een keuze gemaakt gebaseerd op een indruk, maar haar focus was te beperkt. Haar karma leerde haar dat haar indruk te reactief was geweest. Ze wilde niet continu alle aandacht van een ander. Ze wilde gewoon dat hij met zijn aandacht bij haar was wanneer ze samen waren. In de loop van deze twee relaties gebruikte mijn cliënte haar karma om te verfijnen wat ze in een partner zocht. De indrukken die we in onze jeugd vormen, vertellen ons hoe liefde eruit zou moeten zien en zou moeten voelen. Ze suggereren wat aantrekkelijk is en wat niet, hoe we anderen zouden moeten behandelen en hoe we behandeld zouden moeten worden, wat voor beroep de ander zou moeten hebben en wie er in het restaurant zou moeten betalen. Als we niet begrijpen hoe onze indrukken zijn gevormd en hoe we onze keuzes maken, blijven we echter hetzelfde karma herhalen. Dezelfde indrukken leiden naar dezelfde keuzes. De manier waarop we anderen liefhebben is beïnvloed door de manier waarop anderen ons liefgehad hebben. Maar als we onze indrukken in context kunnen plaatsen, zodat we kunnen zien en begrijpen waar ze vandaan komen, dan hebben we het perspectief en de mogelijkheid om een nieuwe indruk te vormen. Als ik bijvoorbeeld begrijp dat ik mijn partner een schuldgevoel aanpraat omdat mijn moeder dat altijd bij mij deed, inspireert die erkenning me om de cyclus te doorbreken. Als we onze indrukken begrijpen, kunnen we onszelf bevrijden van de samskara's die zijn ingeprent door een jeugd waar we geen controle over hadden.

De keuzes die we op basis van een nieuwe indruk maken zijn bewust. We kunnen kijken of de resultaten ons beter bevallen. Als onze ouders een gepassioneerde, explosieve relatie hadden, zouden we de indruk kunnen vormen dat liefde er zo uit hoort te zien. Maar – en soms beseffen we dit al op jonge leeftijd – als ons duidelijk is dat de uitkomst van die explosiviteit ons niet bevalt, creëren we een nieuwe indruk en besluiten we dat de liefde die we zoeken juist het tegengestelde is van het voorbeeld van onze ouders. Dan maken we het wellicht tot onze prioriteit om drama te vermijden. Deze nieuwe indruk kan weer zijn eigen uitdagingen creëren – misschien spelen we te veel op veilig, of we zijn zo gericht op wat we níét willen dat we vergeten te bedenken wat we wél willen. Maar we hebben onze geest opengesteld en ons bevrijd van onze eerste samskara, en nu hebben we de mogelijkheid om met vallen en opstaan nieuwe indrukken te creëren.

Karma is een spiegel die ons laat zien waar onze keuzes ons hebben gebracht. We kiezen de verkeerde mensen en herhalen fouten in relaties door de samskara's die we vanuit het verleden met ons meebrengen. In plaats van ons onbewust door het verleden te laten leiden wil ik dat we bij het nemen van beslissingen leren van ons verleden. We moeten vaststellen wat onze samskara's zijn om hun invloed te kunnen beheersen. Dit doen we om twee redenen. Ten eerste kunnen we het verleden helen door ervan te leren. En ten tweede helpt dit proces ons om te voorkomen dat we steeds dezelfde fouten maken.

Het blootleggen van onze samskara's

Onze verwachtingen en wensen rondom relaties worden gevormd door onze vroegste ervaringen met liefde. Bedenk waar je voor het eerst ideeën hebt geabsorbeerd over hoe liefde eruit zou moeten zien en zou moeten voelen. De sterkste invloeden zijn waarschijnlijk de liefde die je hebt gezien tussen je ouders of je verzorgers;

de liefde die je al dan niet van hen hebt ontvangen; de eerste romantische films die je hebt gezien; en de eerste serieuze relaties die je hebt gehad. In onze zoektocht naar liefde proberen we onbewust onze ervaringen uit het verleden te herhalen of te herstellen. We imiteren of verwerpen. Vaak geven we echter te veel gewicht aan deze vroege invloeden. Ze beïnvloeden onze keuzes, in goede of in slechte zin. Ze sturen ons oordeel in hogere mate dan we beseffen.

Laten we beginnen met een visualisatie. We proberen los te laten wie we zijn en opnieuw verbinding te vinden met een onbewust deel van onszelf, en visualisatie is de beste manier die ik ken om naar een andere tijd en een andere plek te reizen.

Probeer dit:

JONGERE-ZELF-MEDITATIE

Probeer de indrukken bloot te leggen die door je verleden zijn achtergelaten en te begrijpen hoe ze jouw idee van liefde beïnvloeden. Het gaat er niet om dat je anderen iets verwijt of ze juist op een voetstuk zet. Het doel is simpelweg om de emotionele patronen eruit te pikken die jou in je vroege jaren hebben beïnvloed.

Je kunt deze meditatie zien als een archeologische opgraving. Er zijn voorwerpen te vinden – diep begraven schatten, half blootgelegde schatten en waardeloze voorwerpen. Ze tonen de rijkdom en de schade van voorbije jaren en kunnen ons veel leren over het leven.

Boor sluimerende, onvervulde verlangens aan door je dertien- of veertienjarige zelf op te zoeken. Geef je jongere zelf alle woorden, wijsheid en knuffels die hij of zij nodig heeft. Omarm je jongere zelf. Wat had je jongere zelf graag willen horen dat jou nooit is verteld?

←

Je bent mooi.

Je bent moedig.

Geloof in jezelf.

Het komt goed met je.

Je bent niet dom.

Wat zou je jongere zelf terugzeggen?

Wat fijn dat je bent teruggekomen om dit te vertellen.

Doe niet zo gestrest.

Je zou weer moeten gaan zingen.

Als je dit gesprek met je jongere zelf hebt gehad, omhels die versie van jou dan en bedank hem of haar voor dit inzicht.

De meeste mensen die ik tijdens deze meditatie begeleid, ontdekken dat ze een of andere onzekerheid hadden in hun jeugd, en dat dat onzekere kind nog steeds in hen leeft en nog steeds met die twijfels aan zichzelf worstelt. Eén man vertelde mij echter na de meditatie dat zijn jongere zelf hem aankeek en zei: 'Kom op, man. Laat het los. Doorbijten en verder met je leven.' Voor mijn gevoel zei zijn jongere zelf: 'Rug recht en volhouden. We zijn sterk. We kunnen alles aan.' Zijn ego beschermde zijn kwetsbaarheid. Zelfs als we het gevoel hebben dat er niets te genezen valt, zitten de wonden soms zo diep dat we ze niet meer kunnen zien. En dus kiezen we voor een stoïcijnse benadering, we houden onszelf voor dat het prima met ons gaat, maar we zien niet dat we moeten inventariseren. Laten we vooruitspoelen naar een jaar later, toen deze man me uit het niets een berichtje stuurde en zei: 'Ik realiseer me dat ik te weinig mededogen heb met mezelf en met de mensen van wie ik houd. Zo zit ik gewoon in elkaar. Ik heb het gevoel dat ik geen tijd heb om stil te staan bij de gedachten en emoties van andere mensen.'

Ik antwoordde: 'Je neemt de tijd niet om stil te staan bij je eigen emoties.' Het had hem een jaar gekost, maar hij was eindelijk zover.

De jongere-zelf-meditatie helpt ons om de geschenken en de hiaten te herkennen die we al vanaf onze jeugd met ons meedragen. Dit is nog maar de eerste stap in de richting van het loslaten van slechte indrukken en het beheersen van de keuzes die we in relaties maken. Om dieper te graven zullen we drie invloeden op onze samskara's onderzoeken: onze ouders, de media en onze eerste ervaringen met de liefde.

Ouderlijke geschenken en hiaten

In de column 'Modern Love' van *The New York Times* beschrijft schrijfster Coco Mellors hoe ze verliefd wordt op een buurman die haar heel duidelijk maakt dat hij geen behoefte heeft aan een relatie.[4] Ze weet dat ze tegen hem liegt wanneer ze zegt dat zij ook niet uit is op iets serieus, en ze geeft toe: 'Hoewel ik het toen niet wist, herhaalde ik een bekend patroon. Tijdens mijn jeugd heb ik altijd de liefde nagejaagd van mijn vader, een man die net als mijn buurman soms genegenheid kon tonen, maar soms ook helemaal afwezig kon zijn.'

Matha Pitha Guru Deivam is een uitdrukking in het Sanskriet die vaak in het hindoeïsme wordt herhaald.[5] Het betekent 'moeder, vader, leraar, God'. Je moeder is je eerste goeroe. Zij leert je over liefde. Zij leert je over zorgzaamheid, niet door je instructies te geven, maar door de manier waarop ze met je omgaat. En je vader staat uiteraard naast haar. Het is een fundamenteel freudiaans principe dat de vroege relaties die we met onze ouders en verzorgers hebben een relatiedynamiek vestigen die we net als Mellors als volwassenen herhalen.[6] Als we jong zijn, zijn we volledig afhankelijk van onze ouders, en we bedenken manieren om hun aandacht te trekken, hun genegenheid te winnen en hun liefde te voelen. De liefde die zij ons geven is vormend voor de manier waarop wij de liefde benaderen. Matha Pitha Guru Deivam is een eenvoudig concept met verreikende implicaties.

In hun boek *A General Theory of Love* schrijven Thomas Lewis, Fari Amini en Richard Lannon, allemaal docent aan de University of California: 'Onze onbewuste kennis is onderdeel van elke onbewuste beweging die we maken bij de dans van de liefde. Als een kind de juiste ouders heeft, leert het de juiste principes – dat liefde bescherming betekent, zorgzaamheid, loyaliteit, opoffering. Dat komt het niet te weten omdat het hem wordt verteld, maar omdat zijn brein een berg aan verwarrende informatie inperkt tot enkele standaard prototypes. Als een kind emotioneel ongezonde ouders heeft, prent het zich zonder er erg in te hebben de les van hun problematische relatie in: dat liefde verstikking is, dat boosheid angstaanjagend is, dat afhankelijkheid vernederend is, of een van de vele, vele andere schadelijke variaties.'[7] Ik geloof echter dat zelfs het kind met de 'juiste' ouders tegen zijn eigen uitdagingen aan loopt wanneer hij op zoek gaat naar liefde. Als een kind opgroeit met het idee dat liefde bescherming, zorgzaamheid, loyaliteit en opoffering is, zal hij dat als liefde herkennen. Tenzij onze jeugdervaringen traumatisch waren – en vaak zelfs dan nog – beschouwen we ze doorgaans als normaal. Wanneer we dan liefde ontvangen van iemand die het op een andere manier toont – bijvoorbeeld via vreugde, tijd en overvloed – kan het langer duren eer we die eigenschappen opmerken en ze herkennen als een oprechte uitdrukking van liefde. Als je ouders van je hielden, word je wellicht een goed en vriendelijk mens. Het kan echter ook dat je mensen die je ontmoet langs een onmogelijke liefdeslat legt. Als we niet de moeite nemen om onze samskara's te onderzoeken, zijn we ons vaak niet bewust van deze indrukken. We gaan er gewoon van uit dat datgene wat wij denken en voelen de redelijke reactie is. Op deze manier kunnen de geschenken die onze ouders ons geven net zoveel valstrikken creëren als de hiaten. **Als er een hiaat is in de manier waarop onze ouders ons hebben grootgebracht, dan verwachten we dat anderen dat opvullen. En als er een geschenk is in de manier waarop onze ouders ons hebben grootgebracht, verwachten we dat anderen ons hetzelfde geven.**

Mijn moeders liefde was een geschenk – het stelde me in staat om liefde aan anderen te geven. Mijn ouders kwamen echter nooit bij mijn rugbywedstrijden kijken. Vanwege dat hiaat zocht ik eerst bevestiging bij mijn leeftijdsgenoten. Ik wilde dat mijn vrienden op school me sterk en stoer zouden vinden, omdat ik snakte naar de steun die ik thuis niet kreeg. Tegen de tijd dat ik een monnik werd, had ik nog steeds geen manier gevonden om mijn verlangen naar bevestiging te vervullen. Tijdens mijn studie in de ashram keek ik echter in de karmaspiegel en besefte dat ik sowieso nooit tevreden was, ook niet wanneer ik de gewenste bevestiging kreeg. Zelfs wanneer ik authentieke, positieve feedback van anderen kreeg, was ik nog niet tevreden. En ik denk dat dit vaak waar is – dat het moeilijk is voor anderen om werkelijk te begrijpen wat we doormaken om een goed resultaat te behalen. **Eerst zoeken we bevestiging bij de mensen die het dichtst bij ons staan. Als dat ons niet bevredigt, zoeken we het bij alle anderen. En uiteindelijk vinden we het in onszelf.** Het hiaat dat mijn ouders hadden gecreëerd heeft me die les uiteindelijk geleerd. Ik moest tevreden zijn met mezelf.

Ouderlijke geschenken en hiaten spelen op verschillende manieren een rol in onze relaties.

Mijn ouders gaven me altijd verjaardagcadeaus die me het gevoel gaven dat ik bijzonder was, terwijl de familie van Radhi voor haar verjaardag iets leuks met haar ging doen. Dit zijn jeugdherin-neringen, maar het kan wel gebeuren dat Radhi voor mijn verjaar-dag iets leuks met me gaat doen, terwijl ik een cadeau verwacht. Hoe meer we ons bewust zijn van onze verwachtingen en hoe beter we beseffen waar ze vandaan komen, hoe meer we onze behoeften kunnen communiceren en ons aan onze partners kunnen aanpas-sen. We reageren allemaal anders op de geschenken en de hiaten uit onze jeugd. Als je je ouders ruzie hebt zien maken, kan het zijn dat je zelf een twistzieke of afwerende volwassene wordt. Of je laat het juist los en doet bewust je best om anderen niet op die manier te behandelen. Of je helpt andere mensen om hun conflict achter zich te laten. Als het er bij jou thuis explosief aan toeging, probeer je zelf wellicht onder alle omstandigheden de vrede te bewaren en je ware gevoelens te verbergen. Karma laat ons kiezen hoe we rea-geren, en de opties kunnen subtiel en gevarieerd zijn. Dit gaat niet om goed of verkeerd, om gelijk of ongelijk. We onderzoeken waar we ons karma hebben gebruikt op manieren die onze relaties goed-deden, en waar we nog steeds onbewuste keuzes maken. Als je vader een rotzak was, dan ga je misschien eerst met een hele reeks rotzakken op date voordat je eindelijk verstandig wordt en voor een aardige kerel kiest. Zo gaat dat als je de les van karma leert.

Veel mensen hebben het gevoel dat ze niet op de juiste manier zijn grootgebracht. Het kan zijn dat onze ouders niet in onze basis-behoeften hebben voorzien of dat we de mogelijkheden niet hebben gekregen die ons verder zouden hebben geholpen in het leven. Zelfs als onze ouders in ons geloven, onze sterke punten aanmoedigen, ons verzekeren dat onze teleurstellingen niet het eind van de wereld zijn en ons vertrouwen voortdurend op andere manieren schragen, kunnen ze ons geen perfect ontwikkelde psyche als een keurig inge-pakt cadeautje aanbieden. En veel ouders worstelen zelf met zelfver-trouwen, eigenwaarde, zelfverbetering, zelfliefde, zorg voor zichzelf. Het is moeilijk voor hen om deze eigenschappen aan hun kinderen door te geven wanneer ze hun eigen uitdagingen hebben.

Het klinkt misschien alsof we verdoemd zijn, maar ik beloof je dat dat niet zo is. We richten ons gewoon te veel op datgene wat onze ouders hadden moeten doen, of we wensen te hard dat ze zich anders zouden hebben gedragen, terwijl we in plaats daarvan moeten nagaan wat we zélf kunnen doen. Hoe onvolmaakt de omstandigheden van onze geboorte en jeugd ook waren, we kunnen leren van ons karma en het gebruiken om ons naar en door de relatie te laten leiden die we willen.

Probeer dit:

STEL OUDERLIJKE GESCHENKEN EN HIATEN VAST

HERINNERINGEN

Schrijf drie van de beste herinneringen aan je jeugd op.
Schrijf drie van de slechtste herinneringen aan je jeugd op.
Neem een uitdagende periode uit je jeugd in gedachten. Hebben je ouders je daardoorheen geholpen? Hoe? Wat voor invloed heeft dat op jou gehad?

Het kan zijn dat je antwoorden niet zwart-wit zijn. Een liefhebbende reactie kan je hebben getroost of hebben bijgedragen aan een afhankelijke relatie. Een harde reactie kan je zelfvertrouwen hebben beschadigd of je veerkracht hebben versterkt. Wat ertoe doet is niet of je ouders de beste ouders in de wereld waren. Het gaat om de vraag hoe je de manier waarop ze jou hebben behandeld terugziet in je ontwikkeling.

VERWACHTINGEN

Welke verwachtingen hadden je ouders van jou? Voel je je gemotiveerd door deze verwachtingen? Onder druk gezet? Wat voor invloed hebben ze op je relaties?

Als je ouders van je verwachtten dat je een bepaald niveau van succes zou behalen of een relatie zou aangaan met een bepaald soort persoon, kan het zijn dat je onnodig veel belang aan die uitkomst hecht, of dat je je er juist tegen verzet. Op welke manier spelen deze krachten nog een rol in je leven? Ik had een vriendin die door haar ouders ingeprent had gekregen dat ze met een ambitieuze persoon moest trouwen, maar haar laatste vriendje verbrak de relatie omdat hij het gevoel had dat hij meer haar zakenpartner was dan haar vriendje. Ze moest loslaten wat haar ouders voor haar wensten en haar ideeën over een goede partner herzien.

VOORBEELD

Welke elementen van een relatie zag je terug bij je ouders? Bevielen die je of juist niet?

In relaties wijzen we af wat onze ouders deden, of we herhalen het juist. Als zij veel ruziemaakten, kan het zijn dat jij juist conflicten vermijdt. Als zij een bepaalde machtsverhouding hadden, kan het zijn dat jij hetzelfde verwacht in jouw relaties óf dat je het juist heel anders probeert te doen.

EMOTIONELE STEUN

Welke liefde en emotionele steun zou je graag van je ouders hebben ontvangen? Wat heb je gemist?

Zodra je je bewust bent van een geschenk of een hiaat dat je meebrengt in je relaties, kun je ermee aan de slag.

1. *Herken.* De eerste stap is om te herkennen waar en wanneer die indruk je de verkeerde kant op stuurt. Komt het naar voren op social media? Bij een specifieke groep mensen?

Wanneer je iets probeert te vieren met je partner? Wanneer je op reis bent?

2. *Help jezelf eraan te denken.* Breng jezelf in herinnering hoe je wilt zijn of hoe je niet wilt zijn. Zorg voor een reminder die je krijgt op het moment dat je op een manier dreigt te handelen die je wilt vermijden. Heb je een uitdaging in het vooruitzicht waarbij je een vorm van steun verwacht die je partner je normaal gesproken niet geeft? Ben je jaloers wanneer je je partner met andere mensen ziet praten in een groep? Is er een bepaald soort gedrag dat altijd je boosheid opwekt? Zorg dat je jezelf er vóór dit moment aan herinnert dat je op dat moment en op die plek wilt veranderen. Het kan iets heel simpels zijn, zoals een geeltje op je badkamerspiegel of een boodschap aan jezelf in je dagboek of een verzoek aan je partner om je eraan te helpen herinneren waar je aan werkt.

3. *Herhaal.* Maak een mantra van je reminder, een zinnetje dat je steeds weer voor jezelf herhaalt. Als je dit doet, is de kans groter dat het in je gedachten opduikt op het moment dat je het nodig hebt. Het kan iets zijn als 'liefde is vrij van schuldgevoel' of 'boosheid is niet het antwoord' of 'vraag voordat je iets aanneemt'.

4. *Bouw af.* Voordat de reactie of verwachting helemaal verdwijnt, zul je merken dat je er geleidelijk minder aan toegeeft. Breng je partner op de hoogte, zodat hij of zij weet dat jij hieraan werkt.

5. *Verwijder.* Uiteindelijk, in de loop der tijd, door aandacht en herhaling, zul je de gewoonte van de verwachting afleren.

Of onze ouders ons nu in meer of mindere mate hebben verwaarloosd of ons hebben gegeven wat we nodig hadden, bij het verlaten van het nest zijn we geprogrammeerd om bevestiging en vervulling bij anderen te zoeken, in plaats van bij onszelf. We neigen naar

partners die onze leemtes mogelijk opvullen, maar we lopen daarbij ook het risico dat we ons niet openstellen voor mensen die wellicht beter bij ons passen.

Een blik in de karmaspiegel helpt ons om te stoppen met het
najagen van partners die de emotionele behoeften uit onze jeugd
misschien kunnen vervullen, en dit in plaats daarvan zelf gaan
doen. Tegelijkertijd geldt dat hoe meer je je bewust wordt van deze
invloeden in je eigen leven, hoe beter je zult kunnen zien hoe de
ouders van een partner hem of haar hebben beïnvloed. Hierdoor
zul je zowel jezelf als je partner beter begrijpen en geduldiger beje-
genen.

Filmmagie

Onze ouders zijn niet de enige samskara's in onze benadering van
liefde. Van jongs af aan wordt ons door films, televisie, muziek en
andere media een geromantiseerd ideaal van liefde verkocht.
Sneeuwwitje zingt: 'Eens komt mijn prins voorbij',[8] en er wordt ons
beloofd dat onze droompartner vanzelf zal verschijnen, dat we die
direct zullen herkennen als onze lotsbestemming en dat hij of zij
ons bij ondergaande zon mee zal voeren naar een prachtige toekomst.

In *Forrest Gump* stapt Tom Hanks in de titelrol in de bus voor
zijn eerste schooldag, en als Jenny hem uitnodigt om naast haar te
komen zitten, vertelt hij: 'Ik had nog nooit zoiets moois gezien. Ze
leek wel een engel.'[9] Daar begint het liefdesverhaal. Romantische
verhalen willen ons laten geloven in liefde op het eerste gezicht. In
zijn boek *Face Value* laat professor Alexander Todorov zien dat eerste indrukken hoogstwaarschijnlijk verkeerd zijn.[10] 'We denken dat
mensen die er gelukkig uitzien betrouwbaarder zijn, en we denken
dat mensen die er moe uitzien minder intelligent zijn, hoewel deze
indrukken geen enkel verband houden met de realiteit. We kennen positieve eigenschappen toe aan gezichten die we als "typisch"
beschouwen, en hoewel er geen "gemiddeld" menselijk gezicht is,
zien we het liefst gezichten die onze eigen definitie van een typisch

gezicht benaderen.' In weerwil van de onbetrouwbaarheid van eerste indrukken heeft een groep psychologen van de University of Pennsylvania data geanalyseerd van meer dan tienduizend mensen die speeddaten hadden geprobeerd, en zij ontdekten dat de meeste van deze mensen binnen drie seconden besloten of ze zich tot iemand aangetrokken voelden.[11]

Onderzoeken tonen aan dat zulke eerste indrukken makkelijk worden beïnvloed door factoren waar we ons mogelijk niet eens bewust van zijn. Bij een onderzoek lieten psychologen van Yale University deelnemers kort een mok met warme koffie of ijskoffie vasthouden.[12] Daarna kregen de deelnemers een pakketje waarin informatie zat over iemand die ze niet kenden en werd hun gevraagd om een inschatting te maken van die persoon. De mensen die de warme koffie hadden vastgehouden, beschreven de personen over wie ze lazen als aanzienlijk warmer qua persoonlijkheid dan de deelnemers die de ijskoffie hadden vastgehouden. (Dus de volgende keer dat je een eerste date hebt, kun je de ander misschien beter op een lekkere beker warme chocolademelk trakteren dan op een ijsje.)

Wanneer het gaat om het ontmoeten van mensen, verwijst het contexteffect naar de manier waarop de sfeer waarin we de ander ontmoeten onze indruk van hen kan beïnvloeden.[13] Stel je bijvoorbeeld voor dat je iemand tegenkomt in de lobby van een bioscoop nadat je een romantische komedie hebt gezien – dan ben je meer in de stemming om die persoon als een potentiële liefdesmatch te zien dan wanneer je hem of haar tegen zou komen na het bekijken van de documentaire *Slugs: Nature's Little Scamps*. Of stel je voor dat je iemand ontmoet bij een bruiloft – dat is alsof je net honderd romantische komedies hebt bekeken. Je zult die persoon waarschijnlijk eerder zien als een mogelijke huwelijkskandidaat dan wanneer de ontmoeting plaats zou vinden in een café.

De manier waarop liefde in films wordt weergegeven heeft de standaard bepaald voor hoe de liefde zich zou moeten voltrekken, en vaak geven ze ons het gevoel dat we niet het niveau van romantiek halen dat we zouden moeten bereiken. In de film *500 Days of*

Summer laat Tom, die wenskaarten schrijft, zijn baas een valen-
tijnskaart zien en zegt: 'Als iemand mij deze kaart zou geven, Mr.
Vance, zou ik hem opeten. Het zijn die kaarten en de films en de
popliedjes die verantwoordelijk zijn voor alle leugens en alle gebroken harten, alles.'[14]

Hollywood is bepaald niet de enige schuldige. De Bollywoodfilms
die ik als kind bekeek hebben me aardig op het verkeerde been
gezet. Ik droomde over het romantische happy end dat Bollywood
de kijkers steevast voorspiegelde. Je zou denken dat ik die ideeën
ontgroeide toen ik monnik werd, maar zoals ik in de introductie
heb beschreven, haalde ik bij mijn aanzoek aan Radhi mijn ideeën
over verlovingen uit deze samskara. Vandaar het hele circus met de
rivieroever, het a-capellakoor en het rijtuig. Gelukkig kwam het
goed met Radhi en mij, maar haar allergische reactie op het paard
herinnerde me eraan dat ik aan de persoon voor me zou moeten
denken, in plaats van me door media-invloeden te laten sturen.

Iets dergelijks gebeurde toen ik een verlovingsring voor haar wilde kopen. Ik vroeg een vriend hoe ik die uit moest kiezen, en hij zei
dat ik de mooiste ring moest kopen die ik kon vinden voor een prijs
van twee à drie maandsalarissen. Dus dat deed ik. Ik vroeg hem
niet hoe hij bij dat bedrag kwam. Als ik dat had gedaan, zou hij
waarschijnlijk hebben gezegd: 'O, dat heeft iemand tegen mij gezegd toen ik me ging verloven.' Pas jaren later ontdekte ik dat vóór
de Tweede Wereldoorlog slechts 10 procent van de verlovingsringen een diamant had.[15] Daarna deed de diamantindustrie er alles
aan om van de diamant de officiële edelsteen van het huwelijk en
de liefde te maken. Toen ze dat bijna vijftig jaar later voor elkaar
hadden, gingen ze bepalen hoeveel een man aan een ring uit zou
moeten geven. In 1977 toonde een reclame voor De Beers Jewellers
de silhouetten van een stel op een strand.[16] De schaduw van een
man schuift een diamanten ring aan de schaduw van de vinger van
een vrouw, en de gouden ring vormt de enige kleur in de reclame.
Ze kussen elkaar, en de voice-over zegt: 'De diamanten verlovingsring. Hoe kun je twee maandsalarissen anders voor altijd mee laten
gaan?' Het waren juweliers die de wereld vertelden hoeveel een

man precies aan een verlovingsring zou moeten uitgeven! Als dat geen belangenverstrengeling is. Die reclame werd uitgezonden voordat mijn vriend zelfs maar was geboren. En toch heeft hij hem, mij en miljoenen anderen beïnvloed en de overtuiging verspreid dat je, als je van iemand houdt, een flink bedrag aan een diamant moet spenderen.

Tegenwoordig worden er minder romantische komedies geproduceerd, maar wanneer we onze ideeën over liefde onderzoeken, moeten we kijken naar de ideeën die zijn geplant toen we jong waren, voordat we kritisch keken, voordat we over ervaring beschikten waaraan we de films konden toetsen. Toen Lily James in 2015 Assepoester speelde, paste het met Swarovski-kristallen afgezette glazen muiltje niet aan haar voet. 'Geen maagd in het land past deze schoen,' vertelde ze *The Washington Post*. 'Dus de prins zal in zijn eentje sterven.'[17] **De belofte van een lang en gelukkig leven blijkt een obstakel te zijn voor een lang en gelukkig leven.**

Probeer dit:

LIEFDE IN DE MEDIA

Denk aan de eerste keer dat je een liefdesliedje hoorde of een film zag waardoor je ideeën over liefde zijn gevormd of veranderd. Welke kenmerken van liefde kwamen erin voor? Geloof je daarin? Heb je die kenmerken bereikt in voorgaande relaties?

You had me at hello – *Jerry Maguire*[18]
I wish I knew how to quit you – *Brokeback Mountain*[19]
To me, you are perfect – *Love Actually*[20]
As you wish – *The Princess Bride*[21]
You want the moon? Just say the word, and I'll throw a lasso around it and pull it down – *It's a Wonderful Life*[22]

→

I'm also just a girl, standing in front of a boy, asking him to love her – *Notting Hill*[23]

Wanneer we de samskara's begrijpen die de media ons over liefdesverhalen hebben ingeprent, hoeven we niet meer naar Hollywoodperfectie te streven in onze eigen relaties. We zijn bereid om een liefde te proberen die langzaam begint of zich heel anders ontwikkelt.

Eerste liefdes

Onze ideeën over liefde worden ook gevormd door onze vroegste romances. In 2015 nodigde de kunstenares Rora Blue mensen uit om anoniem boodschappen aan hun eerste liefdes te plaatsen.[24] Meer dan een miljoen mensen reageerden met berichten als: 'Je hebt me kapotgemaakt, maar ik schrijf nog steeds liefdesbriefjes aan je op papieren borden en servetjes' en 'Je zult altijd in mijn botten gegraveerd staan' en 'Ik vond het heerlijk om mezelf in je te verliezen, maar het is al even geleden en ik kan mezelf nog steeds niet vinden' en 'Als ik mijn ogen dichtdoe, lijkt hij precies op jou'. Er is een biologische reden waarom eerste liefdes samskara's creëren. Een sleutelgebied van ons brein – de prefrontale cortex – ontwikkelt zich pas volledig wanneer we een jaar of vijfentwintig zijn.[25] Zoals hersenexpert Daniel Amen het beschrijft, helpt de prefrontale cortex ons om te denken voordat we spreken en handelen, en om van onze fouten te leren.[26] Jonge mensen 'denken' met hun gevoelens. Zonder een volledig ontwikkelde prefrontale cortex loopt een groot deel van ons mentale leven door onze amygdala – een hersencentrum dat wordt geassocieerd met emotionele processen zoals angst en nervositeit. Naarmate we ouder worden, wordt onze passie getemperd door rede en zelfbeheersing en voelen we niet meer met dezelfde wilde overgave. Diegenen van ons die de hartstocht van jonge liefde hebben gevoeld, herinneren het zich wellicht als intenser dan alles wat ze in hun volwassen leven hebben ervaren, al was het niet ideaal of zelfs maar gezond.

De eerste keer dat je uit pure verliefdheid een relatie aangaat, kan het zijn dat die persoon je hart breekt. Als je de les niet accepteert en opnieuw een relatie aangaat uit dolle verliefdheid, dan kan het gebeuren dat je de tweede keer verveeld raakt en je anders dan gebruikelijk gaat gedragen. De derde keer steelt die persoon wellicht je geld. Karma zal je steeds opnieuw dezelfde lessen brengen, via verschillende personen, tot je verandert. En soms zal het je steeds opnieuw dezelfde lessen brengen in de relatie met je partner. Volgens de Vedische leer zijn er drie niveaus van intelligentie.[27] Op het eerste niveau luister je naar iemand die je vertelt dat je je aan vuur zult branden en blijf je er voortaan bij uit de buurt. Op het tweede niveau ervaar je het persoonlijk. Je raakt vuur aan, je brandt je eraan en je weet dat je het nooit meer moet doen. Op het derde niveau blijf je jezelf branden, maar leer je er niets van. Als we niet naar ons karma luisteren, blijven we steken op het derde niveau van intelligentie en dragen we daar de littekens van. We vergeten dat datgene wat we in het verleden hebben meegemaakt, ons vertelt hoe we ons zullen voelen als we het nog een keer doen. Wanneer we ervan overtuigd zijn dat we pech hebben in relaties, is het werkelijke probleem vaak dat we informatie blijven negeren en weigeren de karmische les te leren. Met andere woorden, als je niet leert, herhaal je steeds dezelfde fout. Karma moedigt je aan om stil te staan bij de keuze, en de reden waarom je die hebt gemaakt.

Laten we wat uitgebreider kijken naar enkele van de 'types' met wie we daten en welke karmische lessen ze te bieden hebben.

De Rebel. In de film *I Know What You Did Last Summer* zegt Julie tegen Ray: 'Ik haat dit, ik haat dit echt. Straks ga je weg en dan val je voor een of andere kaalgeschoren, in het zwart geklede, met tatoeages en piercings bedekte filosofiestudente.'[28]

Ray antwoordt: 'Dat klinkt aantrekkelijk.'

Dit personage kom je keer op keer tegen in literatuur en films – van Rochester in *Jane Eyre*[29] en Heathcliff in *Wuthering Heights*[30] tot Edward in *Twilight*.[31]

DE VIJF TYPES VOOR WIE WE VALLEN

Rebel Onbereikbare Project
Liefde

Player Opulente

Je aangetrokken voelen tot iemand die zich tegen het systeem verzet is niet noodzakelijkerwijs een vergissing. Maar als je blijft hopen dat avontuur en mysterie plaats zullen maken voor loyaliteit en verantwoordelijkheid, wordt het tijd om van je keuzes te leren. Waarom voel je je tot deze persoon aangetrokken? Biedt hij of zij je de relatie die je zoekt? Als je klaar bent om een vastere verbintenis aan te gaan, dan zul je iemand moeten kiezen gebaseerd op de eigenschappen die de ander te bieden heeft, in plaats van enkel zijn of haar rebelse charme.

De Onbereikbare Liefde. Soms voelen we ons aangetrokken tot iemand die emotioneel of zelfs fysiek onbereikbaar is. Die persoon is steeds in beweging, maar soms blijft hij of zij net lang genoeg staan om ons hoop te geven. We zijn betoverd door deze persoon, en dus overtuigen we onszelf ervan dat hij ons zal opmerken en ons plotseling alle tijd en aandacht zal geven. We zijn er zeker van dat deze persoon, als we eindelijk zijn aandacht hebben, verliefd op ons zal worden. En dus volgen we hem. Waar is hij? Hoe brengt hij zijn tijd door wanneer hij ook bij ons zou kunnen zijn? Wanneer zal hij ons bellen? Hoe kunnen we zorgen dat we zichtbaar en beschikbaar zijn zonder wanhopig over te komen? Zolang we verstrikt zijn in de jacht, leren we de ander niet kennen, ontdekken we niet wat we met elkaar gemeen hebben, komen we niets over elkaar te weten en groeien we niet samen. We stoppen al onze romantische energie in de jacht, maar we krijgen er niets voor terug.

In haar boek *Waarom Hij? Waarom Zij?* legt Helen Fisher, wetenschappelijk hoofdadviseur van datingsite *Match.com*, uit dat *hard to get* spelen een fenomeen creëert dat zij 'gefrustreerde aantrekkingskracht' noemt.[32] Ze schrijft: 'Barrières versterken gevoelens van romantische liefde […] waarschijnlijk omdat de hersenverbindingen die in verband worden gebracht met plezier, energie, focus en motivatie actief blijven wanneer een beloning wordt uitgesteld.' Ze voegt er echter ook aan toe dat wetenschappers die onderzoek hebben gedaan naar het eventuele resultaat van hard to get spelen geen bewijs hebben gevonden dat het helpt om een langdurige relatie te bewerkstelligen. Of je nu de ontwijkende partij bent of de najagende partij, als je geen tijd samen doorbrengt, bouw je niet aan een relatie.

Voel je je aangetrokken door de opwinding van de jacht, wees je er dan bewust van wat je kiest. Als je een relatie begint met een muzikant die continu op tournee is, dan kun je niet van hem verwachten dat hij zijn carrière opgeeft en al zijn tijd met jou doorbrengt. Als iemand onbereikbaar is, zal dat over het algemeen zo blijven. Voel je je tot die persoon aangetrokken omdat je iemand zoekt die het net zo druk heeft als jij? Of ben je opgegroeid met een ouder die onbereikbaar was, en is dat daarom het enige niveau van liefde dat je denkt te verdienen? Om je karma goed te gebruiken moet je je bewust zijn van wie je kiest, waarom je die persoon kiest en of hij of zij past bij wat jij in je leven wilt, zoals je bij Regel 1 hebt verkend.

Het Project. Soms moet een partner gered worden. Je voelt een sterke drang om voor die persoon te zorgen, hem of haar aandacht, hulp en stabiliteit te geven. Mogelijk spreekt dit je zorgzame kant aan. Op korte termijn geeft dit je het gevoel dat je competent bent en de zaken in de hand hebt. De ander heeft je nodig, en jij hebt het gevoel dat je hem of haar kunt helpen om een beter leven te leiden. Als de ander op de lange termijn echter niet verandert, voel je je uitgeput en geïrriteerd omdat je de verzorger van je partner bent geworden. Jullie zijn dan geen gelijken. En jij investeert veel meer in de relatie dan de ander.

Het domineren van een relatie versterkt ons ego en geeft ons het gevoel dat we belangrijk zijn. Het vraagt niet van ons dat we aan onszelf twijfelen of suggesties van onze partner opvolgen. Uiteindelijk vormt het echter een obstakel voor de langetermijnverbintenis die we proberen aan te gaan. We voelen ons meer aangetrokken tot de dynamiek van de relatie dan tot de persoon. Als je iemand bent die graag leidt, begeleidt en advies geeft, dan kun je dat op een andere plek in je leven doen.

Probeer dit:

ROLLEN IN EEN RELATIE

Hieronder staan enkele vragen waarmee je kunt onderzoeken welke rol jij in je laatste relatie hebt gespeeld of verwacht te zullen spelen in een nieuwe relatie. Is dit wat je wilt? Je zult alle rollen die ik hieronder heb beschreven weleens spelen, maar je uiteindelijke doel is om elkaar te steunen en daarbij bewust zo nu en dan de rol van fixer en afhankelijke op je te nemen.

TYPE 1: FIXER

Merkte je dat je in je relatie voortdurend probeerde problemen op te lossen, te zorgen, te helpen of de andere persoon een beter gevoel te bezorgen? Probeerde je hem of haar soms te dragen of te helpen zijn of haar doelen uit te laten komen?

$$\longrightarrow$$

TYPE 2: AFHANKELIJKE

Had je het gevoel dat je te veel op je partner leunde? Legde je al je problemen aan de ander voor en verwachtte je dat hij of zij met oplossingen zou komen?

TYPE 3: STEUNPILAAR

Waardeerde je de persoonlijkheid van de ander, respecteerde je de waarden van de ander en wilde je de ander helpen zijn of haar doelen te bereiken?

Respecteerde je de manier waarop de ander zijn of haar tijd doorbracht en gaf je daar ruimte voor, of wilde je de ander steeds veranderen?

De **fixer** heeft een ouderschapsmentaliteit. Je hebt het gevoel dat het jouw verantwoordelijkheid is om voor de ander te zorgen. Het geluk van de ander is jouw prioriteit. Deze mentaliteit kan heel nuttig zijn, maar het kan ook uit de klauwen lopen. Wanneer je een ouder bent voor je partner, gaat je partner zich wellicht als een kind gedragen.

De **afhankelijke** heeft een kinderlijke mentaliteit. Je leunt op je partner. Je wilt dat je partner alles oplost, en je raakt van streek wanneer blijkt dat hij of zij niet al je problemen kan verhelpen. Soms meten we ons deze mentaliteit aan wanneer we een dominante partner hebben. Het kan geruststellend voelen als iemand anders de leiding neemt. Maar uiteindelijk doen we onszelf tekort wanneer we ons eigen pad niet volgen en ons eigen leven niet vormen.

De **steunpilaar** is de rots in de branding van zijn of haar partner. Je bent geen ouder, je bent geen kind, je staat naast je partner. Je probeert verantwoordelijkheid te nemen; je probeert geduld te ontwikkelen; je probeert de ander te helpen met groeien, maar je probeert je niet met elk detail te bemoeien. Dit is de mentaliteit van de gulden middenweg.

Als je een quiz wilt doen die je kan helpen om vast te stellen welke rol jij in je relatie speelt, kun je naar www.RelationshipRoles.com gaan.

Het is natuurlijk om deze drie rollen in de loop van onze relaties afwisselend op ons te nemen. Soms nemen we de leiding. Soms voelen we ons er prettiger bij om te volgen. Wat we proberen te vermijden, is een relatie met een type met wie we continu in dezelfde dynamiek gevangenzitten.

Als je altijd de rol van fixer speelt, kan je partner zijn of haar eigen reis niet maken. Wij hebben het recht niet om de weg van de ander te bepalen. Het is niet onze taak om iets te repareren wat helemaal niet kapot is. Stel je je voortdurend kwetsbaar op, dan ontbreekt het je aan zelfvertrouwen en heb je bevestiging nodig van anderen. Je hebt het gevoel dat je beschadigd bent en je wilt dat iemand je repareert. Wanneer je samen bent met iemand die deze kant van jou ondersteunt, neem je geen verantwoordelijkheid voor je eigen groei, vreugde en succes.

De steunpilaar is een ideaal om naar te streven. Beide partners communiceren als gelijken. Jij leert van je partner en je partner leert van jou. En wanneer je allebei begrijpt dat je beiden tegelijk leraar en leerling bent, creëer je een partnerschap. (Meer hierover bij Regel 3.)

De Player. Wanneer we met iemand daten die vaak seks heeft met anderen, laat die persoon ons duidelijk weten dat hij of zij niet geïnteresseerd is in een exclusieve verbintenis. Als jij dat wel zoekt, ga dan bij jezelf na of de geweldige seks genoeg voor je is. Seks kan ons beïnvloeden bij het maken van goede keuzes over de persoon met wie we samen willen zijn, en over de vraag of we bij die ander willen blijven. Een van de grootste oorzaken van die beïnvloeding is het hormoon oxytocine. Volgens neurowetenschapper en psychiater Daniel Amen is er een verband tussen oxytocine en gevoelens van verliefdheid, en het vrijkomen van oxytocine kan vertrouwen en verbinding ondersteunen en zelfs versnellen.[33]

Over het algemeen hebben mannen een lager oxytocineniveau dan vrouwen, maar door seks kan het oxytocineniveau van mannen met meer dan 500 procent stijgen.[34] Neurowetenschapper Robert Froemke van New York University zegt dat oxytocine als een volumeknop werkt door 'breinactiviteit met betrekking tot iets wat iemand al ervaart omhoog te draaien en te versterken'.[35] Tijdens en na seks voelen we ons verliefder, maar in werkelijkheid is dat geen liefde. We voelen een sterkere chemische verbintenis, hoewel er geen sterkere emotionele verbintenis is. Daarnaast heeft het hormoon een tijdelijk blokkerend effect op negatieve herinneringen, zodat al die 'kleine dingetjes' die je dwarszaten, of die ruzie die je van tevoren hebt gehad – en die een gigantisch waarschuwingssignaal had kunnen zijn – na seks kunnen vervagen.[36]

Toen ik huwelijksexperts John en Julie Gottman voor mijn podcast interviewde, vertelde John dat oxytocine soms het 'hormoon van een slecht beoordelingsvermogen' is. Hij zei: 'Je blijft maar denken dat het wel goed komt, omdat het hormoon je het gevoel geeft dat je veilig bent en maakt dat je de waarschuwingssignalen niet meer ziet die je vertellen dat de ander niet betrouwbaar is.'[37]

Als iemand duidelijk maakt dat hij of zij niet is geïnteresseerd in een vaste relatie, kun je nog steeds plezier met elkaar hebben, maar wees je er wel van bewust dat je waarschijnlijk niet veel van de ander zult leren.

De Opulente. De Bhagavad Gita spreekt over zes vormen van opulentie: kennis, roem, geld, schoonheid, kracht en verwerping van het materiële.[38] Soms voelen we ons aangetrokken tot iemand die een enkele vorm van opulentie bezit, en dat is genoeg om ons er voorbarig van te overtuigen dat we verliefd zijn. In Beyoncés nummer 'Halo' overtuigt het licht dat iemand omringt de zangeres ervan dat hij alles is wat ze nodig heeft en meer, maar iemands 'halo' vertelt ons niet noodzakelijkerwijs precies wie iemand is.[39] In de psychologie is het halo-effect een soort van cognitieve bias, waarbij we op basis van een enkele karaktertrek of kenmerk een onjuiste indruk van iemand vormen.[40] Als iemand bijvoorbeeld aantrekkelijk is, is de kans groter dat we die persoon andere positieve eigenschappen toedichten, zoals intelligentie, gevatheid of vriendelijkheid. Dit specifieke halo-effect noemen we het aantrekkelijkheidsstereotype. Een onderzoek toonde aan dat leraren betere cijfers gaven aan aantrekkelijke leerlingen wanneer de les in een daadwerkelijk lokaal werd gegeven, maar niet wanneer dit online gebeurde en de leraren de leerlingen niet konden zien. Andere onderzoeken hebben aangetoond dat obers of serveersters die als aantrekkelijker worden gezien, hogere fooien kregen. Wanneer we een knappe persoon zien, kan het zijn dat we onbewust de aanname doen dat die persoon rijker is, of ambitieuzer, of aardiger, enzovoort, en dit kan beïnvloeden in hoeverre we ons tot die persoon aangetrokken voelen.

De *Bhagavad Gita* stelt dat de zes vormen van opulentie ons de feilbaarheid van verlangen laten zien. We willen aandacht, maar een miljoen likes kunnen ons nog niet het gevoel geven dat we geliefd zijn. We willen schoonheid, maar we proberen jeugd (die niet de enige vorm van schoonheid is) eeuwig te laten duren. We willen geld, maar daarmee kunnen we geen geluk kopen. Googel maar eens op 'loterijwinnaars' als je daar bewijs van wilt zien. Als we zoeken naar een of meerdere vormen van opulentie in een partner, wordt ons een tijdelijke goederenlijst verkocht. Volgens de *Bhagavad Gita* betekent de liefde voor God dat je zijn grootsheid kent, maar door zijn beminnelijkheid wordt aangetrokken.[41] Mogelijk weet je precies wat je partner kan en heeft, maar dat definieert hem of haar niet als individu. **Het is geen slecht uitgangspunt als we ons aangetrokken voelen tot onze partners om wat ze hebben, wat ze kunnen of wat ze hebben bereikt, maar het moet niet ons eindpunt zijn.** Vaardigheden en prestaties doen er veel minder toe dan eigenschappen en handelingen. We begaan de fout om eigenschappen aan mensen toe te kennen op basis van hun vaardigheden. We gaan ervan uit dat iemand die goed kan communiceren betrouwbaar zal zijn. We denken dat een schrijver wel bedachtzaam zal zijn, en een manager georganiseerd. De enige manier waarop we kunnen weten wat voor eigenschappen een persoon werkelijk bezit, is door tijd met die persoon door te brengen en hem of haar te observeren. Pas wanneer we iemand van heel dichtbij kennen, vinden we het beminnelijke in die persoon.

Probeer dit:

EVALUEER EN LEER VAN EEN VOORGAANDE RELATIE

We hebben de neiging om het succes van een relatie af te meten aan de duur ervan, maar de daadwerkelijke waarde ligt erin hoeveel we ervan hebben geleerd en in hoeverre we erdoor zijn gegroeid. Als we dat begrijpen, kunnen we de keuzes onderzoeken die we hebben gemaakt, nagaan waarom we voor iemand hebben gekozen, bedenken wat er verkeerd is gegaan en een beter gevoel ontwikkelen voor wie we moeten kiezen en/of we de volgende keer iets anders moeten doen.

1. In welke energie bevond je je toen je ervoor koos om samen te zijn met je ex?

Energie van onwetendheid. In deze energie kan het zijn dat je iemand hebt gekozen omdat je je verveelde, omdat er niemand anders voorhanden was of omdat je eenzaam was. Keuzes die in onwetendheid worden gemaakt, leiden tot depressie, pijn en stress.[42]

Energie van passie. In deze energie heb je iemand gekozen omdat je op zoek was naar een van de vormen van opulentie. Beslissingen genomen uit passie beginnen vaak goed, maar als ze zich niet verdiepen tot begrip en respect lopen ze vreselijk af.[43]

$\longrightarrow$

Energie van goedheid. In deze energie heb je iemand ge-kozen met wie je je verbonden voelde en die je het idee gaf dat jullie bij elkaar pasten. Er was wederzijds respect, en na het beëindigen van de relatie was dat respect waarschijn-lijk nog deels intact.[44]

2. Waarom is de relatie geëindigd? Wees zo eerlijk mogelijk wanneer je nagaat wat er mis is gegaan.

3. Leer ervan. Wat zou je de volgende keer anders kunnen doen? Kun je je volgende relatie vanuit een energie van goedheid aangaan? Kun je opulentie opzijzetten en zoeken naar eigenschappen die iemand tot een goede partner maken?

Je trekt aan wat je zelf gebruikt om indruk te maken

Opulentie helpt ons om karma op een bijzonder praktische manier te begrijpen. Als we ons tot iemand aangetrokken voelen vanwege zijn of haar ambitie, dan is dat wat we krijgen – een persoon voor wie ambitie vooropstaat. Er is niets mis met ambitie… tot je beseft dat je iemand zoekt die veel tijd met je door kan brengen. Soms hebben we het gevoel dat geen van de mogelijke kandidaten mensen zijn met wie we willen daten. En dan moeten we onszelf de vraag stellen: waarom zijn dit mijn kandidaten? Waarom trekken we deze mensen aan, en hoe kunnen we de mensen aantrekken die we willen? Opnieuw biedt karma het antwoord. Als je iets de wereld in stuurt, krijg je het terug. Dat is karma in zijn basaalste vorm. Als ik geld gebruik om mezelf als waardevol te presenteren, dan zal ik iemand aantrekken die vindt dat geld datgene is wat mij waarde-vol maakt.

Wanneer we onszelf presenteren, zenden we uit welke dyna-miek we willen, hoe we verwachten behandeld te worden en wat we in onze eigen ogen verdienen. Ik heb eens een cliënt gehad die een succesvolle ondernemer was. Het zat hem dwars dat iedere vrouw die hij ontmoette 'hem alleen om zijn geld wilde'. Maar op zijn online profiel stonden alleen maar foto's van hem met een dure auto, of poserend voor het zoveelste huis dat hij had gekocht. Hij zei: 'Zo ben ik in werkelijkheid niet.' Maar het had hem niet moeten verbazen dat hij een bepaald type vrouw aantrok.

Als je je rijkdom gebruikt om indruk op iemand te maken... zul je er alles aan moeten doen om je vermogen in stand te houden. Op een dag wil je je tijd misschien wel op een andere manier doorbrengen. Misschien heb je liever dat je partner je waardeert om iets anders dan je nettowaarde.

Als je je lichaam gebruikt om indruk op iemand te maken... manoeuvreer je jezelf in een positie waarin ouder worden moeilijk te accepteren zal zijn. Op een dag zal je lichaam veranderen, en dan heb je misschien liever een partner die tot je oude dag van je zal houden.

Als je je maatschappelijke status gebruikt om indruk op iemand te maken... kom je er misschien op een dag achter dat iemand met een hogere maatschappelijke status aantrekkelijker is voor je partner. Of er verandert iets aan je status, en dan heb je behoefte aan een partner die je in moeilijke tijden ondersteunt.

Als je je intellect gebruikt om indruk op iemand te maken... kom je misschien tot de ontdekking dat je geen emotionele verbintenis voelt.

Als je seks gebruikt om indruk op iemand te maken... dan vestig je een standaard voor lichamelijke verbinding die wellicht moeilijk vol te houden is wanneer de lust vervaagt.

Wanneer we onszelf aan de wereld presenteren, of het nu tijdens een eerste afspraakje is, op social media of een datingsite, zeggen we: 'Ik wil graag dat jij deze versie van mij leuk vindt.' Het is belangrijk om de versie van jezelf te laten zien waarvan je wílt dat iemand zich ertoe aangetrokken voelt, in tegenstelling tot de versie van jezelf waarvan je dénkt dat iemand zich ertoe aangetrokken zal voelen. Dat zijn twee verschillende dingen. Als je de aandacht van iemand trekt door je als een bepaald personage voor te doen, dan moet je of de rest van je leven doen alsof je die persoon bent, of de ander zal uiteindelijk ontdekken wie je werkelijk bent.

Bij een onderzoek naar online datingprofielen bleek dat 53 procent van de mensen over zichzelf loog – vrouwen meer dan mannen, en vaker over hun uiterlijk (bijvoorbeeld door een oude foto te plaatsen zodat ze er jonger uitzagen), en mannen vaker over hun financiële status.[45] In aanmerking genomen dat mannen vooral een aantrekkelijk uiterlijk belangrijk vinden bij een potentiële partner en vrouwen financieel succes, kun je wel zien hoe dat uit kan pakken. Zelfs als je zelfpositionering subtieler is en je bereid bent om de rol die je hebt bedacht oneindig te spelen, zul je diep in je hart altijd weten dat je partner niet van je houdt om wie je werkelijk bent. Je hebt hem of haar verliefd laten worden op het personage dat je hebt gecreëerd, niet op jezelf. Door te doen alsof je iemand anders bent, nodig je conflict uit in je leven. Bespaar jezelf die tijd en energie.

Het is natuurlijk om de beste versie van jezelf te willen laten zien. Wellicht gebruik je daar een vorm van opulentie voor, of het nu is door terloops te melden aan welke universiteit je hebt gestudeerd, of door je date mee te nemen naar een duur restaurant om te laten zien hoeveel geld je hebt, of door je fraaiste foto's op een datingsite te zetten. Het is een verleidelijke valstrik om onszelf te beoordelen op basis van onze nettowaarde, of de manier waarop we die in materiële bezittingen uitdrukken; onze vrienden of volgers; onze lichamelijke aantrekkingskracht. Maar we kennen allemaal mensen die volgens deze manier van meten een hoge 'waarde' hebben en die toch een slecht zelfbeeld hebben. Er is een spreekwoord dat zegt dat de arme man buiten de tempel bedelt, en de rijke man in de tempel. Of zoals Russell Brand het formuleert: 'Hoe meer afstand ik heb genomen van de dingen waarvan ik dacht dat ze me gelukkig zouden maken, zoals geld en roem en de mening van andere mensen, hoe meer ik van de waarheid krijg te zien.'[46] We gebruiken onze opulentie om onszelf in de markt te zetten, maar op de lange termijn zal dat ons geen goed doen. We kunnen beter onze echte persoonlijkheid, waarden en doelen laten zien, zodat de ander van ons houdt om datgene wat het belangrijkste voor ons is.

Het omgekeerde is ook waar. Pas op als het de opulentie van je partner is waardoor je je tot hem of haar aangetrokken voelt, en pas op als dat het enige is wat je aantrekkelijk aan de ander vindt. Je wilt niet eindigen met iemand tot wie je je alleen lichamelijk aangetrokken voelt, of iemand wiens sociale leven je fascineert, of iemand met wie je alleen een klik hebt op werkgebied, of iemand wiens externe succes je betovert. Die eigenschappen zijn verbonden aan tijdelijke situaties en kenmerken. Ze zijn niet blijvend, en wanneer ze verdwijnen, gebeurt hetzelfde met de relatie.

Toen ik Radhi ontmoette, had ik niets. Nee, dat is niet waar. Wat wel waar is, is dat we al samenzijn vanaf het moment dat ik haar niets anders kon bieden dan mezelf, en dat leek genoeg te zijn.

Probeer dit:

WAT JE IN DE ETALAGE ZET

Wanneer er een verschil is tussen datgene wat je partner aantrekkelijk aan je vindt en wat jij waardeert in jezelf, kan het lastig zijn om aan de verwachting van de ander te voldoen. Maak om te beginnen een lijst van alles wat je waardeert in jezelf. Denk aan de eigenschappen waar je het trotst op bent en probeer je opulentie links te laten liggen. Ben je vriendelijk, zorgzaam, een harde werker, eerlijk, creatief, dankbaar, flexibel, betrouwbaar? Stel nu voor elk van je langdurige of bepalende relaties een lijst op van de eigenschappen die je partner naar jouw idee in je zag en waardeerde. We streven naar relaties waarin we geliefd worden om datgene wat we waarderen in onszelf.

Geef eerst aan jezelf wat je van de ander wilt

Als we eenmaal beter begrijpen welke samskara's we in de loop der jaren hebben verzameld, kunnen we kijken hoe ze onze keuzes hebben beïnvloed en nagaan of de resultaten ons bevallen. We willen niet steeds opnieuw dezelfde fouten maken. Het is goed als we de geschenken uit ons verleden meenemen naar het heden, maar we kunnen er niet van uitgaan dat onze partner ze precies zo zal ontvangen als wij verwachten. We moeten geen hiaten meenemen naar onze relaties en verwachten dat onze partner die voor ons opvult. We moeten onze eigen hiaten opvullen.

Observeer je partner of potentiële partner en vraag je af waardoor je je tot hem of haar voelt aangetrokken. Wordt je oordeel beïnvloed door criteria uit het verleden die niet langer relevant zijn? Als je ouders je altijd al hun aandacht gaven, verwacht je dat dan ook van een partner? Verwacht je door de films die je in je jeugd hebt gezien dat je hoofd op hol zal worden gebracht? Was je eerste liefde afstandelijk en ontoegankelijk, en zit je nu vast in het patroon van herhaling van die dynamiek? Een van mijn cliënten werd woedend op zijn vrouw als ze niet op tijd thuiskwam van haar werk. Ik vroeg hem waarom hij zo'n sterke reactie vertoonde, en tijdens de therapie besefte hij dat zijn moeder nooit op tijd thuiskwam, en dat dit zijn vader altijd dwarszat. Hij had zijn vaders zorgen 'geërfd'. Ik vroeg hem wat het voor hem betekende dat zijn vrouw zo vaak laat thuiskwam. Na enig nadenken zei hij: 'Het voelt alsof ze niet om me geeft en geen tijd met me wil doorbrengen.' Ik stelde voor dat hij zijn vrouw hiernaar zou vragen. We spraken af dat hij niet op beschuldigende toon zou vragen waarom ze altijd zo laat thuis was, maar dat hij zou informeren waar ze die dag aan had gewerkt, en of dat leuk was of juist stressvol. Het bleek dat zijn vrouw gestrest was over een project en dat ze dacht dat ze na een maand of drie weer eerder naar huis zou kunnen komen. Ze realiseerde zich niet dat het hem gerust zou stellen als hij over dit project en de tijdelijke aard ervan zou hebben geweten. Nog belangrijker was echter zijn besef dat het laat thuiskomen een heel andere reden had dan hij dacht. Het is niet zo dat er daarna geen wolkje meer aan de lucht was, maar het lukte hem om de situatie te accepteren in plaats van zijn geërfde gepieker te moeten doorstaan. Hij vroeg zijn vrouw om in het weekend wat meer tijd samen door te brengen, en ze vonden een manier om in hun beider behoeften te voorzien.

Onze relaties horen geen reacties te zijn op datgene wat onze ouders ons al dan niet hebben gegeven, en geen balsem voor de onzekerheden van onze jeugd. Als we van onze partners verwachten dat ze een emotionele leegte vullen, legt dit een oneerlijke druk op hen. We vragen de ander dan om verantwoordelijkheid te nemen voor ons geluk. Dat is alsof we zeggen: 'Ik rijd niet in mijn auto tot mijn partner er benzine in heeft gedaan.' Waarom zou je wachten tot iemand anders je een goed gevoel bezorgt? Daarom is het zo ontzettend belangrijk dat we onszelf helen, dat we de leiding nemen over dit proces en de schuld en de verantwoordelijkheid niet op onze partner afschuiven. Als we proberen een oude leegte op te vullen, zullen we de verkeerde partner kiezen. Een partner kan niet elk hiaat opvullen. Een partner kan onze emotionele bagage niet voor ons uitpakken. Als we eenmaal in onze eigen behoeften voorzien, kunnen we veel beter zien wat een relatie ons kan geven.

Ondertussen kun je jezelf geven wat je wilt ontvangen. Als je jezelf wilt trakteren, kun je ergens naartoe gaan waar je nooit eerder bent geweest, of een verjaardagsfeestje voor jezelf plannen, of je mooi aankleden voor een speciale gebeurtenis. Als je je gerespecteerd wilt voelen op je werk, kun je een lijst voor jezelf maken waarop je alles opsomt wat je aan een project hebt bijgedragen. We zien het gevoel dat we gewaardeerd, gerespecteerd of geliefd worden als de basisbehoefte van een relatie, maar als we niet elke dag zelf op kleine manieren in deze behoefte voorzien, hoeven we niet te wachten tot onze partner die ons met een groots gebaar komt brengen.

Probeer dit:

GEEF JEZELF WAT JE WILT ONTVANGEN

Vul je eigen hiaten op door jezelf te behandelen zoals je door anderen behandeld wilt worden.

Ik heb me nooit gewaardeerd gevoeld door mijn ouders.
Als je gewaardeerd wilt worden...
Waar wil je om gewaardeerd worden?
Wat kun je elke dag doen waardoor je je gewaardeerd zult voelen?

Ik heb nooit het gevoel gehad dat mijn ouders me bijzonder vonden.
Als je je bijzonder wilt voelen...
Waar wil je je bijzonder om voelen?
Wat kun je elke dag doen om jezelf het gevoel te geven dat je bijzonder bent?

Mijn ouders respecteerden mijn gevoelens of meningen niet.
Als je gerespecteerd wilt worden...
Waar wil je om gerespecteerd worden?
Wat kun je elke dag doen om jezelf te respecteren?

Dit zijn moeilijke vragen, dus neem er de tijd voor. Het kan even duren voordat de antwoorden komen. Denk er een dag over na. Een week. Wellicht ga je geleidelijk terugkerende negatieve gedachten herkennen die je vanuit je verleden met je meedraagt. Als je jezelf maar blijft voorhouden dat je niets voorstelt tot iemand je vertélt dat je iets voorstelt, zul je vatbaarder zijn voor onzekerheid, stress en druk.

Als je jezelf maar vaak genoeg vertelt dat je niet goed genoeg bent, bén je op een gegeven moment ook niet goed genoeg. We moeten deze negatieve patronen doorbreken door nieuwe gedachtepatronen te ontwikkelen. Dat voelt misschien geforceerd of nep, maar door te oefenen met deze nieuwe positieve gedachtepatronen ga je ze vanzelf waarmaken.

Even aandacht voor jezelf

Neem aan het begin en aan het eind van je dag drie minuten voor jezelf om je ervan te verzekeren dat je je eigen hiaten opvult. Het voelt natuurlijk om nieuwe gewoontes te verbinden aan het begin of het eind van iets, en het is de beste manier om de gedragingen en overtuigingen die we nodig hebben in ons leven te brengen.

In de drie minuten die je 's ochtends voor jezelf neemt, ga je rustig zitten en kies je één ding dat je op die dag voor jezelf kunt doen om je dag te verbeteren. Het kan zijn dat je besluit om een lunchafspraak te maken met een vriendin die je al een poosje niet hebt gezien. Het kan zijn dat je een yogales bezoekt of die ochtend het eerste uur je telefoon niet opneemt. Als je wakker wordt en alleen maar hoopt dat het een geweldige dag wordt, besteed je de dag uit. Kies in plaats daarvan een handeling waarmee je je dag zelf beter kunt maken.

In de laatste drie minuten van de dag ga je na hoe je je voelt over dat ene ding dat je 's ochtends hebt uitgekozen. Is je dag er inderdaad beter van geworden? Moet je het de volgende dag weer proberen, of kun je dan beter iets anders kiezen?

Onze liefde uitbreiden

Onze voorbereiding op de liefde begon met twee regels die ons naar alleen-zijn en zelfonderzoek leidden. We begonnen met oefeningen om eenzaamheid om te zetten in productieve tijd in ons eentje. We hebben ons verleden geanalyseerd en zijn begonnen met het ontsluiten van onze samskara's zodat we van karma kunnen leren. Of je nu een relatie hebt, op zoek bent naar een relatie of net uit een relatie komt, deze regels helpen je om de vaardigheden te ontwikkelen en te onderhouden die je nodig hebt voor de liefde. Je bent inmiddels al beter op de liefde voorbereid dan de meeste mensen! En dat opent de deur naar het delen van je liefde met een andere persoon. Een van de vertalers van de *Bhagavad Gita*, Eknath Easwaran, zei: 'Liefde groeit door oefening, er is geen andere manier.'[47] Nu we de liefde gaan beoefenen, zullen we bouwen aan ons vermogen om de liefde te herkennen, definiëren, ontwikkelen, vertrouwen en, wanneer we er klaar voor zijn, te omarmen.

Schrijf een liefdesbrief aan jezelf

Een brief schrijven aan jezelf kan helpen om een dialoog met jezelf tot stand te brengen en zelfbewustzijn te kweken over je gedachten en gevoelens. Dit zal je vervolgens helpen om keuzes te maken en de volgende stappen in je leven te zetten.

Lieve zelf,

We zijn al vanaf het begin samen, en ik heb het aan jou te danken dat ik dit leven mag ervaren. Jij staat dichter bij me dan wie dan ook, je bent de enige die alles weet wat ik heb gezien en gedaan. De enige die de wereld door mijn ogen heeft gezien. Die mijn diepste gedachten kent, mijn donkerste angsten. En mijn grootste dromen.

We hebben veel meegemaakt samen – alles, in feite. De hoogste toppen en de diepste dalen. Je bent bij me tijdens mijn mooiste momenten en tijdens de momenten die ik het liefst opnieuw zou doen. En wat er ook gebeurt, je hebt me nooit in de steek gelaten. We zijn ware partners – jij bent de enige over wie ik zonder enige twijfel kan zeggen dat we altijd samen zullen zijn.

Maar ondanks je loyaliteit, je liefde en je zorg heb ik je soms genegeerd. Ik heb niet altijd geluisterd wanneer je me vertelde wat het beste voor me was of me een zetje in de juiste richting gaf. In plaats van jou om advies te vragen keek ik wat anderen deden of zeiden. Ik leidde mezelf af zodat ik je stem niet kon horen. In plaats van voor je te zorgen heb ik je soms te hard gepusht. En toch heb je me nooit verlaten. Je hebt me altijd vergeven. En je hebt me altijd weer met open armen verwelkomd, zonder oordeel of kritiek.

Voor dat alles wil ik je bedanken. Dank je wel dat je zo voorzichtig met me bent. Dat je sterk bent. Dat je altijd bereid bent om samen met mij te leren en te groeien, door mijn fouten en mijn triomfen. En dat je me steeds weer het beste in mezelf laat zien. Dank je wel dat je me laat zien wat onvoorwaardelijke liefde werkelijk betekent.

Liefs,
Ik

Meditatie voor alleen-zijn

Deze meditatie is gericht op zelfliefde. Wanneer we oefenen met liefde en dankbaarheid voor onszelf, voelen we de aarde waarin de liefde is geworteld en waar de liefde in haar vele vormen uit zal groeien en bloeien.

Deze meditatie kun je het beste doen in bed, voordat je 's avonds gaat slapen en wanneer je 's ochtends wakker wordt.

1. Zorg dat je lekker ligt.
2. Als het goed voelt, sluit dan je ogen. Zo niet, verzacht dan je focus.
3. Of je ogen nu open zijn of dicht, laat je blik langzaam zakken.
4. Adem diep in. En adem uit.
5. Het geeft niet als je gedachten afdwalen. Breng ze rustig terug naar een plek van kalmte, balans en stilte.

Zelfdankbaarheidsmeditatie

1. Adem normaal en natuurlijk. Neem even de tijd om je bewust te zijn van het patroon van je ademhaling.
2. Verplaats je focus naar je lichaam. Merk op waar het het matras raakt, en waar niet. Als er een laken of dekbed over je heen ligt, wees je dan bewust van de plek waar dat je huid raakt.
3. Richt je aandacht nu op je voetzolen. Merk op hoe ze voelen. Uit je dankbaarheid naar je voeten voor alles waar ze je toe in staat stellen. 'Ik ben dankbaar voor jullie steun. Ik ben dankbaar dat jullie me met de aarde verbinden.' Gebruik woorden die voor jou natuurlijk en prettig voelen.
4. Breng je aandacht omhoog naar je onderbenen, je knieën en je dijbenen. Wees je ervan bewust hoe ze voelen. Uit je dankbaar-

heid. 'Bedankt voor jullie stabiliteit. Bedankt dat jullie me door de wereld helpen bewegen.'

5. Richt je aandacht op je armen. Wees je bewust van je bovenarmen, ellebogen, onderarmen en handen. Bedank ze. 'Dank je wel dat jullie me helpen om me te verbinden met de wereld om me heen, om voor mezelf te zorgen en mezelf uit te drukken.'

6. Laat je aandacht verschuiven naar je gezicht. Merk de neus op waarmee je ruikt, de mond waarmee je kunt eten, de ogen waarmee je kunt zien, en de oren waarmee je kunt horen. Breng je dankbaarheid onder woorden. 'Ik ben dankbaar voor de rijkdom die jullie in mijn leven brengen doordat jullie me in staat stellen te genieten en de schoonheid van de natuur en de wereld om me heen in me op te nemen.'

7. Neem nu een moment om naar binnen te gaan, onder de huid. Laat je blik langzaam omlaagglijden, met je brein als startpunt. Bedank je brein voor alle belangrijke functies die het uit kan voeren. 'Dank je wel voor alles wat je doet om het wonderbaarlijke organisme dat ik ben te coördineren en in de gaten te houden. Dank je wel dat je me in staat stelt om informatie te verwerken, om te denken, grapjes te maken, te waarderen, mededogen te voelen en actie te ondernemen.'

8. Richt je aandacht op je hart. Wees je bewust van het ritme waarmee het in je borst klopt. Geef uiting aan je dankbaarheid. 'Dank je wel dat je dag en nacht werkt, of ik je nu waardeer of niet. Of ik je nu erken of niet.'

9. Breng je aandacht nu naar je longen. Merk op hoe je ribbenkast bij elke ademhaling rijst en daalt. Spreek je dank uit. 'Dank je wel dat jullie me vullen met leven.'

10. Richt je aandacht nu op je buik. Wees je ervan bewust hoe die voelt. Bedank je buik. 'Ik ben dankbaar dat je voedsel verteert om de energie te creëren die ik elke dag nodig heb.'

11. Breng je aandacht geleidelijk terug naar je hele lichaam. Neem even de tijd om je lichaam te bedanken, of je geest, of wat op dit moment dan ook voor jou op de voorgrond staat.

DEEL 2

Verenigbaarheid: leren om van anderen te houden

‖‖‖‖‖‖‖‖‖‖‖‖‖‖‖‖‖‖‖‖‖‖‖‖‖‖‖

De tweede ashram, Grhastha, is de fase van het leven waarin we onze liefde uitbreiden naar anderen en ondertussen nog steeds van onszelf blijven houden. In deze fase komen de uitdagingen aan bod die gepaard gaan met het op dagelijkse basis leren begrijpen, waarderen en samenwerken met een andere geest, een andere set waarden en een andere set van voorkeuren en aversies. In deze ashram verkennen we de uitdagingen van *kama/maitri* – houden van anderen.[1]

Definieer liefde voordat je haar denkt, voelt of uitspreekt

Mijn vriendje zei tegen me dat hij van me hield, en een week later hoorde ik ineens niets meer van hem.

Ik vertelde mijn partner dat ik van haar hield. Ze zei: 'Dank je wel.'

Ik ging al een paar weken met een meisje uit. Toen ik haar vertelde dat ik dacht dat ik verliefd op haar aan het worden was, zei ze dat ze meer ruimte nodig had.

We zijn nu drie jaar samen en we zeggen elke avond 'Ik houd van je' voor het slapengaan. Elke avond, hetzelfde tijdstip. Ik weet niet of het nog iets betekent.

We zeggen 'ik houd van je', of we wachten op het juiste moment om het te zeggen, of we hopen dat iemand het tegen ons zal zeggen, maar er is geen universele overeenstemming over de betekenis van die woorden. Voor sommige mensen betekent het 'ik wil de nacht met je doorbrengen'. Voor andere mensen betekent het 'ik wil de rest van mijn leven met je doorbrengen'. Tussen die twee bedoelingen zit een eindeloze hoeveelheid andere betekenissen, en sommigen van ons zeggen het zonder specifieke bedoeling, omdat we op een bepaald moment gewoon iets voelen wat we interpreteren als liefde. Dit laat een heleboel ruimte voor verwarring, misverstanden en valse verwachtingen. Schrijver Samantha Taylor zegt: 'De eerste keer dat ik de man met wie ik inmiddels getrouwd ben vertelde dat ik van hem hield, brachten we een van die lange avonden aan de telefoon door, aan het begin van onze verkering. In de tijd dat mensen nog daadwerkelijk met elkaar praatten aan de telefoon. IJlend van het slaapgebrek zei ik tegen hem dat ik hem wilde vertellen dat ik van hem hield, maar dat ik hem niet wilde afschrikken. "'Geen zorgen," zei hij tegen me. "De woorden 'ik houd van je' stellen voor mij niet zoveel voor. Ik houd van mijn moeder. Ik houd van mijn vrienden. Ik houd ook van jou." Fijn. Hij hield van me zoals hij van zijn moeder hield. Wat romantisch.' Hij vertelde haar dat zijn definitie van 'ik houd van je' anders was dan de hare: breed, zonder druk en niet specifiek romantisch. Ze voegt eraan toe: 'Gelukkig is hij uiteindelijk kennelijk toch op een romantische manier van me gaan houden, want we zijn inmiddels bijna tien jaar getrouwd.'[1]

We gebruiken de woorden 'ik houd van je' in zoveel verschillende contexten – tegen familie en vrienden en geliefden – dat ze weinig anders betekenen dan de aanwezigheid van een of andere vorm van genegenheid. En toch hebben we verwachtingen op basis van wat we denken dat het voor de ander betekent. 'Ik houd van je' betekent niet noodzakelijkerwijs dat de ander zich vastlegt. Het belooft niet dat je samen kinderen wilt krijgen. Het is geen garantie dat je moeite zult doen om een relatie te laten werken. Het is een prachtig begin, maar geen substituut voor een heleboel andere betekenisvolle gesprekken.

Uit onderzoek blijkt dat mannen sneller 'ik houd van je' zeggen dan vrouwen, na een gemiddelde van 88 dagen.[2] Een indrukwekkende 39 procent daarvan verklaart zijn liefde in de eerste maand. Vrouwen hebben er een gemiddelde van 134 dagen voor nodig, en 23 procent van hen verklaart haar partner de liefde in de eerste maand. Het is moeilijk voor te stellen dat mensen die binnen een

paar weken liefde voelen, echt waar kunnen maken wat hun partners denken dat die verklaring betekent.

Je kunt het gevoel hebben dat je iemand kent omdat je tijd met
die persoon hebt doorgebracht en zijn of haar persoonlijkheid je
bevalt, maar waarschijnlijk ken je de dromen, de waarden en de
prioriteiten van de ander dan nog niet. Je denkt dat je het hart van
de ander kent, maar je kent alleen zijn of haar hoofd. Liefde heeft
tijd nodig.

Ik zeg niet dat je iemand helemaal moet begrijpen voordat je
liefde kunt voelen. We leren altijd nieuwe dingen over onze partner. We maken echter te vaak de sprong naar liefde op basis van
een piepkleine hoeveelheid informatie. Waarschijnlijk zul je op
geen enkel ander gebied van je leven zo'n grote beslissing nemen
op basis van zo'n beperkte hoeveelheid informatie.

Liefde is niet zwart-wit – het is niet zo dat je van iemand houdt
of niet, en dat er maar één manier is om het te doen. Sommige
mensen hernieuwen hun geloftes elke tien jaar, om elkaar opnieuw
trouw te beloven of om uitdrukking te geven aan de manier waarop
hun liefde is ontwikkeld. Sommige mensen hebben een langeafstandsrelatie. Sommige mensen zijn friends with benefits. Sommige mensen gaan scheiden, maar vinden een vreedzame en prettige manier om samen hun kinderen op te voeden. Onlangs kwam
er op een bruiloft een man naar me toe die vertelde dat hij net een
lange relatie achter de rug had. Hij zei: 'We houden van elkaar,
maar weggaan bij elkaar was de beste manier om door te gaan met
van elkaar houden.' Dat is ook liefde. Wie de vele vormen van liefde ontkent, loopt een heleboel prachtige mogelijkheden mis.
Begrip van de nuances stelt je in staat om de liefde die je met een
ander deelt te definiëren en te eren. Zodra we 'ik houd van je' zeggen, zullen we die woorden waar moeten maken, niet volgens onze
definitie, maar volgens de definitie van de persoon van wie we houden. Voordeel is wel dat we, wanneer we de liefde van iemand
anders accepteren, zullen moeten beseffen dat zij niet onze definitie van liefde gebruiken.

Voordat we vaststellen dat we van iemand houden, voordat we

dat de ander vertellen, en voordat we bepalen wat het betekent wanneer de ander die woorden tegen ons zegt, moeten we ons afvragen hoe we liefde definiëren. Hoe verwachten we dat liefde zal voelen? Hoe weten we dat we van iemand houden? Hoe weten we of die ander van ons houdt? De enige manier om misverstanden te vermijden is door het niet bij die drie woorden te laten, maar ook in bredere zin over liefde te praten. Deze regel zal ons helpen om te ontdekken wat we bedoelen wanneer we 'ik houd van je' zeggen, wat het al dan niet betekent wanneer onze partner het zegt, en hoe we een betekenis kunnen vinden die we samen delen.

De vier fases van liefde

Wanneer we elkaar vertellen dat we van elkaar houden, gaan we hier zelden dieper op in, behalve wanneer we er iets romantisch aan toevoegen als 'heel veel' of 'tot de maan en terug'. Het is redelijk zwart-wit – we hebben elkaar de liefde verklaard, of niet. Er is weinig ruimte voor variatie of gradaties. We kunnen echter wat tips ontlenen aan de beoefening van liefde volgens de bhaktitraditie, een achtste-eeuwse beweging in het hindoeïsme. Bhakti beschrijft de reis naar het liefhebben van het goddelijke in fases.[3] De eerste fase is *sraddha*, waarin we het vonkje van geloof voelen dat maakt dat we belangstelling krijgen voor het goddelijke. Let op, zelfs wanneer we over verbinding met het goddelijke spreken, is er een voorafgaand verlangen. Nieuwsgierigheid en hoop brengen ons ertoe om betrokken te raken. Dit leidt ons naar de volgende fase: *sadhusanga*, het verlangen om contact te hebben met spiritueel gevorderde personen. In deze fase vinden we een spirituele leraar/begeleider/mentor die ons kan helpen onze beoefening te ontwikkelen. Daarna komt *bhajana-kriya*, de fase waarin we godsdienstige handelingen verrichten, zoals bidden en het bijwonen van diensten. Naarmate onze toewijding dieper wordt, worden we bevrijd van alle hechting aan materiële zaken (*anartha-nivrtti*), bereiken we stabiliteit (*nistha*) in zelfrealisatie en vinden we enthousiasme (*ruci*) voor het dienen van het goddelijke. Dit voorproefje leidt ons tot verdere hechting, en die noemen we *bhava*. Dit is de fase die voorafgaat aan pure liefde van het goddelijke. Uiteindelijk bereiken we de pure liefde voor het goddelijke, *prema*. Dit is de verhevenste fase van het leven, waarin we de hoogste vorm van een liefdevolle relatie met het goddelijke bereiken, onbeperkt door vrees en ontzag of welke vorm van hiërarchie dan ook.

Omdat de fases van liefde van bhakti een intieme, directe relatie tussen een persoon en zijn of haar god beschrijven, zijn ze op een heleboel manieren van toepassing op onze menselijke liefdesrelaties. Daarom heb ik besloten om het model een aardse interpretatie te geven, zodat het gebruikt kan worden om een ander te begrijpen en lief te hebben.

Als het om de liefde gaat, verwachten we dat we het wel zullen weten zodra het zover is. Onze ervaring van liefde kan echter op verschillende momenten heel anders zijn. De vier fases van liefde die ik zo dadelijk ga beschrijven, kunnen er allemaal uitzien als liefde en voelen als liefde, en ze maken allemaal deel uit van de reis van de liefde.

Hoe weet je of je van iemand houdt? Liefde is niet dat je elke dag gebeld wordt of dat iemand je stoel voor je aanschuift of dat je helemaal warm wordt vanbinnen wanneer je iemand ziet. Liefde is niet een louter romantisch sprookje, en het is ook geen lijst met eigenschappen die je heel pragmatisch af kunt vinken. Door deze fases te bekijken kunnen we liefde op een andere manier begrijpen, liefde voor onszelf definiëren en onze gevoelens van liefde beter onder woorden brengen. Tegelijkertijd helpt het zien van de niveaus van liefde ons om te begrijpen waarom onze partner wellicht een andere opvatting van liefde heeft dan wij. Als je weet in welke fase je je bevindt, kun je je oriënteren op de overgang naar de volgende fase. En als je denkt dat je de volgende fase niet zult bereiken, dan kun je er een poosje van genieten, maar beseffen dat het niet van lange duur zal zijn.

We zullen niet altijd exact deze volgorde aanhouden, en in de rest van het boek zul je zien dat we steeds in een cyclus terugkeren naar voorgaande fases. Deze cyclus zullen we niet alleen met één partner herhalen, maar met zo'n beetje iedereen die een belangrijke rol in ons leven speelt. Dit is de praktijk van de liefde.

1. Aantrekking
2. Dromen
3. Worsteling en groei
4. Vertrouwen

Fase Eén: aantrekking

In Fase Eén voelen we een vonk van nieuwsgierigheid, interesse en aantrekking. Dit maakt dat we willen ontdekken of iemand onze tijd en moeite waard is. Onderzoekers beschrijven wat wij liefde noemen als drie afzonderlijke aandrijvingen in het brein – lust, aantrekking en hechting.[4] Wanneer we de overgang maken van lust naar aantrekking, richten we het algemene verlangen om ons met iemand te verbinden op één specifieke persoon. De chemische stofjes die betrokken zijn bij lust, verschillen van de stofjes die voor aantrekking zorgen.[5] Lust wordt meer door testosteron en oestrogeen gestuurd, terwijl aantrekking verband houdt met dopamine (het beloningsstofje) en norepinefrine (de hersenversie van adrenaline, die in combinatie met dopamine het gevoel van euforie kan geven rondom de persoon tot wie we ons aangetrokken voelen). Daarnaast komt in deze fase het gelukshormoon serotonine vrij, dat bijdraagt aan onze begeerte en passie in de vroege stadia van aantrekking. We voelen een opwindende golf van hoop en het geloof dat iemand weleens de ware zou kunnen zijn. We zijn nieuwsgierig en geboeid. We swipen naar rechts. Liefde begint vaak met deze opwindende hint van mogelijkheid. Het betekent: je intrigeert me. Ik wil meer. Deze mysterieuze reactie voelt fantastisch, maar we moeten oppassen dat we niet denken dat het de enige manier is waarop liefde begint, of dat liefde verder niets inhoudt. Je hebt tijd nodig om te begrijpen of datgene wat je voelt werkelijk liefde is. Vergelijk het met een stoel die je op een website bestelt. Online ziet hij er goed uit. Hij staat prachtig in een showkamer op je favoriete woonsite. Als hij bezorgd wordt, blijkt hij echter niet lekker te zitten. Wanneer we ons tot iemand aangetrokken voelen, gaan we af op de indruk die we van die persoon krijgen, maar we hebben geen idee hoe het is om een relatie met hem of haar te hebben.

Ik kende ooit een man die elke maand naar me toe kwam en me vertelde dat hij verliefd was op een ander meisje – iemand die hij tegen het lijf was gelopen of via Instagram had ontmoet. Wekenlang was hij dan tot over zijn oren verliefd, en een paar weken later was het weer iemand anders. In de aantrekkingsfase ervaren we wat in de bhaktitraditie schaduwliefde wordt genoemd; we vangen dan glimpen op van liefde die ons de schoonheid ervan laten zien.

Het is heel plezierig om je in deze fase te bevinden. Bij nieuwe mensen laten we zorgvuldig zien wat we willen dat ze zien – onze beste kanten. Er zijn nauwelijks ruzies, verwachtingen en teleurstellingen. We kunnen de fantasie van een perfecte match in stand houden. Er is echter een diepere verbintenis voor nodig om verder te komen dan schaduwliefde.

De wetenschap ondersteunt het idee dat het hebben van een diepere verbintenis een goed voorteken is voor een relatie. Professor Matthias Mehl van de University of Arizona in Tucson heeft met zijn team onderzocht of de gesprekken die we voeren ons welzijn beïnvloeden.[6] De onderzoekers keken in het bijzonder naar het verschil tussen oppervlakkige praatjes en diepe, betekenisvolle gesprekken. Ze lieten negenenzeventig deelnemers vier dagen lang tijdens hun dagelijkse bezigheden een opnameapparaatje dragen. De apparaatjes waren ontworpen om fragmenten van omgevingsgeluid vast te leggen en maakten in de loop van de vier dagen zo'n driehonderd opnames per deelnemer. Daarna luisterden de onderzoekers naar de opnames en noteerden wanneer de deelnemers alleen waren of met anderen spraken, en wanneer een gesprek oppervlakkig was ('Wat heb je daar? Popcorn? Jammie!') of diepgaander ('Is ze verliefd geworden op je vader? Zijn ze kort daarna gescheiden?'). Daarnaast peilden de onderzoekers het welzijn van de deelnemers via een reeks verklaringen als 'Ik zie mezelf als iemand die gelukkig is, tevreden met het leven.' Ze ontdekten dat mensen die diepe gesprekken voerden een hoger niveau van welzijn ervoeren dan mensen die oppervlakkiger gesprekken hadden.

Een diep gesprek voeren is geen techniek die je kunt toepassen. Het kan alleen maar een oprechte ervaring zijn die tot ware verbinding leidt. We kunnen echter wel onze eigen bereidheid onderzoeken om ons open te stellen en onze kwetsbare kanten te tonen terwijl we bouwen aan een vertrouwensrelatie. Sociale wetenschappers zeggen dat kwetsbaarheid tot wederzijdse, groeiende zelfonthulling leidt.[7] Dit betekent dat een stel in de loop der tijd steeds meer kwetsbare kanten van zichzelf aan de ander laat zien – dat is de zelfonthulling. Iets van jezelf delen betekent niet dat je in één klap je hele ziel blootlegt. Wanneer we in de ban zijn van lust, komen we soms in de verleiding om dat te doen. Maar als we onze persoonlijkheid, waarden en doelen geleidelijk onthullen, beginnen we te zien of er een verbinding is. Als je jezelf met deze bedoeling kwetsbaar opstelt, blijf je je veilig voelen – niet alsof je te veel van jezelf prijsgeeft aan iemand die je niet kunt vertrouwen. Gaat het allemaal goed, dan laat je steeds intiemere facetten van jezelf zien, op een tempo waar jij je prettig bij voelt – dat is de groei. En onthulling is een geschenk dat jij aan de ander geeft en de ander aan jou – het is wederzijds. Dankzij deze wederzijdse, groeiende zelfonthulling leren we elkaar werkelijk kennen.

De drie-afspraakjesregel. Uit mijn ervaring met cliënten is gebleken dat drie afspraakjes doorgaans genoeg tijd bieden om vast te stellen of jij en een andere persoon een goede match zouden zijn. Die drie afspraakjes hoeven niet per se de eerste drie keer te zijn dat je elkaar ziet, en je hoeft ze niet vlak achter elkaar te hebben. Je kunt ze verspreiden. Soms is het leuk om gewoon samen naar de film te gaan!

Bij deze afspraakjes zul je je op drie gebieden richten: of de persoonlijkheid van de ander je aanspreekt, of je de waarden van de ander respecteert en of je de ander zou willen helpen zijn of haar doelen te bereiken. Om het simpel te houden ga ik voorstellen dat je je per afspraakje op een van deze gebieden concentreert, maar waarschijnlijk zul je bij elke date wel een aspect van elke dimensie ontdekken. We beginnen met persoonlijkheid, omdat dat het makkelijkste onderdeel is om te zien, te begrijpen en je mee te verbinden. Aan de persoonlijkheid van de ander kun je zien hoe het verleden van die persoon hem of haar heeft gevormd. Als tweede zul je de waarden van de ander verkennen die definiëren wie die persoon vandaag de dag is. En ten derde zul je proberen te weten te komen wat de doelen van de ander zijn, waarin is vastgelegd wat die persoon voor de toekomst wil.

Eerste afspraakje. Heb je het leuk samen? Geniet je van elkaars gezelschap? Loopt het gesprek soepel? Waar voel je je prettig bij en wat geeft je een ongemakkelijk gevoel? Het eerste afspraakje is bedoeld om te ontdekken of je elkaars persoonlijkheid werkelijk kunt waarderen. Om dat te doen zul je zowel over luchtige als over serieuze onderwerpen moeten praten. De onderwerpen waar we doorgaans over beginnen, onze lievelingsfilms of onze plannen voor de vakantie, helpen ons niet om mensen echt goed te leren kennen. In plaats daarvan kun je vragen stellen die jullie allebei inspireren om persoonlijkere details te onthullen, waaronder je eigenaardigheden en onvolmaaktheden. Vergeet niet dat we onze kwetsbare kanten geleidelijk delen, naarmate we elkaar leren kennen en vertrouwen. Bij deze date is het doel dus om te kijken of je de persoonlijkheid van de ander prettig vindt en waardeert. Probeer iets nieuws over de ander te leren of een kant van hem of haar te zien die je nog niet kent.

Hier zijn wat luchtige vragen die je tijdens het eerste afspraakje kunt stellen. Dit zijn vragen over smaak en voorkeuren. Ze betreffen gebieden waarop de meeste mensen zich op hun gemak voelen, maar ze scheppen tegelijkertijd de mogelijkheid om werkelijke passies te laten zien. Als je iemand vraagt naar de lekkerste maaltijd die hij ooit heeft gehad, gaat die vraag niet alleen over voedsel. Het is een opening naar een breder gesprek over het moment en de plek waar de ander dat voedsel heeft gegeten, en wat het zo speciaal maakte. Als je vraagt waar de ander meer over zou willen weten, ontdek je waar zijn of haar onvervulde interesses liggen en waar hij of zij nieuwsgierig naar is. Als je iets ontdekt waar de ander een sterke belangstelling voor heeft, zoals bepaalde films of boeken, kun je doorvragen naar de reden voor deze voorkeur en ontdekken hoe diep iemand bij zichzelf graaft. Zelfs als je denkt dat je je partner goed kent, kunnen de antwoorden je nog verrassen.

Wat vind je heel leuk om te doen?
Heb je een favoriete plek?
Zijn er boeken of films die je meer dan eens hebt gelezen of gekeken?
Wat houdt je gedachten op dit moment het meest bezig?
Waar zou je graag meer over willen weten?
Wat is de lekkerste maaltijd die je ooit hebt gegeten?

Dit is geen interview. Elk gesprek heeft twee kanten, en een van de dingen die deze vragen aan het licht zullen brengen, is of de ander ook nieuwsgierig is naar jou. Vraagt hij of zij naar jouw antwoorden op deze vragen en graaft hij of zij dieper wanneer het gesprek over jou gaat?

Probeer dit:

BEREID JE VOOR OP HET EERSTE AFSPRAAKJE

Pak de vragen uit het bovenstaande lijstje erbij en schrijf je eigen antwoorden op die vragen op.

Wat vind je heel leuk om te doen?
Heb je een favoriete plek?

$\longrightarrow$

Zijn er boeken of films die je meer dan eens hebt gelezen of gekeken?

Wat houdt je gedachten op dit moment het meest bezig?

Waar zou je graag meer over willen weten?

Wat is de lekkerste maaltijd die je ooit hebt gegeten?

Als je de antwoorden hebt opgeschreven, vraag je dan af wat een ander eruit zou kunnen opmaken over jou. Brengen deze vragen iets naar voren waarin je zeer geïnteresseerd bent? Geven ze je de kans om belangrijke aspecten van je persoonlijkheid te laten zien? Zo niet, zijn er dan andere vragen die daar geschikter voor zijn? Zo ja, voeg die vragen dan toe aan de lijst die je meeneemt naar je volgende afspraakje.

Het tweede afspraakje. Je 'tweede afspraakje' kan volgen na een aantal andere dates die je hebt doorgebracht met dansen of museumbezoek of een gezellig gesprek bij het eten. Weten dat je van dezelfde films houdt of hetzelfde eten lekker vindt, vertelt je echter niet of jullie waarden met elkaar verenigbaar zijn.

Moedig de ander voorzichtig aan om betekenisvolle verhalen en details over zijn of haar leven te delen. Beantwoord deze vragen zelf ook, en zorg ervoor dat het niet op een verhoor of een sollicitatiegesprek begint te lijken. Als de ander aarzelt bij een vraag, kun je bijvoorbeeld zeggen: 'Ik weet dat het een lastige vraag is, ik ga wel eerst.' Je antwoorden kunnen iets vertellen over je eigen waarden. Als de vraag is wie de fascinerendste persoon is die je ooit hebt ontmoet, noem dan niet alleen een naam. Vertel wat je zo aan die persoon boeit, wat je van hem of haar hebt geleerd, of wat je hem of haar bij een eventuele ontmoeting zou vragen. Als je vertelt over iets wat je hebt gedaan dat eigenlijk niet in je aard ligt, vertel de ander dan hoe je wél bent, waarom die waarde belangrijk voor je is en wat maakte dat je er in dit geval van afweek.

Als de ander zich niet onmiddellijk openstelt, is er geen man overboord. Groeiende zelfonthulling is een traag proces. Soms zijn we er zelf aan toe om iets te delen, en dan denken we dat dit voor de ander ook geldt. Mensen delen dingen echter op hun eigen tempo, wanneer ze er zelf aan toe zijn. Stel vragen en luister aandachtig naar het antwoord om te peilen of de ander aarzelend of terughoudend is. Geef je gesprekspartner de mogelijkheid om van onderwerp te veranderen door te vragen: 'Is dit onderwerp te zwaar?' Of: 'Wil je het hier nu liever niet over hebben?'

Niet alleen is het niet de bedoeling dat we onze date aan een verhoor onderwerpen, we moeten ook niet te veel delen. Als je alle zuurstof in de ruimte opzuigt met ongevraagde, zwaar persoonlijke onthullingen, zal de ander zich alleen maar overweldigd voelen. Jouw vermogen om je open en kwetsbaar op te stellen zal de ander helpen om zich ook kwetsbaar op te stellen en te delen wat voor hem of haar in deze fase prettig voelt.

Hieronder staan enkele ongebruikelijke vragen voor het tweede afspraakje. Deze vragen zullen je helpen om te ontdekken wat de ander interessant vindt, hoe hij of zij met uitdagingen en risico's omgaat, wat hij of zij op prijs stelt en hoe hij of zij beslissingen neemt.

Wie is de fascinerendste persoon die je ooit hebt ontmoet?
Heb je weleens iets gedaan wat eigenlijk helemaal niets voor jou is, of zou je dat willen?
Is er ooit een onverwachte ommekeer in je leven geweest?
Als je de loterij zou winnen, wat zou je dan met het geld doen?
Wat is het spontaanste wat je ooit hebt gedaan?
Kun je vertellen over iets moeilijks wat je in het verleden hebt meegemaakt?
Waar ben je trots op?
Wat zou je doen als je genoeg geld had om niet te hoeven werken?

Merk op dat al deze vragen diepgaande kwesties aanboren zonder dat je de ander onder druk zet. Je vraagt niet naar het afschuwelijkste moment uit iemands leven, of zijn of haar donkerste geheim. Deze vragen zijn bedoeld om op een speelse manier iets over de ander te weten te komen. Doe niet alsof jouw mening beter is dan die van de ander. Het zijn gewoon verschillende gezichtspunten die voortkomen uit verschillende achtergronden, ervaringen en opvoedingen.

Derde afspraakje. Bij het derde afspraakje is het heel natuurlijk om iets van je ideeën over de toekomst te delen. Net zo goed als het kan zijn dat je niet dezelfde waarden hebt, kan het ook zijn dat je doelen van elkaar verschillen. Het kan zijn dat een van de twee zijn hele leven al heeft gepland en dat de ander nog aan het ontdekken is wat zijn of haar leven betekenis geeft. Bij het derde afspraakje kun je wat dieper graven, bijvoorbeeld door een vraag van deze lijst te stellen.

> *Heb je een droom die je op een dag graag waar zou maken – een baan, een reis, iets wat je wilt bereiken?*
> *Wat zou je aan je leven willen veranderen?*
> *Als je iedereen kon ontmoeten, wie zou je dan kiezen?*
> *Zijn er bepaalde momenten of ervaringen die je leven hebben veranderd?*
> *Is er iemand die je als je belangrijkste leraar beschouwt?*

Met behulp van de informatie die je op deze drie dates hebt verzameld kun je bepalen of de persoonlijkheid van de ander je bevalt, of je zijn of haar waarden respecteert en of je hem of haar wilt helpen persoonlijke doelen na te streven. Let op welke werkwoorden ik hier heb gekozen. Je hoeft niet dezelfde persoonlijkheid te hebben, zolang je maar van elkaar geniet. Je hoeft de waarden van de ander niet te delen, zolang je ze maar respecteert. De doelen van de ander hoeven geen dingen te zijn die jij wenst of waar jij plezier aan beleeft. De vraag is: zie je het zitten dat deze aspecten van de ander deel gaan uitmaken van je dagelijkse leven? Als het doel van de ander is om een bank te beroven, zou dat een dealbreaker moeten zijn. Het kan zijn dat je iemand zo geweldig vindt dat je hem of haar zo'n beetje bij alles zou willen helpen, zolang het binnen redelijke grenzen blijft. En als de ander graag wil zorgen dat alle daklozen in Los Angeles een huis krijgen, kan zo'n nobel doel op zichzelf die persoon aantrekkelijker maken.

Aantrekking leidt tot dromen. Wanneer we ons gedurende langere tijd tot een persoon aangetrokken voelen, gaan we fantaseren over de relatie die zich zou kunnen ontwikkelen. Welke avonturen we met die persoon zouden kunnen beleven. Hoe ons leven samen eruit zou kunnen zien. Dan bevinden we ons in Fase Twee.

Fase Twee: dromen

In de tweede fase van liefde zetten we er vaak vaart achter. Dat we ons aangetrokken voelen tot iemand vertelt ons dat die persoon weleens de man of vrouw van onze dromen zou kunnen zijn. Onze dromen kunnen ons beeld van de ander – en van onze eigen behoeften – echter vertroebelen. In deze fase streven we ernaar om valse verwachtingen te ontmantelen en ons te concentreren op het ontwerpen, bouwen en koesteren van een sterke relatie, gebaseerd op realistische verwachtingen in plaats van bedwelmende dromen.

Valse verwachtingen. In deze fase van liefde hebben we vaak een checklist in gedachten met de eigenschappen die onze partner zou moeten hebben. Soms zijn die heel specifiek en/of verbonden met de verschillende vormen van opulentie: succesvol, heeft een eigen huis, kijkt graag basketbal, heeft een bepaalde leeftijd of een bepaald niveau van fitheid, is bereid om volgend jaar te trouwen. Psycholoog Lisa Firestone zegt dat deze onrealistische verwachtingen versterkt worden door de huidige technologie.[8] 'Online datingsites kunnen het overweldigende idee creëren dat er eindeloze keuzes zijn in de wereld, waardoor sommige mensen vast komen te zitten in een cyclus van eindeloos zoeken, of wat één [team van onderzoekers] "relatieshoppen" noemde.[9] Onbedoeld gaan we op zoek naar perfectie of die ene persoon die aan elk denkbaar criteri-

um voldoet dat we in ons hoofd (of op ons profiel) hebben bedacht.' Door dit soort lijstjes kunnen dromen in eisen veranderen.
Elke mogelijke partner zal een eigen verleden, uitdagingen en mogelijk zelfs trauma met zich meebrengen, net als wijzelf. Je zult
domweg nooit iemand vinden die aan elke wens of eis op je lijstje
voldoet.

Het is prima als verschillende mensen aan de verschillende behoeften op je checklist voldoen. Onderzoek toont aan dat de gelukkigste mensen meerdere hechte relaties hebben. In dat geval hoef
je, of je nu een partner hebt of single bent, niet afhankelijk te zijn
van één persoon om in al je behoeften te voorzien. John Cacioppo,
een neurowetenschapper die onderzoek heeft gedaan naar liefde
en genegenheid, vertelde *The New York Times*: 'Een van de geheimen van een goede relatie is dat je je niet uit behoefte tot iemand
aangetrokken voelt, maar omdat je ervoor kiest.'[10]

We hopen waarschijnlijk ook dat onze partner dezelfde dingen
in het leven wil als wij – dezelfde levensstandaard, dezelfde fami-
liestructuur, dezelfde voorkeuren en aversies, dezelfde vrienden,
dezelfde ideeën over geld, dezelfde visie op de toekomst: hoe hard
we zullen werken, hoe succesvol we zullen zijn, waar we zullen
gaan wonen, hoe we zullen omgaan met onverwachte uitdagingen
en hoe vaak we een andere weg zullen inslaan. Zelfs als we dit niet
uitspreken, of het zelfs maar denken, geloven we in ons onderbe-
wuste dat we dezelfde waarden en doelen moeten hebben om verliefd te zijn. Wanneer de een de zondag met familie wil doorbrengen en de ander liever gaat golfen, of de een de vrienden van de
ander wil ontmoeten maar de ander daar nog niet aan toe is, kun je
dat overhaast opvatten als een teken dat je niet bij elkaar past.
Wanneer onze partner in een later stadium van de relatie niet wil
verhuizen wanneer wij dat willen, kunnen we dat opvatten als een
signaal dat hij of zij niet meer van ons houdt. En als onze partner
niet wil trouwen wanneer wij dat willen, denken we meteen dat de
relatie is afgelopen.

Het is ook niet ongebruikelijk dat we in deze fase verwachten
dat onze partner onze gedachten kan lezen, ons begrijpt zodra we

iets zeggen en het altijd met ons eens is. We verwachten dat hij of zij onze emoties en wensen kanaliseert, het cadeau uitkiest dat we het allerliefst willen hebben, aanvoelt hoe we onze verjaardag willen vieren, wat we vanavond willen eten, hoeveel aandacht we willen, hoeveel ruimte we nodig hebben.

Samen iets opbouwen is echter beter dan hetzelfde willen. **Hoe je omgaat met je verschillen is belangrijker dan het vinden van je overeenkomsten.** In Fase Twee funderen we onze dromen in de realiteit door ritmes en routines te vestigen die de ruimte scheppen om de relatie langzaam en zorgvuldig te laten groeien.

Ritmes en routines. In plaats van te dromen over hoe het zal zijn om je leven met deze persoon te delen kun je er beter tijd insteken om hem of haar beter te leren kennen en een band op te bouwen. Dromen zijn een illusie. De realiteit is veel interessanter. In bedrijfsomgevingen, die in sterke mate op systemen zijn gebouwd, dring ik er bij managers op aan om ook ruimte te maken voor gevoelens en op die manier de rigiditeit van organisatie en proces te verzachten. En in relaties, waar gevoelens een grote rol spelen, bouw ik systemen in om structuur en orde te helpen aanbrengen in het emotionele landschap.

Ritmes en routines helpen ons om een regelmatig tempo aan te houden dat ons in staat stelt om elkaar geleidelijk en grondig te leren kennen. We erkennen dat we allebei op zoek zijn naar een vaste relatie en hopen dat we die hebben gevonden. Wanneer we samen ritmes en routines vestigen in plaats van te proberen aan valse verwachtingen te voldoen, is onze relatie geworteld in de hoeveelheid tijd die we samen zullen doorbrengen en hoe we die tijd zullen doorbrengen. We hoeven ons niet af te vragen wanneer de persoon in wie we geïnteresseerd zijn ons weer zal bellen. We spelen geen spelletjes, zoals een aantal dagen wachten voordat we terugbellen.

Verder stellen we gezonde grenzen en kijken hoe onze partner daarop reageert. Grenzen kunnen fysiek zijn – sommige mensen nemen liever de tijd voordat ze aan seks beginnen –, maar ze kunnen ook tijd en emoties betreffen. Een kleinschalig onderzoek door High-Touch Communications Inc. wees uit dat de meeste mensen na de werkdag verwachten dat vrienden, familie en romantische partners binnen vijf minuten op een appje reageren.[11] Tijdens werkuren gaven ze vrienden en familie een uur de tijd, maar verwachtten ze nog steeds dat een romantische partner binnen vijf minuten zou reageren! (Ik heb geleerd om Radhi een dag of vijf te geven. Met een reminder!)

Klinisch psycholoog Seth Meyers adviseert nieuwe stellen om voorzichtig te zijn.[12] In *Psychology Today* schrijft hij dat een grote hoeveelheid lichamelijke interactie voor sterke emoties zorgt en kan kleuren hoe je de ander ziet. Als je de ander door een roze bril bekijkt, loop je het risico dat je waarschuwingssignalen over het hoofd ziet die je wel op zou merken als je niet onder de invloed was van de verbindende chemische stofjes die vrijkomen als resultaat van lichamelijk contact – in het bijzonder seks. Bovendien forceer je emotionele intimiteit met iemand die je nauwelijks kent, en zoals Meyers opmerkt: 'Als je de persoon die zulke intense emotionele reacties bij je opwekt niet echt kent, kun je je op glad ijs begeven. Als de ander vriendelijk en goed is en hetzelfde wil als jij, is er niets aan de hand; maar als die persoon andere relatiedoelen heeft dan jij, eindig je wellicht eenzaam en met het gevoel verraden te zijn.' Hij adviseert om elkaar in elk geval tijdens de eerste maand niet vaker dan eens per week te zien, en de frequentie van de afspraken geleidelijk op te voeren als het goed gaat. 'Wanneer je een nieuwe potentiële vriend of vriendin ontmoet, is de kans klein dat je na de eerste ontmoeting meteen een aantal keer per week met die persoon afspreekt,' schrijft hij. 'Waarom zou dat anders zijn bij een romantische relatie?'

De tijd en de ruimte die we apart van elkaar doorbrengen, verbeteren de kwaliteit van de tijd die we samen doorbrengen. Het liefst vinden we een balans tussen de tijd die we samen doorbrengen, de tijd die we alleen doorbrengen, de tijd die we met onze eigen vrienden doorbrengen en de tijd die we met gezamenlijke vrienden doorbrengen. In een week kun je bijvoorbeeld één avond in je eentje doorbrengen, drie avonden met elkaar, twee avonden met vrienden die je allebei kent, en één avond met je eigen vrienden.

Op die manier heb je tijd samen, tijd om te relaxen, tijd om samen de energie van andere mensen te ervaren en tijd om op een andere manier met je eigen vrienden te ontspannen. Als je zoiets doet, laat je partner dan weten waarom het belangrijk voor je is om je tijd op deze manier in te delen. Als je alleen maar zegt dat je tijd voor jezelf nodig hebt, vraagt de ander zich wellicht af wat hij of zij verkeerd heeft gedaan. Maar als je zegt dat je tijd voor jezelf nodig hebt omdat je gestrest bent, geef je de ander de kans om je te steunen en begrip te tonen. De planning hieronder is maar een voorbeeld, maar het geeft je een idee van een mogelijke manier om je eigen planning op te stellen.

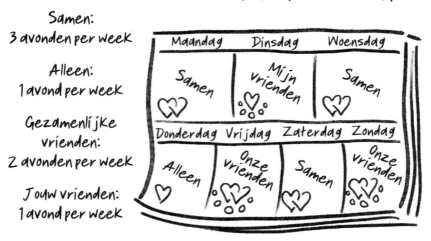

SOCIALE WEEKPLANNING

Samen:
3 avonden per week

Alleen:
1 avond per week

Gezamenlijke vrienden:
2 avonden per week

Jouw vrienden:
1 avond per week

Maandag	Dinsdag	Woensdag
Samen	Mijn vrienden	Samen

Donderdag	Vrijdag	Zaterdag	Zondag
Alleen	Onze vrienden	Samen	Onze vrienden

Probeer dit:

MAAK EEN PLANNING

Stel samen vast hoe vaak je elkaar spreekt, appjes stuurt of ziet. Zoek een ontspannen ritme en een gezonde verhouding die voor jullie allebei werken. Besluit hoe je je vrije tijd wilt verdelen. Niet elke week hoeft hetzelfde te zijn, maar als je een idee hebt van hoe je je tijd gaat doorbrengen, heb je niet het gevoel dat je wedijvert met andere interesses.

Avonden alleen

Avonden samen

Avonden met gezamenlijke vrienden of familie

Avonden met je eigen vrienden

In plaats van ritmes en routines te creëren piekeren we er vaak over waar de relatie naartoe gaat of klagen we daarover tegen vrienden. We zijn bang om het gesprek aan te gaan met onze partner, omdat we hem of haar niet onder druk willen zetten of een behoeftige indruk willen maken. Praten over wat goed voelt voor jullie allebei is in deze fase echter juist handig. Als je zo'n gesprek aangaat, kan het zijn dat de ander niet reageert zoals je had gehoopt. Hij of zij kan een ander idee hebben over het tempo dat jullie aanhouden of de mate waarin jullie je vastleggen. Dit betekent niet dat de relatie gedoemd is te mislukken. Het betekent dat je met meer helderheid verder kunt. En als deze onderwerpen de ander afschrikken, wil dat niet zeggen dat je iets fout hebt gedaan. Je hebt jezelf de weken en de maanden bespaard die je anders zou hebben doorgebracht met wachten tot de relatie dood zou bloeden.

In plaats van:	Doe je dit:
Je afvragen waarom de ander nooit belt	Een moment afspreken waarop je contact zult hebben, in plaats van dit aan het toeval of aan hoop over te laten
Denken dat de ander geen tijd voor je heeft	Bespreken hoe druk/beschikbaar je de komende week bent
Denken dat de ander te snel gaat	De ander vertellen dat je het graag rustiger aan zou doen, maar dat dat niet betekent dat je geen interesse hebt
Denken dat de ander te langzaam gaat	De ander vertellen dat je graag zeker wilt weten dat jullie hetzelfde voor ogen hebben
Piekeren omdat de ander je nog niet aan zijn of haar familie of vrienden heeft voorgesteld	Meer te weten komen over de hechte relaties in het leven van de ander door vragen te stellen en uit te zoeken wie belangrijk voor de ander is en waarom
Je afvragen of de ander ook met anderen op stap gaat	Vragen of de ander exclusief wil zijn, en goed naar het antwoord luisteren

Het kan zijn dat je bij deze gesprekken dingen te horen krijgt die je niet bevallen. Als de ander niet reageert zoals je zou willen, betekent dat niet dat de relatie niet gaat werken. Het betekent dat je met een duidelijk beeld een richting kunt kiezen.

Fase Drie: worstelen en groeien

Het is de bedoeling dat we verliefd worden, verliefd zijn en verliefd blijven. Dat gaat echter niet lukken als we verwachten dat het elke dag Valentijnsdag is. Er duiken onherroepelijk problemen op, bijvoorbeeld wanneer we als stel ontdekken op welke manieren we niet zo goed bij elkaar passen. In Fase Drie gaan we de confrontatie aan met deze verschillen en teleurstellingen en bedenken we of we de moeite willen doen die nodig is om ze op te lossen of ermee te leven.

Je kunt je vast wel voorstellen dat we als monniken veel aan zelfreflectie deden, en op een gegeven moment vroeg mijn leraar ons om de mate waarin we het moeilijk hadden met onze geest een cijfer van één tot tien te geven. Ons werk was intens, en we schatten onze worsteling allemaal behoorlijk hoog in. Toen zei de leraar: 'Stel je nu eens voor dat je twee personen bent met twee verschillende geesten die het met elkaar moeten zien te vinden.' Twee verschillende mensen uit verschillende huishoudens, ieder met hun eigen overtuigingen, waarden, verwachtingen en dromen – dat experiment kan onmogelijk van een leien dakje gaan. Liefde betekent dat je je partner voldoende waardeert om de confrontatie met lastige kwesties aan te gaan.

Relaties zijn op slimme wijze ontworpen om ons te irriteren. Het is makkelijker als je in je eentje bent, zonder iemand in de buurt die lastige vragen stelt of getuige is van je tekortkomingen, maar dat is niet waarom je een relatie bent aangegaan. Het is ongemakkelijk om al te scherp naar je relatie te kijken. Veel stellen ervaren het als een last wanneer ze met de realiteit worden geconfronteerd. We verwachten dat de liefde vanzelf gaat, maar dat is maar zelden het geval. Vaak leidt deze verwachting ertoe dat we de complexere kwesties vermijden. We moeten echter juist fouten maken, vaststellen wat we moeten veranderen en eraan werken om het beter te doen. Op die manier groeien we als individuen en als stel.

Veel van deze uitdagingen zijn eenvoudig en huishoudelijk van aard. Bij mij thuis aten we 's avonds samen, namen een toetje, kletsten nog een poosje na en ruimden dan de tafel af. Bij Radhi thuis aten ze eerst, ruimden de tafel af, namen hun toetje, en pas wanneer alles klaar was, was het tijd voor een ontspannen gesprek. Toen we voor het eerst samen mensen begonnen te ontvangen, ruimde Radhi in haar eentje alles op, en dan voelde ik me schuldig dat ik haar niet hielp. Ik zei altijd dat ik later zou opruimen, en dat meende ik ook. Maar zij zat al van jongs af aan vast in dit ritueel, en ik in het mijne. Sommige mensen denken misschien dat de ander lui is als hij of zij zegt 'Ik ruim later wel op', maar dit soort verschillen is vaker geworteld in achtergrond, cultuur en gewoontes.

De kleine hordes zijn kwesties als: zij snurkt; hij komt altijd te laat; hij wil altijd tv-kijken terwijl ik naar een museum wil; ik vind haar beste vriendin een vreselijk mens; hij wil de feestdagen altijd bij zijn ouders thuis doorbrengen; zij heeft drie katten en ik ben allergisch. Er kunnen ook grotere hordes zijn, zoals: hij heeft een gigantische studielening; ik schrik van haar opvliegendheid; we hebben een langeafstandsrelatie en we willen geen van beiden verhuizen; zij wil geen kinderen en ik wel.

Grote en kleine meningsverschillen kunnen je aan het twijfelen brengen over de band die je met de ander hebt. Het kan zijn dat je denkt: *ik dacht dat ik van je hield, maar...*

In die situaties kun je drie routes nemen. Twee daarvan leiden tot belangrijke inzichten. Je kunt een eind maken aan de relatie, en in dat geval kom je tot het inzicht dat de ander niet bij je prioriteiten past. Je kunt het probleem ook samen oplossen en daardoor groeien, en in dat geval kom je tot het inzicht dat je de band sterk genoeg vindt om je samen te ontwikkelen. Of je kunt bij elkaar blijven zonder iets te veranderen, en in dat geval kom je tot geen enkel inzicht. Ik adviseer je om de derde keuze te vermijden.

Deze fase is heel belangrijk voor het definiëren van liefde. Je beseft dat iets een dealbreaker voor je is, óf je realiseert je dat je bereid bent om de groei door te maken die noodzakelijk is om het probleem te lijf te gaan. In het laatste geval zul je met een sterkere, veerkrachtigere liefde uit de ervaring komen. In Regels 5 en 6 zullen we zulke uitdagingen in relaties dieper verkennen.

Fase Vier: vertrouwen

Als we samen een uitdaging overwinnen, groeien we. We leren tole,reren en aanpassen. De groei die we samen doormaken, mondt uit in vertrouwen. Het evalueren van de breedte en de diepte van je vertrouwen in de ander is een manier om je liefde in de vierde en hoogste fase te begrijpen en te definiëren. Soms gaan we ervan uit dat vertrouwen binair is: we vertrouwen iemand, of niet. Vertrouwen groeit echter geleidelijk, via handelingen, gedachten en woorden. Dat iemand aardig tegen ons is, is geen reden om die persoon direct te vertrouwen. We schenken iemand ons vertrouwen omdat we beetje bij beetje, dag na dag, meer van onszelf hebben gedeeld en hebben gezien hoe de ander met onze eerlijkheid omspringt. Alle eerdere fases werken naar dit punt toe.

Vertrouwen begint bij onszelf. We moeten betrouwbaar zijn. Wat we denken, zeggen en doen moet met elkaar in overeenstemming zijn. Wanneer we iets denken, spreken we het uit, en daarna brengen we het in de praktijk. Dit betekent dat we onszelf kunnen vertrouwen. Dus als ik het gevoel heb dat ik een avond voor mezelf nodig heb, laat ik dat mijn partner weten. Vervolgens neem ik die tijd ook. Ik ervaar dat het me goeddoet om even alleen te zijn, en ik vertrouw erop dat ik goed voor mezelf zal zorgen. Mijn partner ziet dat ik mijn ideeën uitvoer, is getuige van het resultaat en merkt dat ik betrouwbaar ben. Voor mijn partner doe ik hetzelfde. Ik houd me aan de beloftes die ik hem of haar doe. Ik laat zien dat ik betrouwbaar ben en inspireer mijn partner om met eenzelfde niveau van vertrouwen te reageren.

We vertrouwen mensen meer wanneer ze ons een veilig gevoel geven, wanneer ze gezonde beslissingen nemen en wanneer we het gevoel hebben dat ze hun leven leiden op basis van waarden waarmee wij het eens zijn. Wanneer je de diepte en de breedte van je vertrouwen in je partner peilt, weeg je drie aspecten mee: lichamelijk vertrouwen, mentaal vertrouwen en emotioneel vertrouwen.

Lichamelijk vertrouwen is er wanneer je je veilig en goed verzorgd voelt in de aanwezigheid van de ander. Je partner wil bij je zijn, hij of zij is aanwezig en aandachtig, en het voelt goed om in zijn of haar gezelschap te verkeren.

Mentaal vertrouwen is er wanneer je de geest, ideeën en wijsheid van de ander vertrouwt. Je zult het niet met elke beslissing van je partner eens zijn, maar je hebt wel vertrouwen in de manier waarop hij of zij tot beslissingen komt.

Emotioneel vertrouwen is er wanneer je de waarden van de ander vertrouwt, dus wie de ander is als persoon. Behandelt je partner je goed? Steunt je partner je? Heb je vertrouwen in de manier waarop je partner met jou omgaat, maar ook met de andere mensen in zijn of haar leven, van goede vrienden tot een ober in een restaurant?

Het geeft niet als je niet over dit hele spectrum absoluut vertrouwen in je partner hebt. Hij of zij kan ook fouten maken die je vertrouwen aan het wankelen brengen. Wanneer je een zwakke plek ziet, probeer dan te bepalen hoe zwaar die voor jou weegt. Wat voor effect heeft het op je? Als je je partner niet vertrouwt op een gebied dat belangrijk voor je is, kun je de ander het voordeel van de twijfel geven en het vertrouwen in stand houden door er eerlijk over te praten. Het is onmogelijk om elkaar te vertrouwen als een van de twee niet eerlijk is, als er geheimen zijn of als je psychologische spelletjes met elkaar speelt. Vertrouwen groeit langzaam en moet worden gevoed en onderhouden. Zie het als een groei in procentpunten. Elke keer dat iemand hetzelfde denkt, zegt en doet, groeit het vertrouwen met 1 procentpunt. In het begin vertrouw je erop dat de ander de waarheid spreekt – over de persoon of personen met wie hij of zij samen is, en wat hij of zij doet of denkt. Elke keer dat het blijkt te kloppen, groeit het vertrouwen met een punt. Wanneer we de ander vervolgens vragen om onze emoties te begrijpen en hij of zij luistert aandachtig, komen er punten bij. Wanneer we onze tekortkomingen delen, groeit het vertrouwen verder. Vertrouwen fluctueert echter. Als de ander ons niet begrijpt of ons misleidt of verraadt, dan daalt het niveau van ons vertrouwen en moet het opnieuw worden opgebouwd. Wanneer we samen een obstakel overwinnen, groeit het vertrouwen weer. We beginnen de ander onze plannen en dromen toe te vertrouwen. En uiteindelijk vertrouwen we de ander genoeg om onze trauma's te delen.

Wanneer ons vertrouwen groot is, voelen we een liefde die fysiek en emotioneel veilig is. Onze partner wordt de persoon met wie we goed en slecht nieuws delen, in de wetenschap dat hij of zij aan onze kant zal staan en ons zal helpen om uitdagingen het hoofd te bieden en onze successen te vieren.

Probeer dit:

DAGELIJKS VERTROUWEN

Een van mijn favoriete manieren om elke dag vertrouwen te tonen is door positief te reageren wanneer iemand zich aan een belofte houdt. Vaak belonen we mensen door ze uitbundig te bedanken wanneer ze ons met een aardig gebaar verrassen. Je partner bereidt een heerlijk maal dat je niet had verwacht, en je overspoelt hem of haar met dankbaarheid. Hetzelfde gebeurt wanneer de ander iets doet wat hij of zij zelden doet. Vertrouwen groeit echter door onopvallende betrouwbaarheid. Hoe zit het met de partner die regelmatig voor ons kookt? We doen er goed aan om onze waardering te tonen voor de moeite die onze partner dagelijks doet. Hoe meer je die beloont, hoe vaker de ander het zal herhalen. En omgekeerd bouwen wij aan het vertrouwen dat onze partner in ons heeft, door op te komen dagen.

Doe deze week je best om je partner te bedanken voor de moeite en de energie die hij of zij continu in jullie relatie steekt. Wees specifiek. In plaats van te zeggen 'Dank je wel dat je naar me luistert' kun je zeggen 'Ik weet dat ik na mijn werk altijd mijn emoties van die dag bij je uitstort. Ik vind het echt fijn dat je altijd luistert en me goed advies geeft.'

Liefde leidt ons steeds door al deze fases. We stoppen nooit met het verdiepen van ons vertrouwen in elkaar. Onze aantrekking wordt eindeloos vernieuwd. We werken eraan om onvolmaaktheden uit de weg te ruimen. Liefde betekent dat we deze cyclus met alle plezier met z'n tweeën doorlopen.

Nu zijn de dromen die je in Fase Twee had werkelijkheid geworden. Het kan zijn dat ze anders zijn uitgepakt; waarschijnlijk zijn ze beter dan je had durven dromen. In plaats van in je hoofd te fantaseren kun je samen nieuwe dromen maken.

Probeer dit:

BOUW SAMEN REALISTISCHE DROMEN

Spreek af dat je eens per maand een uur de tijd neemt om over je relatie te praten. Dit geeft je de mogelijkheid om te bevestigen wat werkt en aan te pakken wat niet werkt.

> **Benoem een hoogtepunt. Waar zijn jullie dankbaar voor? Dit helpt jullie om te weten wat er goed gaat.**
> **Benoem een uitdaging. Waar hebben jullie moeite mee? Dit helpt jullie om te zien waar je nog aan moet werken.**

Zoek iets waar je de komende maand samen naartoe kunt werken. Dat kan een avondje uit zijn, het vieren van een verjaardag, een uitstapje, een plan om een kamer in je huis op te knappen. Je kunt online zoeken naar een leuke vakantie. Op die manier bouw je samen aan jullie dromen. Met z'n tweeën werk je eraan om de relatie de vorm te geven die jullie voor ogen hebben.

Om alles te ervaren wat een relatie te bieden heeft moet je de uitdagingen en beloningen van elke fase van de liefde aandurven. Soms springen mensen van relatie naar relatie omdat ze de obstakels proberen te vermijden die nu eenmaal bij de liefde horen. Je kunt elke drie maanden een nieuw vriendje of vriendinnetje zoeken en een hoop plezier hebben. Er zit echter geen groei in de cyclus van flirten, een poosje samen zijn en dumpen. Juist die voortdurende groei en begripsvorming helpen ons om het plezier van de liefde, de verbinding van de liefde, het vertrouwen van de liefde en de beloning van de liefde te laten voortduren. Als we ons nooit binden, zullen we nooit liefhebben.

Als je elkaar eenmaal vertrouwt en het voornemen hebt uitgesproken om samen verder te gaan, onthullen jij en je partner jezelf aan elkaar en deel je meer van jezelf dan je aan andere mensen laat zien. Door deze uitwisseling beland je in een unieke positie. Normaal gesproken bekijken we relaties niet als leerproces, maar dat is precies wat we in het volgende hoofdstuk zullen verkennen: hoe je van je partner kunt leren, en je partner van jou.

Je partner is je goeroe

Liefde is niet naar elkaar staren, het is samen in dezelfde richting naar buiten kijken.

ANTOINE DE SAINT-EXUPÉRY[1]

E r is een oud zenverhaal over een jongeman die op zoek was naar een leraar en besloot om twee ashrams te bezoeken. In de eerste ashram benaderde hij de goeroe, boog en zei: 'Ik ben op zoek naar een goeroe. Denkt u dat u me iets kunt leren?'

De goeroe glimlachte. 'Natuurlijk. Je zult vast een geweldige leerling zijn, en ik zou mijn wijsheid heel graag met je delen.'

Toen bezocht de jongeman de tweede ashram, benaderde de goeroe daar en boog. 'Ik ben op zoek naar een goeroe. Denkt u dat u me iets kunt leren?'

De goeroe boog terug, maar schudde zijn hoofd. 'Ik weet eigenlijk maar heel weinig,' zei hij, 'maar als je later terug wilt komen, kunnen we misschien samen naar de zonsondergang kijken.'

De jongeman glimlachte en knikte, en koos toen de tweede goeroe.

Toen ik de Vedische levensfases introduceerde, vertelde ik dat ik elk van die fases als een ashram zag. Ashrams worden vaak in verband gebracht met een gerespecteerde leraar – een goeroe. Al eeuwenlang reizen mensen de hele wereld over om te leren van spirituele leraren zoals Ramakrishna of Neem Karoli Baba, of ze trekken naar Dharamsala om van de dalai lama te leren. Een goeroe is meer dan een leraar, een gids of een coach. Een goeroe is als de kapitein van een schip die je met diepe compassie en vriendschap helpt om de woeste oceaan van het leven over te steken.

In de ashram zaten de leraren achter in de klas en luisterden naar de leerlingen. Na het geven van hun lessen vroegen ze om feedback. We kregen geen goeroes toegewezen; wij kozen hen – een leraar die ons als student en protegé onder zijn hoede nam – en zij kozen ons. Op school, voordat ik naar de ashram ging, had ik moeite met autoriteit. Misschien was het de schuld van mijn ego, maar ik had het gevoel dat ik beoordeeld en bekritiseerd werd door mijn leraren. De leraren die ik als monnik ontmoette waren daarentegen een en al mededogen, inlevingsvermogen en nederigheid.

Aan het begin van mijn jaren als monnik bezocht ik Londen met mijn goeroe, Radhanath Swami. We verbleven vlak bij de tempel, en ik zorgde voor zijn maaltijden en andere behoeften. Toch knielde hij elke keer dat hij me zag voor me en drukte zijn hoofd tegen de grond. Hij was bijna zestig en ik was pas tweeëntwintig, een groentje, maar hij toonde zijn respect voor de ziel of de spirituele kracht in mij. Hij zei nooit: 'Jij bent mijn leerling, dus dit moet je doen.' Hij beriep zich nooit op zijn autoriteit als goeroe. En ik zei nooit: 'U bent mijn goeroe, u moet bedenken hoe ik dit aan moet pakken.' Ik stelde me nooit op als machteloze leerling. We benaderden elkaar met ontzag en eerbied. In een vaste romantische relatie zie je dit ontzag en deze eerbied op een andere manier terug, omdat er geen sprake is van één goeroe en één leerling. Je bent allebei goeroe en leerling van de ander.

Meestal zien onze partners ons niet als leraren of gidsen. In ons eentje zijn we echter geen van allen in staat om onszelf of de wereld helder te zien. Uit onze zelfreflectie weten we dat we de wereld allemaal door een andere telescoop met een beperkte reikwijdte zien. Volgens psychologisch onderzoeker Jeremy Dean van University College London baseren we ons idee van hoe anderen ons zien doorgaans op de manier waarop we onszelf zien, en die schiet onherroepelijk tekort.[2] Vanuit het gezichtspunt in ons eigen hoofd zijn wij het middelpunt van onze wereld, en alles wat we meemaken houdt op de een of andere manier verband met ons. Psychologen noemen dit *egocentrische bias*. Dat is geen narcisme; het komt gewoon voort uit het feit dat we de wereld door een enkele lens bekijken. Anderen zien ons anders, via hun eigen perceptie. Toegegeven, onze partners hebben hun eigen gekleurde visie, maar als we leren om onszelf door hun ogen te bekijken, kunnen we onze perceptie van onszelf zowel verbreden als verfijnen. Je partner is als een spiegel die je voor wordt gehouden.

Die spiegel is niet bedoeld om je een rotgevoel te bezorgen. Wanneer je je niet voor iemand kunt verstoppen, maakt dat je transparanter en bewuster van zaken waar je aan moet werken. Er is geen oordeel of dwang, maar steun en bemoediging terwijl je jezelf verbetert.

Je partner zou iemand moeten zijn met wie je wilt leren, van wie je wilt leren en via wie je wilt leren, en vice versa. We leren met iemand wanneer we samen iets nieuws proberen en dat achteraf evalueren. We leren van iemand wanneer die persoon over expertise beschikt die hij of zij met ons deelt of gebruikt om ons te leiden. Via de ander leren is het moeilijkst. We groeien door samen te leven met de geest, het hart en de energie van een andere persoon en door zijn of haar gedrag naar ons te observeren. We moeten de aandacht en het geduld hebben om hun gedrag te bekijken en te verwerken, en te bedenken welke les we eruit kunnen trekken. Dit is extra moeilijk als de ander ons irriteert. We gaan ervan uit dat het de schuld van onze partner is, in plaats van te beseffen dat zijn of haar handelingen – en onze reactie – ons iets vertellen over onszelf. Tegelijkertijd kan onze partner iets leren van de manier waarop wij ons ten opzichte van hem of haar gedragen. Deze gedeelde reis is het hart van de Grhastha-ashram, de tweede fase van het leven.

Als goeroe bedenken we hoe onze handelingen onze partner beïnvloeden. **Een goeroe biedt hulp zonder oordeel, wijsheid zonder ego, liefde zonder verwachting.** Dat je een goeroe bent voor je partner betekent niet dat je hem of haar je wijsheid opdringt (dat klinkt op zijn gunstigst onplezierig), maar het vereist geduld, begrip, nieuwsgierigheid, creativiteit en zelfbeheersing.

Deze eigenschappen kun je niet in een vacuüm ontwikkelen. Niemand kan je beter helpen om ze te leren dan je partner. Hoewel we als monniken geen romantische relatie met elkaar hadden, betekende het leven in een gemeenschappelijke ruimte dat we weinig voor elkaar verborgen konden houden. Iedereen wist of je jezelf verzorgde. Iedereen wist hoe goed je mediteerde. Langdurige relaties zijn hiermee vergelijkbaar, alleen zien liefdespartners nóg meer van elkaar dan wij als monniken deden. Je partner weet alles van je, het goede en het slechte.

Waarschijnlijk kun je van iedereen die je ontmoet wel iets leren, maar niet iedereen is je goeroe. Onze beste vrienden, naaste familie en mede-monniken (als we die hebben) kunnen ons niet helpen zoals onze partners dat kunnen, omdat ze ons van minder dichtbij kennen. Een naaste collega kan mijn successen wellicht meer waarderen dan mijn vrouw, maar heeft mijn familie nog nooit ontmoet. Een vriend is wellicht beter gezelschap bij een voetbalwedstrijd, maar ik wil niet met hem samenleven. Een kamergenoot, zoals ik bij de monniken had, zal zeker het grootste deel van het goede en het slechte zien, maar is wellicht niet betrokken genoeg om mij te helpen mijn obstakels te overwinnen. Mijn vrienden en familie zullen verschillende niveaus van respect hebben voor mijn spirituele leven, maar Radhi is degene die weet of ik 's ochtends daadwerkelijk heb gemediteerd. Zij ziet me vaker en in meer contexten dan wie dan ook. Niemand heeft een betere uitgangspositie om mij te helpen mezelf te verbeteren.

Toen ik het geluk had om ongeveer een jaar na onze trouwdag een doorbraak in mijn carrière te beleven, leek dat Radhi niet zoveel te kunnen schelen. Ze deed niets om het te vieren. Ze had ermee ingestemd om samen met mij naar New York te verhuizen omdat ze in me geloofde, maar toen ze niet onder de indruk leek van het geweldige moment dat ik meemaakte, begon ik me af te vragen: waarom respecteert mijn vrouw me niet? Ik wist zeker dat ze van me hield. We hadden elkaar ontmoet toen ik niets had. Ze had andere opties. Ze had me verteld dat ze op heel veel verschillende manieren van me hield. Mijn materiële succes had echter niet het effect op haar dat ik verwachtte. En toen bedacht ik dat ik haar eerder dat jaar, toen we bijna aan de grond zaten, had verteld dat ik het op zou lossen. Haar reactie was: 'Ik vertrouw je.' Ik besefte dat ik het niet nodig had dat ze van me hield om wat ik bereikt had. Ik had haar niet nodig als bevestiging. Het is makkelijk om succes te respecteren. Radhi bood me iets veel belangrijkers: haar onvoorwaardelijke steun en vertrouwen. Dat betekende meer dan haar felicitaties met mijn succes in de buitenwereld ooit zouden kunnen doen.

Radhi's gebrek aan interesse in materieel succes hielp me om van mezelf te houden vanwege mijn waarden. Ze leerde me dat zonder opzet. Ze zei nooit: 'Ik houd van je om je waarden.' Ik moest dat allemaal in mijn eentje bedenken. Op deze manier zijn we elkaars goeroes zonder ervoor te hebben getraind, zonder moeite te doen en zelfs zonder het te beseffen. Radhi realiseerde zich niet eens dat ik deze les had geleerd, tot ik het haar jaren later vertelde. Ik heb zo geboft dat ze verliefd op me werd toen we niets hadden. Als ik toen al een zekere mate van bekendheid had genoten, zou ik zeker de fout hebben gemaakt om een vrouw te zoeken die meer waardering had voor mijn succes.

Relaties zijn er om te groeien

Als we een partner kiezen met wie we kunnen groeien, dan leren we altijd van de ander.

Onderzoekers Arthur en Elaine Aron ontwikkelden de 'zelfexpansietheorie', die stelt dat relaties – in het bijzonder de relatie met onze partner – ons in staat stellen een groter, rijker leven te leiden door ons gevoel van zelf uit te breiden.[3] De zelfexpansietheorie stelt dat we gemotiveerd zijn om een partner te zoeken die dingen te bieden heeft die we zelf nog niet hebben, zoals verschillende vaardigheden (Jij weet hoe je een afvoer moet ontstoppen!), persoonlijkheidskenmerken (Jij bent het middelpunt van elk feestje!), en perspectieven (Je bent in een ander land opgegroeid!). Door ons toegang te bieden tot nieuwe bronnen breidt onze partner ons gevoel van wie we zijn uit.

Wanneer mensen over hun partner klagen, gaat het er meestal over dat die niet doet wat ze willen ('Ze helpt niet mee met de huishoudelijke klusjes', 'Hij doet onbeleefd tegen mijn ouders', 'Ze geeft me nooit een compliment', 'Hij vergeet mijn verjaardag'). Als je vindt dat je partner moet doen wat jij wilt wanneer je het wilt, zou ik graag iets veranderen aan de manier waarop je naar je partner kijkt. Dat is geen relatie, dat is eigenaarschap. Eigenaarschap wordt geboren uit controle, en dat is een dynamiek die we zeker niet met onze partner willen. Een goed partnerschap draait om transacties. Transacties horen erbij als je met een ander door één deur wilt kunnen. We bedenken schema's, we coördineren verantwoordelijkheden, we brengen onze levens in balans. Voor een geweldige relatie is echter méér nodig dan transacties. Er is groei voor nodig. Liefde is niet alleen inschikkelijkheid en ruilhandel. Liefde betekent dat je samen aan je relatie werkt. Hier hebben we het bij de laatste regel al even over gehad, toen we de derde fase van liefde doornamen – worsteling en groei. In dit hoofdstuk zullen we bespreken dat je het meest van elkaar leert door samen obstakels te overwinnen.

Het leven wordt prettiger wanneer je elkaar kent, elkaar ziet groeien en samen groeit. We zeggen dat we samen oud willen worden, maar we vergeten dat het vooral om groei draait. De goeroeleerling-dynamiek geeft je het gevoel dat je verbonden bent met je partner. Je moet moeite doen voor een relatie om er iets uit te halen – maar het is geen koffieautomaat. Het is niet zo dat je er moeite in kunt stoppen en dat je een onmiddellijke en gegarandeerde beloning kunt verwachten. Wat je investeert zal oprecht en waarachtig moeten zijn, en wat je ontvangt zal verhelderend zijn.

Probeer dit:

GA NA OF JE PARTNER IEMAND IS MET WIE JE KUNT LEREN EN GROEIEN

Zelfs wanneer we iemand nog maar net kennen, kunnen we signalen oppikken dat hij of zij méér is dan iemand met wie we plezier kunnen hebben – dat die persoon een goede partner zou zijn om mee te groeien. Als je jezelf de volgende vragen stelt, zal het je verbazen hoeveel je al weet over het vermogen van je partner om samen met jou te leren.

Ga bij elke vraag na of je partner dit altijd, soms of nooit doet.

1. *Vindt je partner het prettig om iets over zichzelf te leren?* Als iemand geen belangstelling heeft om iets over zichzelf te leren, is de kans groot dat het hem of haar ook moeite zal kosten om iets over jou te leren. Als iemand een passie heeft om te groeien, zal hij of zij jou ook helpen groeien. Probeert je partner graag nieuwe dingen uit? Heeft hij of zij een groot zelfbewustzijn? Staat hij of zij open voor therapie of coaching of andere manieren om zichzelf te ontwikkelen? Is het iemand die graag in gesprek gaat over de manier waarop hij of zij beslissingen neemt of keuzes maakt?

☐ ALTIJD   ☐ SOMS   ☐ NOOIT

2. *Begrijpt je partner zijn of haar eigen emoties?* Is je partner goed in het begrijpen en het uitdrukken van emoties? Praat je partner alleen op een oppervlakkig niveau over zijn of haar dag, of deelt hij of zij echt emoties? Wanneer je partner een verhaal vertelt, maakt zijn of haar emotionele toestand daar dan deel van uit?

☐ ALTIJD   ☐ SOMS   ☐ NOOIT

←——

3. *Doet je partner moeite om jou te begrijpen? Is je partner nieuwsgierig naar je?* Zelfbewustzijn leidt vaak, maar niet altijd, tot nieuwsgierigheid naar anderen. Gebruikt je partner zijn of haar emotionele vaardigheden om jou beter te begrijpen? Iemand die er nog niet aan toe is om zijn radius van zorgzaamheid en liefde uit te breiden, bevindt zich nog in Brahmacharya. Je partner is nog aan het leren over zichzelf en is er nog niet klaar voor om samen met jou te leren.

☐ ALTIJD   ☐ SOMS   ☐ NOOIT

4. *Kan je partner zichzelf vermaken?* Het is makkelijker om samen met een ander te leren als die persoon goed alleen kan zijn. Het betekent dat hij of zij een eigen reis en een eigen pad heeft, wat jou in staat stelt om naast de ander jouw eigen pad te bewandelen.

☐ ALTIJD   ☐ SOMS   ☐ NOOIT

5. *Staat je partner open voor nieuwe manieren om problemen op te lossen?* Als je partner bijvoorbeeld problemen heeft met een collega, praat hij of zij er dan over met jou of een vriend of vriendin? Is je partner bereid om met de collega in gesprek te gaan, om een compromis voor te stellen of om de sfeer te verbeteren door de collega bijvoorbeeld uit te nodigen voor de lunch? Leren en groeien betekent dat je over de vastberadenheid en flexibiliteit beschikt die nodig zijn om kwesties vanuit andere invalshoeken te benaderen. Die vaardigheid kun je ook in een relatie gebruiken.

☐ ALTIJD   ☐ SOMS   ☐ NOOIT

6. *Steunt je partner anderen bij hun groei?* Kijk of je partner moeite doet om een vriend, een broer of zus of een protegé te helpen. Maakt het helpen van anderen deel uit van het leven van je partner? In dat geval weet je dat hij of zij de

——→

←

radius van liefde en zorgzaamheid kan uitbreiden, zoals noodzakelijk is in Grhastha.

☐ ALTIJD   ☐ SOMS   ☐ NOOIT

7. *Inspireert je partner jou om beter en meer te zijn?* Je partner kan je het gevoel geven dat je ambitieus bent, niet om indruk op hem of haar te maken, maar omdat hij of zij in jouw talenten gelooft en je het vertrouwen geeft om te doen wat je graag zou willen doen of proberen.

☐ ALTIJD   ☐ SOMS   ☐ NOOIT

Je antwoorden op deze vragen zijn niet doorslaggevend voor het succes of het falen van je relatie. Kijk eens naar de vragen waarop je 'nooit' of 'soms' hebt geantwoord. Zo kom je te weten op welke gebieden je initiatief zult moeten nemen. Als je partner nooit tijd alleen doorbrengt, kun je twee dingen doen: óf je accepteert het, óf je moedigt de ander aan op een manier die hem of haar aanspreekt. Misschien kun je activiteiten bedenken die je partner zullen helpen om eens rustig na te denken. (Zie de Probeer dit-oefeningen bij Regel 1). Of misschien heeft je partner een laag zelfbewustzijn dat invloed zal hebben op jullie relatie. Als de ander geen pogingen doet om je te begrijpen, zul je hem of haar voorzichtig moeten bijbrengen hoe je in elkaar steekt, door dingen te zeggen als: 'Als ik moe ben na mijn werk, heb ik een korter lontje. Laten we het bespreken van onze financiële situatie voor het weekend bewaren.'

Als we een Airbnb boeken of ons inschrijven voor een cursus, doen we van tevoren onderzoek. Oefeningen zoals deze zijn een vorm van onderzoek naar onze relatie. Een partner bij wie je niet al deze hokjes af kunt vinken, kan zich nog steeds ontwikkelen tot iemand met wie je samen wilt leren en groeien, zolang je ervoor openstaat om van elkaar te leren.

Word een betere goeroe

In *The Guru and Disciple Book* spreekt Kripamoya Das over de manier waarop traditionele spirituele goeroes en hun leerlingen elkaar helpen.[4] Hij noemt veertien eigenschappen van de goeroe die voor het eerst beschreven zijn door de middeleeuwse filosoof Vedanta Desika. Ik heb de beschrijvingen van een aantal van deze eigenschappen hieronder opgenomen, zowel in het Sanskriet als in de vertalingen van Kripamoya Das. Zo kun je zien op welke manier de door mij beschreven eigenschappen van leraar en leerling geworteld zijn in oude geschriften.

Leid niet, maar dien

Een van de eigenschappen van goeroes die Kripamoya Das noemt, is *dambha asuyadhi muktam*, wat betekent 'vertoon geen ongunstige eigenschappen zoals egoïsme of afgunst'.[5] Weet je nog dat mijn goeroe, Radhanath Swami, voor me op de grond knielde en boog? Een goeroe speelt niet de baas over zijn leerling en probeert hem of haar niet te sturen. Zenmeester Shunryu Suzuki zou de Cambridge Buddhist Association in Massachusetts bezoeken, en dit bezoek stond gepland op een woensdagavond.[6] Een dag van tevoren begonnen verschillende leden het huis schoon te maken in voorbereiding op zijn komst. Ze waren bezig met de meditatieruimte toen de deurbel ging – het was Shunryu Suzuki, die een dag eerder arriveerde. Toen hij zag wat ze aan het doen waren, glimlachte hij, stroopte de mouwen van zijn gewaad op en hielp met schoonmaken. De volgende dag klom hij op een ladder en ging de ramen zemen.

Een goeroe zal zonder aarzelen elke rol op zich nemen, als de leerling daarmee geholpen is. Er is geen sprake van ego. De goeroe voelt zich vereerd en dankbaar wanneer hij iemand anders kan steunen. Een echte goeroe zoekt geen macht, maar schenkt de ander juist kracht.

De goeroe commandeert zijn partner niet, dwingt hem of haar nergens toe en stelt geen eisen. In plaats van te zeggen: 'Je moet dit doen,' zegt de goeroe: 'Ik zou dit idee dolgraag met je delen' of 'Heb je het ooit op deze manier bekeken?'

Als een van de monniken in de ashram niet op tijd wakker werd, schreeuwde de goeroe van die persoon niet: 'Wat mankeert jou? Waarom ben je niet bij de ochtendmeditatie verschenen?' In plaats daarvan vroeg hij bijvoorbeeld: 'Heb je goed geslapen? Kan ik je misschien ergens mee helpen?' De goeroe richt zich op de oorzaak van het gedrag, niet het gevolg ervan.

In de Marvelfilm *Doctor Strange* is chirurg Stephen Strange een zelfingenomen narcist.[7] Als zijn handen ernstig beschadigd raken door een ongeluk, is hij niet meer in staat om operaties uit te voeren. In een wanhopige poging om zijn vaardigheden te herwinnen reist hij naar Nepal om een leraar op te zoeken die de Eeuwenoude heet. Wanneer Strange arriveert, ziet hij een oudere man met een bril en een lange geitensik die een boek zit te lezen. 'Dank u, Eeuwenoude, dat u mij wilt ontvangen,' zegt hij. De vrouw die de thee van Strange inschenkt, staat op. 'Met alle plezier,' zegt ze. Zijn opleiding is begonnen.

De Eeuwenoude laat Strange een chakrakaart zien, en die wijst hij van de hand met het commentaar dat hij zulke kaarten ook in cadeauwinkels heeft gezien. Nadat ze Strange heeft gedwongen om verschillende dimensies te ervaren, vraagt de Eeuwenoude: 'Heb je dát ooit eerder gezien in een cadeauwinkel?'

Vol ontzag zegt Strange: 'Wees mijn leraar.'

De Eeuwenoude zegt enkel nee.

Onze goeroekrachten zijn niet zo indrukwekkend en onze lessen niet zo bondig, maar het punt is dat je partner meer vertrouwen in je zal hebben als je hem of haar niet probeert te sturen of autoriteit probeert uit te oefenen.

Geef het goede voorbeeld

Een andere eigenschap van goeroes op de lijst van Kripamoya Das is *sthira dhiyam*, wat erop neerkomt dat de geest zelfs in moeilijke situaties volkomen stabiel blijft.[8] Dit betekent dat de goeroe moet proberen om een voorbeeld te zijn voor anderen. Radhi wilde dat ik naar de sportschool zou gaan en dat ik gezonder zou gaan eten, maar ze zeurde er niet over. In plaats daarvan hielp ze me om mijn gewoontes te verbeteren door het voor te doen. Zelf loopt ze de kantjes er nooit vanaf, en ik zou nooit iets hebben veranderd als zij niet zo gedisciplineerd was geweest. De goeroe geeft niet het goede voorbeeld door te preken of te instrueren of op te scheppen, maar omdat het hem of haar vreugde brengt. Ik heb een cliënt die klaagde dat zijn vrouw te veel geld uitgaf aan handtassen en schoenen. Toen ik hem naar zijn eigen uitgavenpatroon vroeg, gaf hij echter toe dat hij zojuist een dure nieuwe auto had gekocht. Zijn vrouw zou honderden schoenen en handtassen moeten kopen om zelfs maar in de buurt te komen van het aankoopbedrag van die auto. Hij legde haar dus standaarden op waar hij zich zelf niet aan hield. Als hij zich zorgen maakte over hun financiële situatie, zou hij kunnen voorstellen dat ze allebei hun uitgaven bij zouden houden, maar hij kon zijn vrouw zijn waarden over het uitgeven van geld niet opdringen zonder zijn eigen gewoontes in te tomen. De goeroe zal de leerling nooit vragen om iets te doen waar hij zich niet prettig bij voelt. Hij geeft het goede voorbeeld. De heilige Franciscus zei: 'Het heeft geen zin om ergens naartoe te lopen om te preken tenzij het lopen het preken is.'[9] Door zelf het voorbeeld te geven ga je uit eigen ervaring begrijpen hoe moeilijk het is om te groeien. Dit zorgt dat je compassie en empathie voor je partner voelt, in plaats van kritiek en verwachtingen.

Steun de doelen van de ander, niet die van jezelf

Dayalum is het woord voor de eigenschap van de goeroe om leerlingen spontaan mededogen en vriendelijkheid te tonen.[10]

In de bhaktigeschriften staat een verhaal over een stenen brug die wordt gebouwd over de zee tussen India en Sri Lanka.[11] Alle dieren helpen mee om de brug te bouwen. De sterke apengod, Hanoeman, gooit enorme rotsen en keien op het groeiende bouwwerk. Het valt hem op dat de eekhoorn, die graag zijn bijdrage wil leveren, kleine kiezeltjes in dezelfde richting gooit. Spottend zegt Hanoeman tegen de eekhoorn: 'Wat schieten we daar nu mee op?'

Op dat moment komt Heer Ram, de deugdzame prins die toezicht houdt op het project, tussenbeide. Hij zegt: 'Jullie doen allebei het maximale binnen jullie mogelijkheden. De kei is gelijk aan het kiezeltje.' Hij merkt op dat de kiezels de keien op hun plek houden en bedankt de eekhoorn voor zijn inspanningen.

Met trots merken we het potentieel van onze partner op en moedigen hem of haar aan om het te vervullen. Het is echter niet de bedoeling dat we onze eigen doelen aan onze partner opdringen. Ons doel is simpelweg om de ander te helpen bij de volgende stap van zijn of haar reis, niet de volgende stap van ons idee van hoe die reis eruit zou moeten zien. Als onze partner wil leren mediteren, kunnen we een geschikte app zoeken, of een centrum in de buurt waar lessen worden gegeven, maar we schrijven niet voor hoe vaak onze partner moet mediteren of wat hij of zij ervan moet verwachten. Als onze partner een conflict heeft met een familielid, kunnen we hem of haar naar middelen leiden die kunnen helpen om de vrede te herstellen, of we kunnen onze plannen omgooien zodat onze partner de tijd heeft om het bij te leggen, maar we boeken geen vakantie met een familielid en we proberen niet om de kwestie te forceren. Hetzelfde geldt voor sport of werk of het maken van vrienden in een nieuwe omgeving. We willen onze partner helpen om de beste versie te worden van de persoon die hij of zij wil zijn. We steunen de dromen van onze partner. We willen onze partner oprecht zien groeien. Maar als we de ander zover proberen te krijgen dat hij of zij iets doet wat óns het beste lijkt, is de kans klein dat hij of zij onze inzichten zal vertrouwen.

Toen Sokei-an Shigetsu Sasaki, een Japanse monnik die later de Buddhist Society of America zou oprichten, net was begonnen met zijn studie van het zenboeddhisme, ontmoette hij de legendarische leraar Soyen Shaku, de eerste zenboeddhistische meester die lesgaf in de Verenigde Staten.[12] Shaku had gehoord dat Sokei-an een houtsnijder was. 'Snijd een Boeddha voor me,' zei hij tegen de jonge monnik. Een paar weken later gaf Sokei-an Shaku een houten beeldje van de Boeddha cadeau, dat Shaku uit het raam gooide. Zoals Sokei-an later zei, leek het een onvriendelijke handeling, maar dat was het niet. 'Hij bedoelde dat ik de Boeddha in mezelf moest uitsnijden.' Shaku wilde geen cadeau van Sokei-an. Hij wilde dat Sokei-an iets voor zichzelf zou doen. De goeroe projecteert zijn doelen, ambities en tijdschema's niet op zijn leerling. De goeroe wil van de leerling weten hoe hij hem of haar kan steunen. (Maar ik stel toch voor dat je geen cadeautjes van je partner uit het raam gooit.)

Probeer dit:

HELP JE PARTNER OM ZIJN OF HAAR DOELEN TE KENNEN

Vertel je partner niet wat zijn of haar doelen zouden moeten zijn en hoe hij of zij die kan bereiken, maar stel in plaats daarvan drie vragen.

1. Wat vind je op dit moment echt belangrijk?
2. Wat heb je nodig om dat te bereiken?
3. Kan ik iets doen om je te helpen?

Op deze manier laat je je partner zelf de antwoorden vinden. Het begrijpen van de doelen van je partner zonder ze zo te kneden dat ze bij die van jou passen, is een van de grootste geschenken die je iemand kunt geven. We bekijken de doelen van andere mensen automatisch door onze eigen lens. Die is te klein, of te groot. Jouw perspectief is belangrijk, maar je moet niet projecteren of voorspellen. Het is niet de bedoeling dat je je eigen beperkingen of ambities deelt. Luister naar de redenen die je partner geeft, wat hem of haar motiveert en waarom. Jij zult er ook wijzer van worden.

Help je partner om op zijn of haar eigen manier te leren

Volgens Kripamoya Das is de goeroe een vriend en een gids die altijd in het belang van zijn leerling handelt en naar diens welzijn streeft: *dirgha bandhum*.[13] Als je een goede goeroe wilt zijn, observeer dan hoe je partner leert en bepaal aan de hand daarvan de beste methode om leerstof voor te leggen. Als je partner niet van lezen houdt, stel dan een podcast voor. Als dat je partner niet aanspreekt, kijk dan of er misschien een cursus is over het betreffende onderwerp. Ik heb cliënten gehad die me vertelden: 'Mijn partner doet niet genoeg aan meditatie of mindfulness. Ik probeer hem zover te krijgen dat hij jouw boek leest.' Ik vroeg dan: 'Waar houdt je partner van? Basketbal? Ik heb een geweldig interview gevoerd met Kobe Bryant. Muziek? Jennifer Lopez en Alicia Keys hebben allebei meegedaan aan de podcast.' Probeer je partner via zijn of haar interesses warm te laten lopen voor die van jou.

Probeer dit:

STEL VAST WAT DE LEERSTIJL VAN JE PARTNER IS

Welke leerstijl beschrijft je partner het best?

Horen. Je partner neemt graag nieuwe informatie tot zich via zijn of haar oren. Hij of zij luistert graag naar podcasts, luisterboeken of TED-talks.

Zien. Je partner kijkt graag naar iemand die een vaardigheid demonstreert of werkt graag aan de hand van een diagram. Hij of zij leert het best van YouTube of MasterClass.

Gedachten. Je partner neemt graag informatie op in zijn of haar hoofd, en vindt het dus misschien prettig om een boek over een bepaald onderwerp te lezen en daar aantekeningen bij te maken.

$\longrightarrow$

←

Beweging. Je partner leert door iets te doen. Hij of zij wil graag een workshop of cursus volgen om nieuwe vaardigheden aan te leren.

Bepaal welke leerstijl het best bij je partner past. Hiervoor vraag je eerst of je partner zelf weet op welke manier hij of zij leert. Weet je partner dit niet, vraag dan wanneer hij of zij voor het laatst iets nieuws heeft geleerd en in welke vorm dat gebeurde. Als je nog steeds niets wijzer bent, observeer dan hoe je partner zijn of haar vrije tijd doorbrengt. Kijkt hij of zij graag documentaires? Luistert hij of zij naar luisterboeken? Je kunt je partner zelfs helpen om alle benaderingen uit te proberen en te kijken welke het beste bevalt. Daarna kun je manieren voorstellen om te leren met behulp van de formats die ik bij elke stijl heb gesuggereerd. Je kunt je partner een cadeau geven ter inspiratie, of alvast wat dingen uitzoeken, of samen experimenteren. Goeroes zoeken creatieve manieren om ideeën met hun partner te delen, in plaats van te pushen of te dwingen.

Verwar de wens om je partner te helpen niet met de wens om je partner te sturen. Een van de meest voorkomende manieren waarop we onze partners proberen te sturen, is door ons tijdschema aan ze op te dringen. Het kan zijn dat iets jou een dag kost, terwijl je partner er een week voor nodig heeft. Jouw schema is niet per definitie het juiste. Een goeroe houdt het tempo van de leerling aan, zonder deadline.

Als ik tegen Radhi zou zeggen: 'Laten we het nu over je doelen hebben,' zou ze dichtklappen. Maar als ik zou voorstellen: 'Laten we zondag naar een park gaan en allebei opschrijven wat we van dit jaar verwachten, en het daarna samen bespreken,' zou ze enthousiast reageren. Ik probeer suggesties te doen die bij haar ritme passen. Laat je leerling zijn of haar eigen tempo bepalen, en als hij of zij zich rot voelt omdat het niet lukt om de gestelde doelen te behalen, zeg dan niet: 'Ik zei toch dat je het eerder moest doen.' Wees geduldig en attent terwijl je partner het werk doet. Bied je tijd en middelen en steun aan, maar geef je partner ondertussen het vertrouwen om het zelf te doen. Neem het werk niet van je partner over, maar bied bemoediging en advies waardoor je partner zich gesteund voelt. Dankzij deze beheersing ontwikkel je geduld en mededogen. Zo groei je zelf als goeroe terwijl je je partner helpt om te groeien.

Bekritiseer niet, oordeel niet en misbruik niet

Kripamoya Das beschrijft de goeroe als iemand die vrij is van leugenachtig taalgebruik, iemand die altijd de waarheid vertelt: *satya vacam*.[14] Ik vat dit op een enigszins andere manier op en vraag je om goed op te letten op welke manier je tegen je partner spreekt, zodat je hem of haar niet misleidt of de mond snoert. Het gaat er niet om wát je zegt, het gaat om de manier waaróp je het zegt. Als je je partner vertelt dat hij of zij slordig is, zal dat zijn of haar gedrag niet veranderen. 'Houd op met gamen,' zal niet werken. Stel je een klaslokaal voor waarin je optimaal kunt leren. Het is een prettige, toegankelijke plek waar gesprekken en activiteiten op een natuurlijke manier plaatsvinden. Niemand zit te wachten op een leraar die tegen de leerlingen schreeuwt of ze in de hoek zet. We willen leerlingen die leraren respecteren en leraren die leerlingen respecteren – een vredige, duurzame uitwisseling.

Onderzoekers hebben vastgesteld dat kritische feedback een van de meest voorkomende triggers is voor een gefixeerde mindset.[15] In haar boek *Mindset* beschrijft universitair docent Carol Dweck van Stanford University dit als een toestand waarin we onze eigenschappen als vaststaande kenmerken zien die we niet kunnen veranderen.[16] Wanneer we in deze mindset verkeren, zijn we gefixeerd op het idee dat we op de een of andere manier als incompetent worden gezien, in plaats van dat we de groeimogelijkheden zien die de kritiek wellicht biedt. Als onze partner zegt: 'Als jij de was doet, kreuken al onze kleren!' horen we iets als: 'Je schiet tekort en je bent onbekwaam.' Als goeroe moeten we onze feedback zorgvuldig formuleren, om de kans te vergroten dat deze wordt ontvangen zoals hij is bedoeld. Bijvoorbeeld iets als: 'Ik vind het echt fijn dat je met de was helpt. Ik heb ontdekt dat de was kreukt als ik hem een poosje in de droger laat voordat ik hem opvouw. Dus als ik nu nog de deur uit moet of iets anders moet doen, zet ik de droger pas aan als ik terug ben. Jij kunt het op een andere manier aanpakken, maar het gaat erom dat we geen van beiden van strijken houden. Zouden we het zo kunnen proberen, denk je? Of heb jij een beter idee?' Ja, op deze manier heb je heel wat meer woorden nodig om te communiceren. En ja, het is meer gedoe om je feedback zo te formuleren. Het is echter de moeite waard, omdat de kans veel groter is dat de ander luistert en iets met je kritiek doet.

Goeroes gebruiken geen woede, harde woorden of angst om hun leerlingen te inspireren. Ze beseffen dat angst een goede motivator is op de korte termijn, maar dat het op de lange termijn vertrouwen aantast. Kritiek is een luie manier van communiceren. Het is niet constructief of meelevend, en van samenwerking is geen sprake. Zoek een manier van communiceren waarbij de ander jouw input op een effectieve manier kan opnemen, verwerken en toepassen. Bied je partner een 'liefdessandwich' aan: constructieve kritiek tussen twee smakelijke plakken positieve feedback. Geef suggesties in plaats van kritiek. De echtgenoot van een cliente van mij worstelde bijvoorbeeld met de onredelijke eisen van zijn baas. Het liefst had ze gezegd: 'Ja, maar jij laat ook over je heen lopen!', maar dat zou zijn ego beschadigen en zijn gevoelens kwetsen. In plaats daarvan bracht ze hem in herinnering dat hij bijzonder getalenteerd was, maar tegelijk ook maar een mens. Verder stelde ze voor dat hij niet in gesprek zou gaan met zijn baas over wat hij niet gedaan kreeg, maar over wat hij wél gedaan zou kunnen krijgen in de toegewezen tijd. Zijn baas reageerde stug en weinig begripvol, maar de man van mijn cliënte bedankte haar voor de steun. En toen ze de kwestie verder bespraken, besloten ze dat hij na afronding van zijn huidige project op zoek zou gaan naar een andere baan.

Stel je voor dat je lange tijd naar een vakantie hebt uitgekeken en dat ter plekke blijkt dat je partner de Airbnb op de verkeerde datum heeft geboekt. In plaats van boos te worden en je partner voor incompetent uit te maken kun je beter bedenken wat hij of zij allemaal gedaan heeft om deze reis te plannen. Zeg niet: 'Jij hebt er een puinzooi van gemaakt, dus jij lost het ook maar op!' Bied in plaats daarvan aan om een hotel voor de nacht te boeken terwijl je partner kijkt of er iets te regelen valt met Airbnb. Vergeet niet dat je de vreugde van je partner probeert te voeden. Je benadrukt het goede, je helpt een pad te creëren, je versterkt het potentieel van de ander. In plaats van je partner in het openbaar te bekritiseren maak je hem of haar in het openbaar en privé complimenten.

In plaats van:	Zeg je dit:
'Je doet nooit X; je bent zo slecht in Y.' (Zo bekritiseer je wat je partner verkeerd doet)	'Ik waardeer het wanneer je X doet.' (Zo erken je wat je partner goed doet)
'Als je dat nog een keer doet, ga ik bij je weg.'	'Zo voel ik me als je dat doet.'
'Heb je gezien wat de partner van X voor hem of haar heeft gedaan?'	'Ik waardeer het echt wanneer je X voor mij doet.'
'Het is jouw schuld, dus jij zorgt maar dat het weer goed komt.'	'Ik weet dat je hiermee worstelt, kan ik je helpen?'
'Je bent veranderd. Zo deed je eerst nooit.'	'Het is heel normaal dat we veranderen en onze verwachtingen moeten bijstellen.'

Word een betere leerling

Sommigen van ons vinden het makkelijker om te leiden dan geleid te worden, in het bijzonder wanneer onze partner geen bekwame en geduldige goeroe is. Maar zelfs onder die omstandigheden hebben we de mogelijkheid om van onze partner te leren. Wat als hij of zij de hele dag loopt te lanterfanten? Nou, misschien irriteert het je om je partner te zien ontspannen terwijl jij jezelf geen pauze toestaat. Je partner leert je onbewust dat je jezelf af en toe wat rust moet gunnen.

En als onze partner ons bekritiseert of niet genegen is ons te helpen groeien, moeten we proberen door ons gedrag en onze eigenschappen het beste in onze goeroe naar boven te halen.

Mijn goeroe in de ashram zei dat als een leraar een tien zou zijn (op een schaal van één tot tien), de leerling misschien niet meer dan een één zou zijn, omdat de leraar hem continu omhoog zou tillen. Als de leraar echter een één zou zijn, zou de leerling tot een tien moeten stijgen om iets van de leraar op te steken. Met andere woorden, als je je studie ijverig genoeg benadert, met een open geest en een open hart, kun je zelfs nog meer van een middelmatige leraar opsteken dan van een geweldige.

Sta open en wees nieuwsgierig

Kripamoya Das noemt ook vijftien eigenschappen van de goede leerling. Een daarvan is *tattva bodha abhilasi*, wat zoveel betekent als 'gretig om te leren'.[17] De boeddhistische term *shoshin* betekent 'beginnersgeest'.[18] Idealiter benaderen we onze relatie met de open bereidheid van een nieuwe leerling, hoelang we ook al samenzijn. Zenmeester Shunryu Suzuki zei: 'In de beginnersgeest zijn er vele mogelijkheden, in de geest van de expert maar een paar.'

Als leerling openstaan voor het nieuwe betekent dat je je ontvankelijk toont wanneer je partner suggesties doet en je uitnodigt om nieuw terrein te verkennen. Komt je goeroe met slecht advies of formuleert hij of zij het op een botte manier, vermijd dan de begrijpelijke verleiding om het te verwerpen of boos te reageren.

Verken in plaats daarvan de mogelijkheid dat je partner daadwerkelijk wijsheid te delen heeft, door hem of haar de juiste vragen te stellen. Vragen die niet retorisch of neerbuigend zijn, maar oprechte pogingen om het idee te begrijpen. Je zou bijvoorbeeld kunnen vragen: 'Kun je me helpen met specifieke ideeën?' Of: 'Als ik jouw suggestie op zou willen volgen, waar zou ik dan beginnen?' Of: 'Kun je me dat stap voor stap uitleggen?' Of: 'Ik zou graag je advies horen, kunnen we dit bespreken op een beter moment voor ons allebei?' Een oud gezegde luidt: 'Wanneer de leerling er klaar voor is, zal de leraar verschijnen.' Het is een symbiotische relatie.

Wees nederig

Om de juiste vragen te stellen heb je intelligentie nodig, maar ook nederigheid. Nederigheid betekent niet dat je gedwee en zwak moet zijn. Het betekent dat je ervoor openstaat om te leren, dat je eerlijk bent tegen jezelf en anderen over je sterke en zwakke punten. Kripamoya Das beschreef de leerling als *tyakta mana* – bescheiden en zonder trots.[19] Nederigheid is zelfs essentieel voor liefde in het algemeen omdat die het ego – de vijand van liefde – op afstand houdt. Ego en trots beëindigen meer relaties dan wat dan ook, omdat de meeste misverstanden gebaseerd zijn op ego of trots. Ego bezoedelt ons met de valse overtuiging dat we altijd gelijk hebben, dat wij het het beste weten en dat de ander ernaast zit. Deze overtuiging maakt het onmogelijk om van je partner te leren.

Als je Nathan Chen op de Olympische Spelen ziet kunstschaatsen, denk je niet: wat kan ik toch slecht schaatsen. Ik ben klein en waardeloos. Je erkent en waardeert zijn gratie en waardigheid, en de jaren van training die hij in zijn kunst gestopt heeft. Nederigheid is het eren van de vaardigheden en groei van andere mensen, in plaats van het omlaaghalen van die van jezelf.

Probeer dit:

WAARDEER DE KENNIS VAN JE PARTNER

Wanneer je de volgende keer met je partner praat, wees je dan bewust van iets waar hij of zij goed in is en wat je normaal gesproken als vanzelfsprekend beschouwt. Hoe kun je iets buitengewoons ontdekken in iemand van wie je al zoveel weet? Misschien denkt je partner wel goed na voordat hij of zij een beslissing neemt. Misschien is je partner wel iemand die altijd attente bedankbriefjes schrijft. Misschien geeft je partner je altijd uitstekend advies wanneer je niet precies weet hoe je ergens om moet vragen op je werk. Zoek naar vaardigheden van je partner die je nooit hebt erkend of benoemd. Als je er eentje ziet, deel die dan met je partner. Deze waardering voedt de sterke punten van de ander.

Wees een goede vertaler

Kripamoya Das zei dat de leerling geest en spraak beheerst – *danta*.[20] Stephen Covey, schrijver van *De zeven eigenschappen van effectief leiderschap*, zou het hier waarschijnlijk mee eens zijn.[21] Hij schreef: 'De meeste mensen luisteren niet met de bedoeling om te begrijpen; ze luisteren met de bedoeling om te antwoorden.' Er zijn drie stappen om effectief te reageren wanneer je partner iets met je deelt wat hem of haar dwarszit. Eerst herhaal je wat de ander heeft gezegd, dan formuleer je in je eigen woorden wat je hebt gehoord. Wanneer je er zeker van bent dat je de betreffende kwestie allebei begrijpt, vertel je de ander ten slotte hoe je je voelt. Meestal reageren we als eerste met wat we voelen, en gebruiken we de woorden van de ander om onze gevoelens te rechtvaardigen.

Stel dat je partner tegen je zegt: 'Ik voelde me opgelaten toen je me niet aan je vrienden voorstelde.' Je partner vertelt je hoe hij of zij zich voelt.

Als je meteen vanuit je eigen gevoelens reageert, zeg je bijvoorbeeld: 'Nou ja, jij betrekt mij ook nooit bij gesprekken met jouw vrienden.' Maar als je zegt: 'Ik hoor dat je hiervan baalt. Hoe komt dat?', geef je je partner de kans om zich zo effectief mogelijk uit te drukken. Je geeft aan wat jij hebt gehoord, en dan kan de ander zijn of haar woorden zorgvuldiger kiezen. Tegelijkertijd verhelder je wat je in de relatie probeert te doen – verbinding zoeken en de ander het gevoel geven dat hij of zij begrepen wordt. Je goeroe kan iets opmaken uit jouw toonzetting.

Probeer dit:

INTRODUCEER EEN NIEUW IDEE

Oefen met je communicatievaardigheden door een nieuw onderwerp aan te snijden en aandacht te besteden aan wat je partner zegt. Luister naar de argumenten die je partner aandraagt, en help hem of haar om de gevoelens, behoeften en wensen uit te spreken die aan zijn of haar woorden ten grondslag liggen.

Kies een open onderwerp dat jullie niet eerder hebben besproken, een onderwerp dat jullie wellicht allebei zal inspireren om iets nieuws te bedenken wat jullie samen zouden kunnen doen.

Voorgestelde ideeën:

Stel dat we allebei onze baan zouden opzeggen en zouden verhuizen?
Stel dat we een heel jaar zouden reizen?
Als we op een dag met pensioen kunnen, wat gaan we dan met onze tijd doen?

$\longrightarrow$

Als we een miljoen dollar hadden om weg te geven, aan wie zouden we dat dan geven en waarom?

Vragen om te verkennen (jullie kunnen deze vragen allebei beantwoorden, maar het belangrijkste is dat je luistert naar de reacties van je partner):

Wat is het eerste dat bij je opkomt als ik je deze vraag stel?
Waarom is wat je noemde zo aantrekkelijk voor je?

Laat je partner vervolgens merken dat je hem of haar hebt gehoord:

Leg uit welk idee je je partner hebt horen beschrijven.
Bespreek welke voorkeuren en prioriteiten aan dat idee ten grondslag kunnen liggen.
Vertel je partner wat je in dit gesprek over hem of haar hebt geleerd.
Bespreek of er een haalbare versie is van wat je partner wil, een versie die jullie op dit moment kunnen uitvoeren.

Bijvoorbeeld:
Als de vraag is hoe je een jaar reizen zou inrichten, neig jij er misschien naar om naar het zuiden van Frankrijk te verhuizen en een jaar lang elke dag een *pain au chocolat* te eten, maar heeft je partner wellicht een fietsreis door de Verenigde Staten in gedachten. Je ziet hoe graag je partner lichamelijk actief wil zijn. Misschien spreekt hij of zij daarbij ook wel de wens uit om op een rustig tempo te reizen, of om onderweg af en toe ergens te blijven kamperen. Als je eenmaal meer begrijpt van de fantasie van je partner, zou je hem of haar bijvoorbeeld een fiets cadeau kunnen doen. Of je plant een fietsweekendje voor jullie tweeën.

Met deze methode kun je oefenen met luisteren naar je partner wanneer jullie uitdagendere, meer emotioneel geladen onderwerpen bespreken, in plaats van alleen maar te luisteren om te antwoorden.

Waardeer de goeroe

Kripamoya Das zei dat de leerling *krita-vid-sisya* is – dankbaar voor kennis.[22] Merk het op en waardeer het wanneer je partner je helpt zonder er iets voor terug te verwachten. We bedanken onze partners niet vaak voor hun voortdurende aanwezigheid, bereidheid om te helpen en de simpele kleine dingetjes die ze voor ons doen. Neem de tijd om je waardering voor je partner uit te spreken, ook al lijkt datgene wat hij of zij voor je doet heel eenvoudig en makkelijk. Door dankbaarheid te tonen creëer je een feedbackcyclus, waarbij de ander dankbaar is voor jouw waardering en zich geïnspireerd voelt om zich als goeroe te blijven opstellen.

Probeer dit:

ERKEN DE VAARDIGHEDEN VAN DE GOEROE

Denk aan de vaardigheden van je partner als goeroe. Waar is hij of zij goed in? Heb je de tijd genomen om je waardering hiervoor uit te spreken? En als je zwakke plekken waarneemt, kun je dan iets over jezelf leren van je reactie? Stel vast op welke gebieden je partner je goeroe is en spreek je dank uit. Dat kun je op een willekeurig moment doen, of de volgende keer dat hij of zij deze eigenschappen laat zien.

1. Leidt door dienstbaarheid

Je partner is bereid om elke rol op zich te nemen om jou te helpen, zelfs als het niet iets is waar hij of zij ervaring mee heeft. Misschien functioneert je partner als manager, accountant, IT-technicus of maaltijdbezorger. Helpt je partner je uit medeleven in plaats van dat hij of zij je vertelt wat je moet doen?

2. Leidt door een voorbeeld te zijn

Waar zet je partner zich trouw en gedisciplineerd voor in? Als je niets kunt vinden, zoek je waarschijnlijk niet hard genoeg.

3. Helpt je bij het verwezenlijken van jouw doelen, niet die van zichzelf

Je partner geeft je de ruimte om jezelf te zijn. Hij of zij dwingt je niet om te veranderen en dringt hier niet op aan. Misschien dient of helpt je partner je niet actief, maar als iemand je niet dwingt om anders te zijn dan je bent, is dat ook een vorm van steun.

4. Biedt advies zonder te bekritiseren, te oordelen of af te kraken

Als je een fout hebt gemaakt of het is je niet gelukt om een doel te bereiken, steunt je partner je en moedigt je aan zonder je onder druk te zetten.

Ook leerlingen moeten worden gezien en erkend. Je kunt dezelfde oefening uitvoeren voor de eigenschappen van een leerling.

Je goeroe is niet je god

Naast je openheid als leerling is de belangrijkste eigenschap in je relatie met je goeroe wellicht het bewaren van je eigen identiteit.

Dat je van de ander leert, betekent niet dat je jezelf naar zijn of haar ideaal vormt en niets meer van anderen leert. Het houdt niet in dat je je niet langer tot andere mensen zult wenden voor verschillende activiteiten en inzichten. Je partner is je goeroe, niet je god. Hij of zij helpt je om beter te worden, maar is niet beter dan jij.

Het is heel normaal om enkele kenmerken van onze partners over te nemen. Onderzoek heeft aangetoond dat stellen bepaalde hebbelijkheden van elkaar overnemen, dat ze hetzelfde gaan klinken en zelfs dat ze dezelfde hoeveelheid voedsel gaan eten.[23] Enige versmelting van gewoontes is onvermijdelijk, maar het is wel de bedoeling dat we onze eigenheid behouden. We willen positieve eigenschappen van onze partner overnemen zonder hem of haar te worden (of zijn of haar assistent). Je bent altijd bezig je verhaal te schrijven. Wanneer je iemand ontmoet, ga je samen met die persoon schrijven. De verhalen raken verstrengeld. In de Vedische geschriften wordt dit beschreven als het verstrengelen van je karma, maar niet van je ziel.[24] Ik zie het als het gezamenlijk schrijven van je karma. Karma is de activiteit in je leven, maar je ziel is je identiteit. Je kunt samen veranderen en groeien, je karma's vermengen, de energie van twee families en twee gemeenschappen vermengen, maar zorg dat je je identiteit niet kwijtraakt. **Vergeet je eigen persoonlijkheid niet, je waarden en doelen. Verlies de draad van je eigen verhaal niet.** Breng tijd in je eentje door. Zeg geen plannen met familie en vrienden af. Spendeer tijd aan je eigen hobby's, niet alleen die van je partner. Dit betekent niet dat je je partner negeert, verraadt of niet serieus neemt. Je voorziet je groei van brandstof op manieren waarop de ander dat niet kan, en daardoor zul je je partner juist nog meer te bieden hebben. En als je met z'n tweeën uitgegroeid bent, kun je wat tijd zonder elkaar doorbrengen. Dat is helemaal niet erg.

Als onze partner ons gaat misbruiken, moeten we de relatie verbreken. Een goeroe zal nooit proberen om ons op die manier iets te leren. Misbruik leert je alleen om bang te zijn voor je partner, om je instincten te onderdrukken, om je eigen pijn te negeren en om het ego van iemand anders te voeden. Emotioneel, mentaal en lichamelijk misbruik zouden voor iedereen dealbreakers moeten zijn, en dat wordt duidelijk wanneer je je partner ziet als je goeroe. Waarom zou je goeroe je pijn doen? Hoe kun je groeien wanneer je gekwetst en bang bent? En als je onder een van deze dingen lijdt maar jezelf hier de schuld van geeft, vraag jezelf dan: leer ik van deze persoon? Leert hij of zij van mij? Is dit de manier waarop ik wil leren? Als de antwoorden 'nee' luiden, dan is het besluit om te vertrekken het grootste geschenk dat je jezelf kunt geven, en er zijn een heleboel organisaties die je kunnen helpen om dat op een veilige manier te doen.

Het grootste geschenk van de goeroe

Je hoort mensen weleens over stellen zeggen: 'Ze zijn uit elkaar gegroeid', maar nooit 'Ze zijn samen gegroeid'. Maar als je niet uit elkaar groeit, is dat hoogstwaarschijnlijk wel wat je aan het doen bent – elkaar stilletjes maar zeker helpen om te observeren, te leren en in alle richtingen te groeien. Het ongemak van verandering verbleekt bij de vreugde van gedeeld begrip. De groei die een goeroe en een leerling cultiveren, houdt een relatie opwindend en nieuw, zelfs naarmate die langer voortduurt en je elkaar steeds beter leert kennen. In het volgende hoofdstuk bespreken we de belangrijkste manier waarop een goeroe een leerling kan helpen om te groeien: door zijn of haar doelen na te streven.

Je levensvervulling staat voorop

De zin van het leven is om je gave te vinden. Het doel van het leven is om die te schenken.

DAVID VISCOTT[1]

Dharma: het kompas

Vele jaren geleden vroeg ik een cliënt en zijn partner om hun prioriteiten op volgorde op te schrijven. Op zijn lijst stond: 1. De kinderen. 2. Jij (waarmee hij zijn vrouw bedoelde). 3. Werk. Op haar lijst stond: 1. Ik. 2. De kinderen. 3. Jij (waarmee ze haar man bedoelde). Hij was gekwetst en ontzet dat ze zichzelf boven al het andere stelde. Maar toen legde ze het uit. 'Ik zet mezelf bovenaan omdat ik jou en ons gezin de beste versie van mezelf wil geven.' Jezelf vooropstellen klinkt egoïstisch, en dat kan het ook zijn wanneer je alle koekjes opeet of de beste plek aan tafel inpikt. Maar als we in onze relaties de beste versie van onszelf willen zijn, moeten we ons eigen doel of spirituele roeping nastreven. In het hindoeïsme heet dat onze dharma.[2]

Dharma is het snijpunt van passie, expertise en dienstbaarheid. Als je je dharma volgt, verbind je je natuurlijke talenten en interesses aan een behoefte die in het universum bestaat. Je dharma hoeft niet je baan te zijn. Je boft als je kunt leven van je roeping, maar dat is niet altijd mogelijk. Ook hoeft datgene wat je als levensvervulling ervaart je leven niet te domineren. Het kan een hobby zijn, betrokkenheid bij een kerk, het ouderschap, het opstarten van een bedrijf. Het kan zijn dat je in je vrije tijd vrijwilligerswerk doet bij een dierenasiel, dat je een lokale groep opzet om mensen uit de schulden te helpen of dat je een blog over goedkoop reizen begint. Dharma gaat niet zozeer over een specifieke activiteit – het gaat er meer om waarom je die activiteit onderneemt, of het nu is om iets te creëren, mensen met elkaar te verbinden, te delen wat je hebt geleerd, of anderen of de wereld te dienen. Wat het ook is, je dharma is niet zomaar iets wat je leuk vindt. Het is een passie. Het definieert je. Wanneer je ermee bezig bent, denk je: *dit is wie ik ben*. **Je dharma is een reis, niet een bestemming.** Het kan veel tijd kosten om te ontdekken hoe je het best betekenis, vreugde en voldoening uit je bezigheden kunt halen. Zolang iemand streeft naar een levensvervulling, beleeft die persoon het eigenlijk al.

De Veda's beschrijven dharma als een van de vier fundamentele thema's die ons voortstuwen in het leven en onze keuzes en handelingen vormen:

> *dharma* – *levensvervulling*
> *artha[3]* – *werk en financiën*
> *kama[4]* – *plezier en verbintenis, je relatie met anderen*
> *moksha[5]* – *bevrijding van de materiële wereld, waarbij je in verbinding komt met de geest*

Het is geen toeval dat dharma aan het begin van deze lijst staat. De Veda's waren duidelijk over de volgorde, ook al kruisen en overlappen deze thema's elkaar in de loop van ons leven. We zien een levensvervulling misschien niet als een basisbehoefte, zoals financiële zekerheid en sociale verbinding, maar in feite is het zelfs nog essentiëler.

Dharma komt voor artha omdat die stuurt hoe je je tijd, geld en energie spendeert. Dharma geeft betekenis aan het geld. Hetzelfde principe is van toepassing op relaties – zonder levensvervulling breng je geen diepzinnigheid en compassie in je streven naar plezier.

DE VIER THEMA'S

Dharma
Het zoeken naar een levensvervulling helpt je om je prioriteiten voor jezelf en
je partner helder
te krijgen

Moksha
Bevrijding van de
materiële wereld
wanneer je in
verbinding komt
met de geest

Artha
Je streeft naar
stabiliteit op het gebied
van financiën, gezondheid,
zelfontwikkeling en
persoonlijke groei

Kama
Plezier en verbintenis.
Dit is je relatie met
anderen

Wanneer je deze vier thema's prioriteert in de volgorde die de Veda's suggereren, verheldert dharma je waarden en prioriteiten voor jezelf en je partner. Bij het streven naar het verdienen van geld heb je duidelijk voor ogen hoe je het zou moeten uitgeven, en je streeft liefde na met de wens om samen met je partner een betekenisvol leven op te bouwen. Uiteindelijk leiden deze drie thema's naar moksha, waar alles wat we doen in het teken staat van onze spirituele reis.

Niet alleen de Veda's stellen het vinden van een levensvervulling voorop. Onderzoekers van de University of California in Los Angeles en de University of North Carolina wilden uitzoeken of *hedonia* – het soort zelfvervulling dat voortkomt uit opulentie, zoals roem of rijkdom, samen met persoonlijk gewin en genot – er anders uitziet in onze lichamen dan *eudaimonia* – de vervulling die voortkomt uit een gevoel van zingeving en betekenis in het leven.[6] De onderzoekers lieten de deelnemers een vragenlijst invullen waarop bijvoorbeeld gevraagd werd hoe vaak ze zich blij voelden (hedonia) en hoe vaak ze het gevoel hadden dat hun leven een bepaalde richting en betekenis had (eudaimonia). Ze ontdekten dat de deelnemers met een hoger niveau van hedonia weliswaar over het algemeen meer positieve gevoelens ervoeren, maar dat ze een zwakker immuunsysteem hadden, waaronder meer ontstekingen en andere markers waaruit bleek dat ze vatbaarder waren voor ziektes.

Anthony Burrow, universitair hoofddocent menselijke ontwikkeling aan Cornell University, leidde een onderzoek waaruit bleek dat een sterk gevoel van zingeving ons zelfs immuun kan maken voor de likes (of het gebrek daaraan) die we op social media verzamelen.[7] Om te beginnen lieten hij en zijn onderzoekspartner deelnemers een reeks vragenlijsten invullen die peilden welke mate van zingeving ze in hun leven ervoeren. Daarna kregen de deelnemers te horen dat ze zouden helpen om een nieuwe socialenetwerksite te testen. Om te beginnen moesten ze als onderdeel van hun profiel een selfie plaatsen. De onderzoekers gaven hun een camera en deden toen net alsof ze de foto op de verzonnen website plaatsten. Vijf minuten later vertelden ze de deelnemers hoeveel likes hun selfie had gekregen vergeleken met de foto's van andere mensen – bovengemiddeld, gemiddeld of onder het gemiddelde. Ten slotte vulden de deelnemers een vragenlijst in die hun eigenwaarde peilde. Het bleek dat de eigenwaarde van deelnemers die minder zingeving in hun leven ervoeren sterk omhoog- en omlaagschoot op basis van de hoeveelheid likes die hun selfie kreeg, terwijl de deelnemers met een sterk gevoel van zingeving er minder door werden beïnvloed. Hun eigenwaarde hield stand.

Zingeving isoleert en beschermt onze eigenwaarde, en in onderzoeken is een hoge eigenwaarde in verband gebracht met meer bevredigende relaties. Zoals Burrow stelt: 'We worden geconfronteerd met de ups en downs van het leven, maar levensvervulling is een actief ingrediënt dat ons helpt om stabiel te blijven.'[8] We brengen die stabiliteit mee naar de ander. Het is een fundering waarop we ons leven met onze partner kunnen bouwen.

In een verhaal dat wordt toegeschreven aan Boeddha komen twee acrobaten voor – een meester en zijn assistente.[9] De meester klimt naar de bovenkant van een bamboestok en draagt zijn assistente op om hem te volgen en op zijn schouders te gaan staan. 'We zullen onze vaardigheid demonstreren voor het publiek, en dan zullen ze ons geld geven. Jij let op mij, en ik let op jou, en op die manier zullen we veilig zijn.' De assistente schat de situatie in en schudt haar hoofd. 'Nee, meester,' zegt ze. 'U let op uzelf, en ik let op mezelf, en dan zullen we onze vaardigheid laten zien. En op die manier zullen we geld verdienen en veilig zijn.' Dit is waarom de vrouw van mijn cliënt een punt had toen ze zichzelf bovenaan haar lijst van prioriteiten zette. De manier waarop partners hun dharma benaderen, zou hetzelfde moeten zijn als die van de assistente van de meesteracrobaat: 'Doe jij wat jij moet doen, dan doe ik wat ik moet doen.'

Mensen denken dat het een teken van liefde is om de ander voorop te stellen. We romantiseren het idee van opoffering voor de ander en toewijding aan onze partner, en er zijn inderdaad prachtige manieren om dit te doen. Ik heb echter mensen gezien die zichzelf uit het oog verliezen en zich jaren later verloren of misleid voelen. Ze betreuren hun keuzes en nemen het hun partners kwalijk dat die niet hebben geholpen om hun eigen doelen en levensvervulling prioriteit te geven. En terecht – ik vind niet dat je je partner zomaar de schuld moet geven, maar als je partner het kan verdragen om jou je levensvervulling te zien opgeven, dan is dat geen liefde. **Jouw levensvervulling moet voor jou vooropstaan, en de levensvervulling van je partner moet voor hem of haar vooropstaan**. Dan kun je samen zijn met de positieve energie en stabiliteit die voortkomen uit het streven naar je doelen.

Misschien vraag je je af waarom ik in een boek over relaties spreek over het vinden van je eigen levensvervulling. Dat is iets wat je in je eentje doet, zelfs binnen een relatie. Maar zoals alleen zijn ons helpt om met zelfkennis aan een relatie te beginnen, helpt het kennen van onze levensvervulling ons om een relatie te onderhouden en te laten groeien door vast te houden aan wat belangrijk is voor ons, en onze partner te steunen bij wat belangrijk is voor hem of haar.

In elke relatie zijn er eigenlijk drie relaties: je relatie met elkaar, je relatie met je levensvervulling en de relatie van je partner met zijn of haar levensvervulling. We moeten aan alle drie aandacht besteden. Dit lijkt moeilijk, maar in feite wordt het leven er makkelijker van. Als je werkelijk van iemand wilt houden en hem of haar de beste versie van jezelf wilt geven, dan moet je ook de beste versie van jezelf zijn. Net zo goed als een uitgeputte ouder het zwaarder heeft met de zorg voor de kinderen, heeft iemand die zich niet om zijn eigen levensvervulling bekommert het zwaarder bij het steunen van zijn partner. Door voor onszelf te zorgen bereiden we ons erop voor om voor anderen te zorgen. Zoals huwelijks- en familietherapeut Kathleen Dahlen deVos *HuffPost* vertelde, zijn de gelukkigste stellen de stellen die ondanks hun aanvankelijke obsessie voor elkaar hun eigen bezigheden en doelen vooropstellen.[10] 'Wanneer stellen volledig afhankelijk van elkaar zijn om in al hun emotionele intimiteit en sociale behoeften te voorzien, kan deze "samensmelting" een gezonde persoonlijke groei onderdrukken of in wederzijdse afhankelijkheid ontaarden.' DeVos voegt eraan toe dat stellen hun individuele identiteit binnen de relatie in stand moeten houden, in plaats van deze door de relatie te laten definiëren.

Wanneer je allebei actief aan een zinvolle invulling van je leven werkt, heeft je relatie daar op verschillende manieren profijt van. Dharma helpt je om een gepassioneerd, geïnspireerd, gemotiveerd leven te leiden, een leven dat je met iemand wilt delen. Daarnaast heb je het genoegen van samenleven met iemand die vervuld is. Het kan je grote vreugde brengen om de persoon van wie je houdt te zien doen wat hij of zij het liefste doet. Bovendien ben je je bewuster van de worstelingen die je partner onderweg tegen kan komen, en leef je meer met de ander mee.

Wanneer we niet aan onze doelen werken, ontstaan er problemen. Soms denk je dat er een probleem is tussen jou en je partner, maar komt dat eigenlijk doordat een van jullie (of allebei) niet voldoende aandacht besteedt aan een levensvervulling. Het zat mijn cliënt Aimee dwars dat haar partner Marco, een gitarist in een band die net door begon te breken, altijd onderweg was voor optredens. Maar wanneer hij een tournee afbrak om meer tijd met haar door te brengen, voelde ze zich te schuldig om ervan te genieten. Ze besefte dat het zou helpen als ze zelf een doel had om naartoe te werken. Toen Aimee, die schilderes was, les begon te geven vanuit de garage van een vriendin, raakte ze enthousiast over het plan van een groepstentoonstelling met het beste werk van de cursisten. Marco zorgde ervoor dat hij een pauze kon nemen van de tournee om bij de opening van de tentoonstelling te zijn, en hoewel Aimee het druk had tijdens zijn bezoek, was ze trots op wat ze had bereikt en vond ze het fijn om het met hem te delen.

Zelfs in een huishouden dat er ideaal uitziet – waar alle vakjes van werk en privé zijn afgevinkt – heeft het invloed op de relatie als een van beide partners geen levensvervulling heeft of zich hier niet actief mee bezighoudt. De partner zonder levensvervulling wordt dan misschien jaloers op de vooruitgang van de ander, en in dat geval lopen beide partners de vreugde, energie en tevredenheid mis die twee mensen die gedreven worden door hun levensvervulling elkaar brengen.

Als een van de twee zich verloren voelt, krijgt die persoon misschien het gevoel dat zijn of haar partner, die in vergelijking druk is en voldoening vindt, niet om hem of haar geeft. De drukke partner maakt zich er misschien zorgen over dat de ander geen leven heeft buiten de relatie. In dat geval voelt diegene zich wellicht verantwoordelijk voor het bezighouden van de ander. Uiteindelijk bestaat het risico dat de twee partners elkaar kwalijk gaan nemen hoe ze hun tijd doorbrengen.

In een relatie moeten we geen van beiden uit het oog verliezen wat we belangrijk vinden, wat voor ons van waarde is en wat ons het gevoel geeft dat we trouw zijn aan onszelf. Nu zullen we als eerste kijken hoe je je dharma prioriteit kunt geven binnen een relatie, en daarna kijken we hoe je je partner kunt helpen om zijn of haar dharma voorop te stellen.

Hoe stel je je dharma voorop

Sal Khan studeerde bedrijfskunde, maar hij dacht dat hij de standvastigheid miste om een ondernemer te kunnen zijn.[11] In plaats daarvan begon hij een lucratieve carrière bij een start-up hedgefonds. Toen ontdekte hij tijdens een bezoek van familie dat zijn twaalfjarige nichtje moeite had met wiskunde. Sal bood aan om haar op afstand bijles te geven. Het was 2004, dus ze gebruikten een combinatie van telefoontjes en vroege Messenger-technologie. Na een paar maanden maakte het nichtje opnieuw een wiskundetoets om haar niveau te peilen, en ze ging van een bijspijkerklas naar een klas voor gevorderden. Al snel vroegen andere familieleden en vrienden Sal of hij hun ook bijles wilde geven. Sal ging zijn lessen opnemen en zette ze op YouTube. Bovendien ontwikkelde hij software waarmee mensen de lessen konden oefenen. De Khan Academy was geboren. Sal werkte nog steeds met veel plezier bij het hedgefonds, maar hij voelde zich het meest betrokken en opgetogen over de gelegenheid om zijn lessen te delen in de hoop dat anderen er iets aan zouden hebben. Hij had zijn levensvervulling gevonden.

Als je niet weet waar je moet beginnen, raad ik aan om deze volgorde aan te houden:

De piramide van levensvervulling

Leer – *Steek tijd in het leren van dingen op het gebied van je levensvervulling*

Experimenteer – *Probeer datgene wat je hebt geleerd voor jezelf uit om te ontdekken wat werkt en wat niet*

Bloei – *Voer je levensvervulling uit en bouw regelmaat op in wat je doet*

Worstel – *Ga de uitdagingen aan die onvermijdelijk zullen komen en gebruik ze om te groeien*

Win – *Vier je successen, groot en klein*

Leer

Streven naar je levensvervulling begint met nieuwsgierigheid. We denken dat beginnen betekent dat we iets moeten dóén, maar in werkelijkheid begint het met leren. Sla de leerfase niet over. We zeggen niet voor niets dat kennis macht is; kennis kan je helpen om je angst voor het onverwachte te overwinnen.

Probeer dit:

LEER OVER JE LEVENSVERVULLING

We leren over onze levensvervulling door over onze interesses en vaardigheden na te denken en ze te verkennen.

PASSIE

Stel jezelf vragen om te ontdekken waar je passie ligt.

Als je alles zou kunnen worden wat je wilt, wat zou je dan kiezen?

Zijn er hobby's die je geweldig vond als kind, maar die je nu niet meer beoefent?

Heb je een verborgen talent?

Kun je iemand noemen die in jouw ogen je droombaan heeft?

Is er iets wat je zou doen als je niet beperkt zou zijn door je leefomstandigheden en de plek waar je woont?

Is er iets waar je goed in was en wat je nu mist?

Is er een talent dat je de laatste tijd niet hebt kunnen ontplooien?

STERKE PUNTEN

Stel vast welke rol je thuis en op je werk speelt om te bepalen wat je sterke punten zijn.

$\longrightarrow$

De organisator plant verjaardagen en reisjes en zorgt dat het leven zoals gepland verloopt. De organisator is gericht op deadlines, resultaten en het grotere geheel. Hij of zij is er goed in om mensen aan te sturen.

De aandrijver is extravert, enthousiast en optimistisch, en laat mensen warmlopen voor activiteiten die de organisator heeft gepland.

De inlever is emotioneel intelligent, geduldig, ondersteunend en een goede luisteraar. Hij of zij voelt intuïtief aan hoe andere mensen zich voelen.

De analist is gericht op details, systematisch, zorgvuldig en voorzichtig. Hij of zij pikt er kwesties uit die mogelijk problemen kunnen opleveren.

JE LEVENSVERVULLING LIGT OP HET KRUISPUNT VAN JE PASSIES EN JE VAARDIGHEDEN

Wanneer je hebt bepaald wat je passies en je vaardigheden zijn, ga dan op zoek naar manieren om erover te leren.

1. Volg een cursus, lees een boek of luister naar een podcast over datgene waar je belangstelling voor hebt. Kun je wellicht een certificaat of diploma halen dat je zal helpen om je talent te ontwikkelen?
2. Zoek naar groepen mensen die je kunnen inspireren met datgene wat zij doen of de manier waarop ze het doen.
3. Gebruik het weekend om iets uit te proberen op het gebied van je levensvervulling. Observeer waar je enthousiast van wordt en waar je belangstelling zich door verdiept.

Mijn favoriete manier om te leren is praten met mensen die al doen wat ik zou willen doen. Wanneer artsen naar een congres gaan met als thema een specifieke ziekte, ontmoeten ze andere artsen die deze ziekte bestuderen. Ze leren over vorderingen in de wetenschap. Ze horen over nieuwe behandelingen of onderzoek. Dit geldt voor elk gebied waarover je gepassioneerd kunt zijn. Een mentor zal je helpen om te bedenken hoe je je levensvervulling na kunt streven en hoe je leven eruit zou kunnen zien als je je daarop blijft richten. De mentor kan je ook concreet advies geven over de eerste stappen die je kunt zetten, hoe je kunt netwerken en op welke plekken je nog meer zou kunnen leren.

Zelfs als je geen mensen kunt vinden in het veld dat jou interesseert, kan het heel inspirerend zijn om tijd door te brengen met anderen die actief bezig zijn met het verwezenlijken van hun levensvervulling. Stel vragen; wees nieuwsgierig. Zoek mensen die het leuk vinden om te praten over de manier waarop zij hun weg hebben gevonden. Vind je ze niet in je eigen omgeving, zoek het dan bij de groten die hun verhalen in boeken vertellen, op YouTube, in TED-talks en podcasts.

Probeer dit:

SPREEK MET EEN MENTOR

1. ZOEK POTENTIËLE MENTOREN.

Gebruik je bestaande contacten om mensen te vinden die expert zijn op jouw gebied.

Zoek contact met ze via social media.

Onderzoek de bronnen die je hebt gebruikt om te leren (boeken, TED-talks, podcasts, et cetera) en ga na of de experts bereid zijn tijd vrij te maken om je vragen te beantwoorden, al is het maar tien minuten.

$\longrightarrow$

2. STEL VRAGEN. SCHRIJF DE REACTIES OP.

Begin met logistieke, tactische en praktische vragen:

> **Hoe ben je begonnen?**
> **Wat heb je gedaan om beter te worden?**
> **Welke technieken heb je gebruikt?**
> **Heb je partners?**
> **En alle andere vragen over de werking van het proces.**

Wees niet bang om specifieke vragen te stellen. Als je geen specifieke vragen stelt, krijg je ook geen specifieke antwoorden. Je kunt ook emotioneel en mentaal georiënteerde vragen stellen die je kunnen helpen een idee te vormen van aspecten van het proces waar je plezier aan zult beleven, en waar je wellicht moeite mee zult hebben.

> **Aan welk deel van het proces beleef je het meeste plezier?**
> **Wat vind je vervelend aan het proces?**
> **Wat had je graag willen weten toen je begon?**

3. AAN HET WERK.

Als je een mentor hebt gesproken, neem dan je aantekeningen door. Zijn er mensen die je zou moeten bellen? Vaardigheden die je zou moeten ontwikkelen? Mogelijkheden die je zou moeten verkennen? Vertaal de informatie die je hebt gekregen naar actiepunten en zet ze, indien relevant, in je agenda.

Om te kunnen leren moet je er tijd in steken, en om er tijd in te kunnen steken, moet je partner je steunen. Hij of zij moet de waarden begrijpen die maken dat je je tijd op deze manier wilt spenderen. Het is verstandig om te zorgen dat je partner niet het gevoel heeft dat je tijd van hem of haar steelt, of van je gezin (als je dat hebt). Dit doe je door samen te beslissen waar de tijd vandaan zal komen.

Journalist en Pulitzerprijs-winnaar Brigid Schulte worstelde met de conflicterende eisen van werk en ouderschap.[12] Ze had geen tijd voor zichzelf, en dus ook niet voor projecten die ze graag naast haar werk en moederschap zou willen ondernemen. Op een gegeven moment wilde ze zó graag wat extra tijd vinden dat ze een overzicht maakte van de manier waarop ze haar tijd van dag tot dag spendeerde. Tot haar verbijstering bleek ze maar liefst zevenentwintig uur over te houden in haar week. Die tijd was grotendeels onzichtbaar voor haar, omdat het om tien minuten hier en een kwartiertje daar ging – 'tijdconfetti', zoals ze het zelf noemde. Door van taak naar taak te springen en haar concentratie te verdelen tussen haar to-dolijst en haar telefoon en andere afleidingen, maakte Schulte gehakt van haar schema. Toen ze eenmaal begon met het opdelen van haar taken en het elimineren van onnodige afleidingen, wist ze grotere blokken van tijd te vinden, die volgens haar essentieel zijn om te leren, nieuwe ideeën te bedenken en dingen te zien die we anders niet zouden zien.

Uiteindelijk vond ze zelfs genoeg tijd om een boek te schrijven, *Overwhelmed*, dat een *New York Times*-bestseller werd.

Probeer dit:

WERKBLAD VRIJE TIJD

Je kunt verloren tijd terugvinden door elke minuut van je dag vast te leggen en taken op te delen, zoals Schulte deed, maar bij deze oefening pakken we het wat eenvoudiger aan, door te bekijken of de tijd die we spenderen op één lijn ligt met onze waarden.

Laat jezelf zien waar je werkelijk waarde aan hecht door consequent een deel van je vrije tijd te besteden aan het leren van iets op het gebied van je levensvervulling. Kijk met hulp van je partner hoe je je vrije tijd op dit moment doorbrengt, zowel samen als apart (dit is ook een geweldige manier voor jullie twee om een vlug overzicht te krijgen van jullie waarden en te kijken of jullie iets willen veranderen aan de manier waarop je je vrije tijd doorbrengt).

Bereken eerst het totale aantal uur dat je elke week spendeert aan de activiteiten die ik in het voorbeeldoverzicht hieronder heb opgesomd, en alle andere activiteiten die je graag toe zou voegen. Bereken dan in de tweede kolom hoeveel tijd je bereid bent weg te halen van die activiteiten en in plaats daarvan te besteden aan het leren over je levensvervulling.

Activiteiten waar ik plezier aan beleef	Tijd die ik hier op dit moment aan spendeer	Tijd die ik eraan zal gaan spenderen
Opladen/pure ontspanning	4 uur per week	3 uur per week
Sporten	4 uur per week	4 uur per week (geen verandering)
Sociale bezigheden	8 uur per week	7 uur per week
Vermaak	15 uur per week	10 uur per week
Totale tijd gespendeerd aan activiteiten die niet bij mijn levensvervulling horen	Totaal 31 uur	Totaal 24 uur (ik heb 7 uur per week vrijgemaakt)
Leren over mijn levensvervulling	0 uur	7 uur

Betrek je partner bij dit proces. Als je niet met je partner communiceert over datgene waar je enthousiast van wordt, vraagt hij of zij zich misschien af waarom je niet meer tijd samen wilt doorbrengen. Als je partner bij het plan betrokken is, zal hij of zij begrijpen en respecteren waarom je je tijd doorbrengt zoals je doet.

Experimenteer

Als je experimenteert, breng je het geleerde in de praktijk om te ontdekken wat voor jou werkt en wat niet. Je voert mini-testen uit van datgene wat je nastreeft. Als je bijvoorbeeld een communicatiecursus volgt en hebt geleerd dat je mensen aan moet kijken wanneer je iets zegt, ga je nu bewust moeite doen om dat advies op te volgen. Als je les wilt geven, kun je bijvoorbeeld proberen om een seminar te geven, een andere leraar te helpen of een blog te beginnen. Als je iets wilt verkopen wat je hebt gemaakt, zou je het op Etsy kunnen zetten. Als je een bepaalde dienst aan wilt bieden, kun je dat uitproberen door het gratis voor je vrienden te doen. Assisteren, stage lopen, schaduwen en het doen van vrijwilligerswerk zijn allemaal manieren om te proeven van iets waarvan je denkt dat het weleens je levensvervulling zou kunnen zijn. Deze periode van experimenteren is bedoeld om de druk van de ketel te halen – geen oordeel, geen kritiek en geen schuldgevoel van jezelf of je partner. Je hoeft het niet perfect te doen. Fouten kunnen je waardevolle informatie verschaffen over zowel het niveau van je vaardigheid als het gebied waar je belangstelling voor hebt.

In deze fase kun je je partner uitnodigen om mee te gaan wanneer je experimenteert. Je kunt samen een cursus bezoeken, hetzelfde boek lezen of tegelijkertijd een documentaire kijken. Dit is geweldig als je dezelfde interesses hebt, maar als je partner niet mee kan of geen belangstelling heeft, wees dan niet ontmoedigd. Dit is jouw levensvervulling, niet die van je partner.

Vaak zetten we onze partners onder druk. Of we vragen ons af of de ander wel bij ons past als een enthousiaste reactie uitblijft wanneer we over onze passie praten. Je partner hoeft je passies echter niet te delen. En al is dat wel zo, dan garandeert dat nog geen succes in een relatie. Breng jezelf in herinnering waarom je samen bent met die persoon, en onthoud dat je niet op elkaar hoeft te lijken om een gelukkige relatie te hebben.

Bovendien is het vaak beter als je ieder je eigen leerweg volgt. Dan kun je je eigen tempo aanhouden en datgene wat je ontdekt delen met je partner. Op die manier maakt je partner nog steeds deel uit van het proces en heeft hij of zij niet het gevoel het niet meer te kunnen volgen wanneer je vorderingen maakt. Het mooiste is als je partner zich geliefd en verbonden voelt terwijl jij manieren zoekt om te leren en je levensinvulling te ontwikkelen. Laat weten wanneer je gaat experimenteren, zodat de ander na kan denken over het indelen van de tijd – misschien slaat hij of zij ook wel aan het experimenteren.

De fase van leren en experimenteren kan een reis van vijf maanden zijn of van vijf jaar. Houd voor ogen dat het niet uitmaakt waar je je in de levensvervullingspiramide bevindt: je bent al onderweg. Er is geen finish die je moet bereiken voordat je levensvervulling deel is van wie je bent.

Bloei

Je leert en experimenteert tot je een niveau van expertise bereikt waarop je weet wat je wel en niet bevalt aan je levensvervulling, wat werkt en wat niet. Dan ga je ervoor. Leren levert geen resultaten op, en de resultaten die voortkomen uit experimenten zijn willekeurig. Nu ga je de vruchten plukken van je inspanningen. Je neemt stappen om je levensvervulling te verwezenlijken, om er een vast en regelmatig deel van je leven van te maken. Dit kan betekenen dat je een nieuwe baan aanneemt. Het kan betekenen dat je een klein bedrijf opzet. Het kan betekenen dat je een hond uit het asiel haalt of je opgeeft als vrijwillige onderwijsassistent. Deze nieuwe inspanning kost tijd, maar je vestigt een routine en stelt jezelf meetbare doelen. Aan het begin wil je het liefst zo snel mogelijk aan de slag, maar je uitvoering zal zo sterk zijn als het leerproces dat eraan vooraf is gegaan. Als de resultaten niet bevredigend zijn, ga dan terug naar de leerfase. Als niemand je winkeltje op Etsy bezoekt, zoek dan uit hoe je het beter in de markt kunt zetten. Als je het gevoel hebt dat je een betere onderwijsassistent zou kunnen zijn, vraag de leraar dan om je mentor te zijn. Wanneer je betere, herhaalbare resultaten kunt produceren en mensen gaan opmerken wat je doet, geeft dat je vertrouwen en motivatie om door te zetten.

Om te bloeien zul je je inspanningen moeten verhogen, en het kan zijn dat het nastreven van je levensinvulling je meer tijd en energie gaat kosten. Het is van het grootste belang dat je deelt wat je doet en je partner laat weten wat je in deze fase nodig hebt. Vergeet niet dat je in je eigen behoeften voorziet zodat je kunt geven aan de mensen van wie je houdt.

Worstel

Ik weet wat je denkt. Is het nu echt nodig om te worstelen? Ik vind het vervelend om te zeggen, maar op geen enkel niveau van de piramide gaat het vanzelf. Misschien ontdek je dat het volgen van een bepaald pad veel te duur is, of dat niemand reageert op de manier waarop jij je passie deelt, of dat je veel langer en harder aan je vaardigheden moet werken dan waar je op had gerekend. Misschien stuit je op onverwachte obstakels. Misschien mislukt datgene wat je probeert en moet je helemaal opnieuw beginnen. Worsteling kunnen we niet vermijden, maar hoe beter we het begrijpen, hoe meer we het kunnen gebruiken om te groeien.

Wanneer je worstelt, leg je partner dan uit wat je doormaakt. Als iemand weet waarom je moe, verstrooid of van slag bent, zal hij of zij beter in staat zijn om je te steunen op de manieren die we in Regel 4 hebben besproken.

Pas op dat je niet elke uitdaging als een worsteling beschouwt.

Er is altijd wel iets wat lastig gaat, maar laat dat niet je hele realiteit worden. Wanneer je een gebalanceerde kijk houdt op je worsteling, kun je ervan leren en erdoor groeien zonder dat het je te veel wordt.

Als je een uitdagende fase doormaakt, is het ook belangrijk om je partner eraan te herinneren dat het niet zijn of haar fout is. Je kunt open zijn over wat je nodig hebt, maar maak je partner duidelijk dat dit jouw last is, niet die van hem of haar. Als je vastzit en even geen inspiratie kunt vinden voor je levensvervulling, kan dat zelfs een ideale gelegenheid zijn om je vrije tijd en je energie in de bezigheden van je partner te steken (later in deze regel zal ik je vertellen hoe). Op deze manier kun je nieuwe manieren ontdekken om aan je eigen, onafhankelijke levensvervulling te werken. Je kunt je partner helpen om zich online te presenteren en beseffen dat het je roeping is om een online marketeer te worden. Of je raakt betrokken bij het ontwerpdeel van het werk van je partner en besluit om grafisch ontwerp te gaan studeren. Zolang je maar onthoudt: niemand vindt voldoening in de dharma van een ander. Als je doet alsof je de dharma van je partner deelt, kun je je eigen ware gaven niet gebruiken. Dromen hoeven niet groot te zijn; het moeten gewoon jouw dromen zijn.

Win

Lewis Hamilton is de succesvolste formule 1-coureur ter wereld, met 103 overwinningen en 182 podiumplekken tussen 2007 en 2021.[13]

Elke formule 1-race duurt ongeveer twee uur, en er worden drieentwintig races per seizoen gehouden. Dat betekent dat Hamilton in de loop van vijftien jaar ongeveer 683 uur racend heeft doorgebracht; daarbij zijn de kwalificaties en de trainingen niet meegerekend. Om een topcoureur te zijn moet Hamilton gedurende het wedstrijdseizoen ook dagelijks vijf tot zes uur lichamelijke training afwerken.[14] In de loop van vijftien jaar heeft hij dus ongeveer 13.300 uur doorgebracht in het trainingshonk. Laten we zeggen dat

Hamilton na het winnen van een race ongeveer tien minuten op het podium staat. Dat betekent dat hij in die vijftien jaar, met alle uren die hij heeft doorgebracht met trainen en racen – zelfs zonder de trainingsuren in de auto –, ongeveer een tiende procent van zijn tijd als winnaar in de schijnwerpers heeft gestaan. (Vertrouw je mijn rekenkunst niet? Als je het wilt weten, ik heb dit gebaseerd op 41.000 minuten racen plus 800.000 minuten trainen plus 1.030 minuten op het podium.)

FOCUS OP HET PROCES

Op het podium staan is een zeldzaam genoegen. Je staat aan de top en daar krijg je erkenning voor. Dat is het niveau waarop we allemaal willen leven. We willen allemaal boven op de berg staan, na al ons harde werk, en worden erkend en toegejuicht om datgene wat we hebben bereikt. En daar willen we het liefst blijven.

Het belangrijkste om te onthouden over winnen is dat het een bijproduct is van de eerste vier niveaus. Je wint alleen als je eerst de vier andere niveaus hebt doorlopen. Dus als je leeft voor de beloning, de volgers en de roem, dan zul je diep teleurgesteld zijn wanneer je ontdekt dat winnen zeldzaam is en slechts een piepkleine fractie van de tijd inneemt die je aan je levensvervulling spendeert. Je moet ook genieten van de andere fases. Je brengt niet je hele leven op het hoogtepunt door. De triomfmomenten zijn maar een tiende procent van de hele ervaring. Ook winnaars moeten nog leren, experimenteren, uitvoeren en worstelen. Het hoort allemaal bij de reis, en het is allemaal waardevol.

Probeer dit:

STEL SAMEN DOELEN*

Ruim eens per jaar tijd in om met je partner over je levensvervulling en je doelen te spreken. Je moet je doelen onderhouden zoals je je huis onderhoudt. Elk jaar maak je de goten schoon, vervang je de batterijen in de rookmelders en zorg je voor reparaties. In een relatie kijk je hoe het staat met je levensvervulling en de mate waarin jullie beiden het gevoel hebben dat je die verwezenlijkt. Je kunt een gezamenlijke droom hebben en een persoonlijke droom. Jouw doel kan zijn om te leren schilderen, terwijl je partner graag webontwerp wil leren. Je gezamenlijke doel kan zijn dat je leert dansen.

Wat probeer je te bereiken? Probeer je een vaardigheid aan te leren die je kan helpen bij je levensvervulling? Zoek je een baan die dichter bij je levensvervulling ligt? Probeer je meer tijd te vinden voor je levensvervulling?

Wat wil je van je partner? Hoe kan je partner je helpen om aan je levensvervulling te werken? Heb je emotionele

---

* Bedenk van tevoren hoe je je partner enthousiast kunt krijgen voor deze oefening. Als je het brengt als een evangelische dominee of je zegt dat het van Jay Shetty moet, zal de reactie waarschijnlijk lauw zijn. Dring je partner geen nieuwe vorm of frequentie van communicatie op. Denk eerst zelf eens over deze ideeën na. Ga de levensvervulling van je partner stilletjes steunen, in plaats van luidkeels aan te kondigen dat je dat van plan bent. Kijk welk effect dat op jou, op je partner en op jullie relatie heeft. Deel wat je opvalt met je partner in een communicatiestijl waarvan je weet dat hij of zij die prettig vindt.

steun nodig? Wil je dat je partner je helpt om andere verantwoordelijkheden na te komen, zodat je meer tijd over-
houdt voor zijn of haar levensvervulling?

Wat wil je partner van jou? Geloof je in zijn of haar levensvervulling? Op welke manieren zou je je partner kunnen
helpen?

Als je je huis onderhoudt, zijn er ook zaken die vaker dan
eens per jaar je aandacht nodig hebben. Je betaalt de rekeningen maandelijks, je vervangt een lamp wanneer die
kapotgaat of je repareert een lek. Als jij of je partner op een
uitdaging stuit, bespreek die dan samen.

Help je partner om zijn of haar levensvervulling voorop te zetten

Elkaar helpen bij het werken aan je levensvervulling is zo bepalend
voor het succes van een relatie dat het bij een traditionele Vedische
trouwceremonie de laatste belofte is: 'Samen zullen we volhardend
het pad van dharma (rechtschapenheid) volgen, door dit middel
van het gedeelde huishouden.'[15] Dit betekent niet dat je de dharma
van de ander moet overnemen. Het betekent dat je er ruimte voor
maakt.

Vaak voelt het alsof er in een huishouden slechts ruimte is voor
de levensvervulling van één partner. Onderzoek toont aan dat de
salarissen van mannen omhooggaan nadat ze kinderen hebben gekregen, terwijl die van vrouwen juist omlaaggaan. Een artikel in
The New York Times stelt dat zelfs wanneer je uren, salarissen en
andere factoren meerekent, 'de ongelijkheid niet wordt veroorzaakt
doordat vrouwen daadwerkelijk minder productieve werknemers
worden en vaders harder werken wanneer ze ouders worden – maar
omdat werkgevers dit van hen verwachten'.[16] In werkelijkheid, zo
meldt de *Times*, 'werkt 71 procent van de moeders die kinderen
thuis hebben, volgens het Bureau of Labor Statistics, en zijn vrou-

wen de enige of de voornaamste kostwinner in 40 procent van de huishoudens met kinderen, volgens gegevens van het Pew Research Center'. Dit verschil is louter toe te schrijven aan vooroordelen van werkgevers. Het is een probleem, maar des te meer reden om ervoor te zorgen dat je als vrouw in een relatie je levensvervulling niet opgeeft, en dat je partner, als dat een vrouw is, dit ook niet doet.

Het beklimmen van de levensvervullingspiramide verheldert hoe we onze partners kunnen helpen. We zien dat onze partner bezig is aan een parallelle klim en gebruiken de lessen die we zelf leren om geduld uit te putten en ideeën op te doen waar de ander iets aan heeft.

Help de ander leren

Mensen weten vaak niet waar ze moeten beginnen. Let op wanneer je partner begint te stralen of tot leven komt in een gesprek. Observeer wat je partner blij maakt en wat zijn of haar sterke punten zijn, en gebruik wat je hebt gezien vervolgens om de ander te bemoedigen en te bekrachtigen. Deze inzichten helpen je partner om het proces van leren en experimenteren te versnellen. Vergeet niet om een goede goeroe te zijn. Push je partner niet en wees niet boos als hij of zij je advies niet volgt. Je partner moet zijn of haar eigen tempo aanhouden. Dwingen heeft geen zin. Je kunt alleen maar steun bieden terwijl je partner de juiste weg zoekt. Je doel is niet om je partner naar de volgende stap in jouw reis te krijgen, maar naar de volgende stap in zijn of haar reis.

Als je partner interesses heeft maar die nog niet tot een levensvervulling heeft gevormd, moedig hem of haar dan aan om deze te verkennen, maar spreek geen oordeel uit over het pad dat hij of zij kiest. Bij onze geboorte weten we niet wat onze levensvervulling is en kunnen we er nog niet naar streven. Help je partner om iets te doen met een onderwerp waar hij of zij nieuwsgierig naar is. Je kunt kaartjes kopen voor een museum, of een boek of een TED-talk zoeken waarmee je partner meer over het betreffende onderwerp te weten kan komen. Neem je verplichtingen en prioriteiten onder de loep en zorg dat je partner de vrijheid heeft om zich ergens in te verdiepen, in plaats van bijvoorbeeld te verwachten dat hij of zij alle vrije tijd met jou doorbrengt.

Toen ik Radhi ontmoette, was het duidelijk dat ze gek was op eten, en ik moedigde haar aan om die interesse te verkennen en te zien waar het haar zou brengen. Iedereen zei tegen haar: 'Jij zou een restaurant moeten beginnen,' maar ik drong haar mijn doelen niet op. Ik probeerde haar groei te steunen door haar simpelweg te vertellen dat ze tijd moest steken in leren en experimenteren. Ik vond het prima dat wij als stel en zij als individu de offers zouden brengen die nodig zouden zijn om iets met haar interesses te doen. Toen we net in New York woonden, begon ze als leerling onder een ayurvedische chef-kok. Daarna ging ze yogalessen geven, haalde ze haar ayurvedische diploma en hielp ze een restaurant bij het opstellen van een nieuw menu. Ik zette haar niet onder druk om een carrièredoel te stellen en ik vroeg ook niet wanneer haar zoektocht ten einde zou zijn. Wanneer onze partner op zoek is naar zijn of haar levensvervulling, bieden we steun vanaf de zijlijn. We geven advies wanneer ons dat wordt gevraagd, maar we laten onze partner zelf de beslissingen nemen. We beschuldigen onze partner niet van een gebrek aan productiviteit – we prijzen hem of haar juist wanneer we vooruitgang zien.

Zeg niet:	Maar:
'Waarom duurt het zo lang?'	'Wat kan ik doen om je te helpen?'
'Je moet nu een beslissing nemen!'	'Laten we samen een deadline stellen die haalbaar lijkt in ons leven.'
'Kijk eens naar persoon X. Die doet het geweldig.'	'Heb je bedacht wie je inspireert en misschien een goede mentor zou zijn?'

Probeer niet de mentor van je partner te zijn tijdens het leerproces. Een mentor is bekwaam op het gebied waar iemand iets wil leren. Een mentor beschikt over toepasbare ervaring en kennis die iemand kunnen helpen om te floreren in zijn of haar levensvervulling. Je partner is je partner in de liefde. Je bent elkaars goeroe – je leert over jezelf en over de ander. Je hoeft echter geen mentoren of zakenpartners te zijn. Help je partner in plaats daarvan met het zoeken naar geschikte mentoren en het bedenken van vragen om te stellen wanneer de gelegenheid zich voordoet.

Help je partner experimenteren

Een vriend van mij overwoog om aan de slag te gaan als standupcomedian. Hij was nog maar net begonnen, en in die fase van zijn carrière zou geen enkele club hem inhuren, dus op een avond veranderde zijn vrouw hun kleine stadstuin in een comedyclub. Ze zette klapstoelen neer voor de gasten, hing lichtjes tussen de bomen en serveerde popcorn. Mijn vriend gaf een stand-upvoorstelling voor tien vrienden. Zo steunde de vrouw van mijn vriend de experimenten van haar partner op een leuke en geïnspireerde manier. We kunnen onze partners helpen door gelegenheden te creëren waarbij ze hun passie en sterke punten kunnen oefenen. Misschien heb je wel een vriend op een gerelateerd vakgebied van wie je partner iets kan leren. Misschien ken je iemand die je partner kan helpen zijn of haar vaardigheden te ontwikkelen. Speel voor publiek, help een publiek bij elkaar te krijgen, of help je partner met de aspecten die hij of zij nog niet beheerst.

Geef je partner tijd en ruimte

Hoe geïnspireerd Sal Khan ook was toen hij de Khan Academy startte, hij moest wel de rekeningen betalen.[17] Zijn vrouw was net bezig haar opleiding geneeskunde af te ronden, en ze zaten met een stijgende rente en een groeiend gezin. Het leek belachelijk om zelfs maar te overwegen zijn veilige baan in de financiële wereld op te geven en alle kaarten op een non-profitorganisatie te zetten. Een van zijn vrienden belde hem echter steeds om te zeggen dat het niet zijn levensvervulling was om als investeerder voor een hedgefonds te werken, maar om de wereld te helpen zoals hij zijn nichtje had geholpen. Toen Sal het idee met zijn vrouw besprak, reageerde ze positief, maar wel bezorgd over hun financiële situatie. Uiteindelijk zag ze in dat Sal moeite had om zich op iets anders dan de Academy te concentreren. Ze besloten om het potje aan te spreken dat ze hadden gespaard voor een aanbetaling op een huis, en Sal zegde zijn baan op. 'Het gaf enorme stress,' vertelt hij. 'Soms werd ik midden in de nacht badend in het zweet wakker.' Uiteindelijk vond hij een investeerder. Het was een groot keerpunt voor Sal, en tegenwoordig is de Khan Academy een van de grootste online leerplatforms ter wereld. Dit is een extreem voorbeeld, en ik raad mensen niet per se aan om hun baan op te geven. Dit zou nog steeds een succesverhaal zijn geweest als Sal bij het hedgefonds was blijven werken en daarnaast bijles had gegeven, of als hij zijn baan had opgezegd en een bedrijf had opgericht dat een bescheiden succesje was geworden. Waar het om gaat, is dat zijn vrouw hem steunde toen hij een weloverwogen risico nam.

Soms is het moeilijk om te zien dat je partner zijn of haar tijd en passie elders investeert. Het geeft je misschien het gevoel dat de ander voldoening vindt in zijn of haar levensvervulling, en niet in jou. 'Ik vind dat ik belangrijker moet zijn dan de levensvervulling van mijn partner,' is een klacht die ik vaak hoor. We willen meer van de aandacht die onze partner aan zijn of haar levensvervulling geeft. Maar als iemand ons zijn tijd schenkt omdat we dat eisen, krijgen we niet het beste van die persoon. In plaats van je partner weg te trekken van zijn of haar levensvervulling kun je een reisgenoot worden, of je partner nu bezig is met leren en experimenteren, of zijn of haar levensvervulling actief in de praktijk brengt. En vergeet niet, zolang je tevreden bent met je eigen levensvervulling, hoef je niet jaloers te zijn of het gevoel te hebben dat je moet concurreren om de tijd van je partner. Zoals Albert Einstein zei: 'Als je een gelukkig leven wilt leiden, verbind het dan aan een doel, niet aan mensen of dingen.'[18] Houd je partner niet tegen, beperk je partner niet, en bezorg je partner geen schuldgevoel over het nastreven van zijn of haar levensvervulling.

Wees geduldig wanneer je partner worstelt

We kunnen gefrustreerd raken wanneer onze partner met zijn of haar dharma worstelt, zeker als we het niet eens zijn met de keuzes en de strategieën waar hij of zij voor heeft gekozen. Als de ander het wil opgeven, continu van benadering verandert of zich roekeloos in het diepe stort, moeten we een goede goeroe zijn. Wanneer onze partner een idee met ons deelt dat ons niet bevalt, luisteren we. We laten merken dat we de eerlijkheid van de ander waarderen. Het hoeft ons niet te bevallen, we hoeven het niet te accepteren en we hoeven niet te vinden dat onze partner 's werelds beste strateeg is. Maar we geven hem of haar wel de ruimte om te delen. We luisteren aandachtig. We observeren zorgvuldig. We doen ons best om te begrijpen, in plaats van onze eigen wensen en beperkingen op onze partner te projecteren. Als de ander er niet op vertrouwt dat wij het zullen begrijpen, zal hij of zij zich nooit openstellen of ons de waarheid vertellen. Soms zijn we botter en kritischer ten opzichte van onze partners dan bij ieder ander in ons leven. Behandel je partner minstens met hetzelfde respect als je een vriend of collega zou betonen, en kom met goed doordachte reacties die de ander helpen bij het verwezenlijken van zijn of haar levensvervulling. Het is niet altijd makkelijk om je partner te helpen bij het vinden van de juiste weg. Soms creëert het nieuwe spanningen in de relatie. Het kan zijn dat je partner het gevoel heeft dat je medelijden met hem of haar hebt, of dat je druk uitoefent. Die nieuwe spanningen zijn echter beter dan de oude – want somber en verward zijn en niet weten wat je dharma is, is erger dan je dharma kennen en moeite hebben die te verwezenlijken.

Wanneer onze partner niet de vooruitgang boekt die we verwachten, bestaat het risico dat we gaan sturen. We raken gefrustreerd wanneer de ander niet naar die meeting gaat die wij hebben geregeld, of wanneer hij of zij wegblijft van een evenement waar juist goede netwerkmogelijkheden liggen. Soms worden we getriggerd omdat het gedrag van onze partner ons doet denken aan iets wat ons dwarszit in ons eigen leven. Wellicht vrezen we dat we falen in onze carrière of levensvervulling, en projecteren we onze eigen angst op de ander. De eerste stap die we moeten zetten is het evalueren van onze eigen levensvervulling. Stoppen we daar wel voldoende tijd en energie in? Voelen we momentum? Als je je daarop richt, kan het de zorgen over je partner verlichten.

Er kunnen echter andere zorgen de kop opsteken. Misschien geven we onze partner voor de vorm de ruimte, maar zijn we ondertussen bang dat het nooit een succes zal worden. Of we maken ons zorgen wanneer we zien hoe onze partner het doet in vergelijking met andere mensen. Al deze triggers brengen ons ertoe om te bekritiseren en te oordelen, en dat staat het vermogen van onze partner om te groeien in de weg. Je hoeft je bezorgdheid niet te verbergen. Die moet je juist delen. Maar spreek tegelijkertijd je steun en je liefde uit, zonder jouw standaarden of verwachtingen aan de ander op te dringen. Het kan zijn dat je partner niet geïnteresseerd of gemotiveerd genoeg is om op dat moment iets te ondernemen, en dat is prima.

Twee van de manieren waarop we onze zorgen vaak delen zijn om verschillende redenen problematisch. Soms proberen we onze partner te dwingen om iets te ondernemen. Als hij of zij zich ellendig voelt en ontslag wil nemen raak je misschien in paniek en roep je: 'Dat kun je niet doen! Je weet heel goed dat we ons dat niet kunnen veroorloven!' In zo'n geval gebruiken we angst en schuldgevoel om de ander te motiveren. Of we gaan juist de andere kant op en zeggen wat we denken dat we moeten zeggen zonder het daadwerkelijk te menen. In dat geval gebruiken we soms overdreven motiverende taal als: 'Je bent een superster! Je kunt alles bereiken wat je wilt! Je kunt het morgen laten gebeuren.' Als je dat niet gelooft, klinkt het niet oprecht.

Druk zetten werkt niet. Het blokkeert de ruimte die je partner zou kunnen gebruiken om je te vertellen dat hij of zij progressie wil boeken, maar niet weet hoe. Je partner kan dan niet kwetsbaar zijn en eerlijk en open met je praten. Geforceerde motivatie rekt die ruimte kunstmatig op. Je partner neemt bijvoorbeeld ontslag en besluit om een jaar lang niet te werken, en wanneer jij vraagt waarom, zegt hij of zij: 'Nou ja, je zei dat ik alles kon doen wat ik wilde.' Allebei die methoden – druk en valse motivatie – staan je partners vermogen in de weg om de situatie samen met jou op een realistische manier aan te pakken. Een zacht, positief duwtje is veel effectiever dan inspelen op angst of het afsteken van een overdreven motivatiespeech. Dat duwtje zegt: 'Ik zie dat je je best probeert te doen – dit zou je ook kunnen proberen.'

Dat duwtje gaat makkelijker als je kritiek en oordeel uit de dialoog weert, want dan is er ruimte voor een open, eerlijk en kwetsbaar gesprek. Laat de ander weten dat je begrijpt wat hij of zij doormaakt. Wees geduldig. Erken en waardeer de prijzenswaardige inspanningen van je partner, wat de resultaten ook waren. De toon van dit gesprek zou bemoedigend moeten zijn. Herinner je partner eraan dat hij of zij uitdagingen de baas kan, en dat jij er bent om te helpen met het oplossen van problemen. Je doet dit samen.

In het voorbeeld van de partner die ontslag wil nemen, kun je bespreken wat dat besluit in praktisch opzicht voor jullie levens zou betekenen. In welk opzicht zul je elkaars hulp nodig hebben? Hoeveel tijd ga je dit experiment geven? Wat zou er veranderen qua verantwoordelijkheden? Hoe kun je je partner ontlasten zodat hij of zij de tijd en de ruimte heeft om te bepalen hoe het verder moet? Je kunt brainstormen over ideeën om elkaar te steunen. Als de ander voortaan vaker thuis zal zijn, kan hij of zij misschien het eten klaarmaken, zodat jij meer tijd hebt voor je werk.

De uitkomst van dit gesprek zou een pakket van toezeggingen en afspraken moeten zijn. Jullie hebben vastgesteld hoe de huishoudelijke en financiële verantwoordelijkheden gaan veranderen.

Jullie hebben afgebakend welke aanpassingen er moeten komen in de manier waarop jullie je tijd en je geld spenderen.

Als jullie het eenmaal eens zijn over de details, stel dan een tijdschema op. Stel dat je partner stopt met werken om na te denken over zijn of haar levensvervulling, hoeveel tijd neemt hij of zij daar dan voor, en wanneer wordt het tijd om een nieuwe baan te zoeken? Als jullie besluiten dat je partner drie maanden de tijd krijgt, betekent dit niet dat hij of zij tegen die tijd alles op een rijtje moet hebben, maar dat is het moment waarop jullie evalueren en besluiten wat de volgende stap gaat zijn.

Vier de kleine overwinningen

Als je partner drie maanden lang elke dag naar de sportschool zou gaan, zou je niets zeggen; maar als hij of zij drie maanden lang níét naar de sportschool zou gaan, zou je daar een opmerking over maken. Zo gaan we doorgaans te werk. We klagen wanneer mensen te laat komen, maar we bedanken ze nooit omdat ze op tijd zijn. Wanneer iemand een baan bemachtigt, wordt hij of zij door iedereen gefeliciteerd, maar wanneer iemand gewoon zijn werk doet, blijven de felicitaties uit. Neemt iemand ontslag, dan zien maar weinig mensen dat als een stap in de richting van het vinden van een levensvervulling, maar dat is het vaak wel. In plaats van de voor de hand liggende overwinningen te vieren kun je beter zorgvuldig naar je partner kijken en inspanningen en successen benoemen die niemand anders op zal merken. Als je hier aandacht aan schenkt, zal dat je partners drive en voldoening een nieuwe impuls geven.

TOON OPMERKZAME LIEFDE

Wanneer je partner dit doet:	Doe jij dit:
Een idee deelt dat jou niet bevalt.	Je partner aanmoedigen om het idee uit te proberen op een focusgroep, het aan een mentor voor te leggen of echte feedback te vragen van echte mensen.
Klaagt dat hij of zij steeds afgeleid wordt.	Vragen of je partner verantwoording af wil leggen aan jou. Je kunt het je partner laten weten wanneer hij of zij afgeleid lijkt, of je weigert samen tv te kijken tot de ander iets van de to-dolijst heeft gedaan. Let op, ik zei niet dat je je partner moet verwijten dat hij of zij zich laat afleiden. Het moet van de ander komen.
Opgeeft.	Je partner de tijd en de ruimte geven om te balen van een tegenslag en dingen blijven delen waarvan jij denkt dat ze de ander zullen inspireren. Merk op hoe ver je partner al gekomen is, zodat hij of zij kan besluiten om de inspanningen eventueel weer op te pakken.
Van plan is een financieel risico te nemen.	Een afspraak maken met je accountant of een vriend die verstand heeft van geldzaken en een realistisch gesprek voeren over de mogelijke gevolgen van dit risico voor jullie allebei.
Andere verantwoordelijkheden verwaarloost.	Dingen veranderen wanneer mensen zich op hun levensvervulling richten. Neem de afspraken en verplichtingen in het huishouden opnieuw onder de loep, zodat jullie allebei precies weten hoe het in deze fase gaat. Doe dit regelmatig.

Botsende levensvervullingen

Wanneer er kinderen komen of je om welke reden dan ook een druk huishouden probeert te runnen waarin beide partners hun levensvervulling nastreven, kan het moeilijk zijn om het eens te worden over tijdsbesteding. Er is geen juiste formule of perfecte balans voor tijd die je aan je levensvervulling besteedt, en aan je gezin en je huishouden. Hoe meer aandacht we aan onze strategie besteden en hoe beter we hierover communiceren, hoe meer voldoening we zullen voelen. Hieronder staan vier verschillende strategieën voor het omgaan met twee levensvervullingen: je kunt ze tijdelijk opzijschuiven om prioriteit te geven aan gezin en inkomen, je kunt de levensvervulling van een van de twee vooropstellen, je kunt je levensvervullingen om beurten vooropstellen, of je gaat er helemaal voor en probeert de levensvervullingen van beide partners te realiseren.

1. Werk in je vrije tijd aan je levensvervulling

Soms levert onze levensvervulling geen geld op en draagt het niet bij aan het huishouden. Als stel heb je financiële stabiliteit nodig, en als je je levensvervulling niet vindt in je baan, zul je er niet zoveel tijd aan kunnen besteden. Dat is de plek waar de meeste mensen beginnen, en dat is gezond. Laat de last van financiële rekeningen niet op je ontwikkelende passie drukken. Gebruik je ochtenden en je avonden om aan je passie te bouwen. Onthoud dat iets wat begint als tijdverdrijf een parttime bezigheid kan worden. Als je rustig en voorzichtig begint, geeft dat je de tijd om te ontdekken hoe serieus je bent over je passie, je opties te verkennen en vaardigheden aan te leren. Zonder stabiliteit op te offeren kun je er aandacht en moeite in steken om je levensvervulling centraal te stellen en op die manier voldoening te vinden.

2. Stel de levensvervulling van een van de twee voorop

Het is makkelijk om te stellen dat beide partners prioriteit moeten geven aan hun levensvervulling, maar de levensvervullingen van verschillende mensen volgen vaak een verschillende tijdlijn. Kies dit scenario wanneer de levensvervulling van een van de twee on-middellijke en zware eisen stelt aan zijn of haar tijd en energie, maar zorg ervoor dat het een gezamenlijk besluit is om de verrich-tingen van de een voor te laten gaan terwijl de andere partner het huishouden runt. Dit gebeurt vaak wanneer de levensvervulling van een van de twee het huishouden in financieel opzicht overeind houdt. Zorg evenzogoed dat je niet alle kaarten op de levensvervul-ling van de een zet zonder dat je het plan uitgebreid met elkaar bespreekt.

Soms zal de ene partner eisen dat de ander zijn of haar dharma opoffert. Als diegene meer geld verdient, kan dit zelfs een redelijk uitgangspunt lijken. Die persoon betaalt de rekeningen, en dus vindt hij of zij dat zijn of haar levensvervulling belangrijker is. Misschien verwacht deze partner dat de ander de boel thuis wel regelt, in de hoop of de overtuiging dat de ander daar veel voldoe-ning uit haalt. Maar zelfs als een van de twee financieel succesvol-ler is of verder gevorderd qua carrière, is zijn of haar levensvervul-ling niet belangrijker. Punt uit. Dat je besluit om een vakantie met de familie van de ene partner door te brengen wil niet zeggen dat je meer van die familie houdt. Tijd is beperkt en je moet keuzes maken. Ook al stellen we de levensvervulling van een van de part-ners voorop qua tijd, we moeten ons er wel bewust van zijn dat de andere partner een offer brengt door zijn of haar levensvervulling voorlopig op een laag pitje te zetten.

Als je ervoor kiest om de dharma van een van de twee priori-teit te geven, moet je alle voor- en nadelen bespreken en het er-over eens zijn dat dit het beste is voor jullie als stel of gezin. Stel voorwaarden op waar de partner die een offer brengt zich prettig bij voelt, bijvoorbeeld hoelang deze situatie zal voortduren en hoe je bij elkaar na zult gaan of er geen frustratie en verwijten ontstaan.

Als jouw levensvervulling prioriteit krijgt en je partner neemt een rol op zich die niet binnen zijn of haar levensvervulling valt, behandel die rol dan met hetzelfde respect en dezelfde inschikkelijkheid als je bij zijn of haar levensvervulling zou doen. Wanneer jij jouw levensvervulling nastreeft, kan het zijn dat je het druk hebt en minder in staat bent om je partner te steunen, maar vergeet niet dat jij degene bent die voldoening vindt in je levensvervulling. Levensvervulling staat voorop, maar dit betekent niet dat je uit het oog moet verliezen wat daarna komt. Je moet bedenken hoe je je levensvervulling kunt volgen zonder andere delen van je leven te verwaarlozen. Als het goed is, ben je er van harte voor je partner. Wees je ervan bewust dat je partner misschien minder voldaan is dan jij en probeer hem of haar daarvoor te compenseren. Vraag vaak hoe het gaat. Evalueer de afspraken die je hebt gemaakt. Geef je partner de kans van gedachten te veranderen en wees een steunpilaar wanneer het moment aanbreekt dat de ander aan zijn of haar levensvervulling gaat werken.

Als jouw levensvervulling vooropstaat, wil je waarschijnlijk het liefst dat je partner er net zo enthousiast over is als jij. Dit verlangen naar enthousiasme zou vermomde onzekerheid kunnen zijn – wanneer we ons onzeker voelen, willen we dat iedereen onze keuzes en onze voorkeuren valideert.

Als jij degene bent die zijn levensvervulling opoffert, is het heel normaal dat je een aantal emoties voelt. Misschien ga je je partner als concurrent zien of ben je jaloers, of je voelt je gefrustreerd over je eigen levensvervulling, of je gaat aan jezelf twijfelen. Dat zijn heel normale gevoelens, en ze worden verzacht als je je eigen levensvervulling kent. Als je er nu geen tijd voor hebt, zoek dan naar manieren om er verbonden mee te blijven en houd je passie ervoor in leven. Je kunt daarvoor alle middelen aanwenden waarover we in dit hoofdstuk spreken: boeken, cursussen, steun van je partner, de baan die je op dit moment genoodzaakt bent te hebben.

Als je ongeduldig wordt en denkt dat er wellicht een manier is om het huishouden anders te organiseren, heropen dan de dialoog met je partner.

Voel je je verwaarloosd, diagnosticeer dan eerst waarom je partner zich vooral op zijn of haar levensvervulling lijkt te richten en
daarbij het gezin lijkt te verwaarlozen. Gaat hij of zij helemaal op in
het werk? Als je je partner begrijpt en zijn of haar levensvervulling
koestert, dan zul je de toewijding van de ander daaraan als een positieve eigenschap zien. Je zult je veilig en zeker voelen in de wetenschap dat je partner zich richt op iets wat heel veel voor hem of
haar betekent. Is het een persoonlijkheidskenmerk of keuze, of is
het een noodzaak? In plaats van te eisen dat je partner meer tijd
met je doorbrengt kun je vragen: 'Gaat het goed met je? Is er iets
waar je mee zit?' We moeten onze partner met compassie tegemoet
treden in plaats van met kritiek of klachten. Als onze partner niet
veel tijd door kan brengen met het gezin omdat hij of zij te druk is
met het verdienen van geld om de rekeningen te betalen, kun je
samen bespreken of jullie dat inkomen daadwerkelijk nodig hebben, of dat het gezin liever het gezelschap van die persoon heeft.

Het is allemaal een kwestie van energie of tijd. Als de drukkere
partner tijd vrij kan maken, probeer dan samen betekenisvolle ervaringen te creëren voor het hele gezin. Is die tijd er niet, dan kan
hij of zij nog altijd energie geven door aanwezig, liefdevol en vriendelijk te zijn. Het kan vermoeiend zijn om een levensvervulling na
te jagen. Als je partner de energie niet heeft voor activiteiten, kun
je ervan genieten om samen thuis te zijn. Neem de tijd om de tafel
mooi te dekken voor het avondeten en steek wat kaarsjes aan, zelfs
al laat je een pizza bezorgen. Organiseer een saunadagje met een
massage en andere fijne behandelingen. Bedenk een nieuwe feestdag of traditie die je elk jaar op dezelfde willekeurig gekozen dag
viert. Speel een nieuw bordspel. Googel een lijst met gesprekson-
derwerpen bij elkaar (je kunt ook setjes kaarten kopen met suggesties voor boeiende gesprekken) en laat de hele familie meedoen.
Als je partner dat allemaal niet wil, moet je daarover praten.

Als je partner echter superdruk is met zijn of haar levensvervulling vanuit een onderliggend verlangen om aan het gezin te ont-
snappen, los je niets op door hem of haar te dwingen tijd met het
gezin door te brengen. Als je het niet eens kunt worden, gebruik

dan de technieken in het volgende hoofdstuk om het conflict op te lossen.

Soms nemen partners hun toevlucht tot deze optie omdat hun levensvervullingen zich volgens verschillende tijdlijnen voltrekken. Als de een nog geen levensvervulling heeft gevonden, neigt die persoon er al snel naar om een leven te bouwen rond de partner die dat wel heeft.

Mijn cliënten Graham en Susanna zijn al twintig jaar samen. Toen Graham een makelaarsbedrijf begon, gaf Susanna haar droom van een yogastudio op en hielp hem om de zaak op te bouwen. Hij bereikte zijn doel, het bedrijf werd extreem succesvol, en zij bleef er werken, zelfs toen hij het zich kon veroorloven om iemand anders in te huren. Van buitenaf zagen hun huwelijk en hun gezamenlijke werk eruit als een briljant partnerschap. Susanna had echter al vijftien jaar lang stilletjes verdriet om haar onvervulde droom van een yogastudio, ook al had ze nooit stappen genomen om die droom waar te maken.

Het was niet Susanna's levensvervulling om voor Graham te werken of zijn bedrijf op te zetten. Wanneer we ons inzetten voor de levensvervulling van iemand anders, is dat vaak omdat we niet weten wat de onze is, of omdat we niet weten waar we moeten beginnen. Maar het is nooit te laat. Susanna's tijd was niet verloren. Ze kon op elk moment de vaardigheden aanboren die ze had verworven om haar eigen roeping na te streven, of dat nu de yogastudio was of iets nieuws.

Toen Graham eindelijk begreep hoe gefrustreerd Susanna was, moedigde hij haar aan om de yogastudio te openen die ze altijd had gewild. Hij bood aan om een jaar vrij te nemen van zijn werk om haar te helpen die van de grond te krijgen. Toen ze zichzelf toestond om te bedenken wat ze werkelijk wilde doen, besefte ze echter dat er een onderdeel was van de makelaardij waar ze verliefd op was geworden. Ze besloot om de connecties en de vaardigheden die ze had verworven te gebruiken om huizen te stylen en klaar te maken voor de verkoop. Ze ging samenwerken met de makelaars die ze al kende, en haar bedrijf begon al snel goed te draaien.

Probeer dit:

VERHELP EEN VERSTOORDE DHARMA-BALANS

Wanneer de dharma van je partner alle ruimte in beslag neemt, volg je een vergelijkbaar proces als het proces dat ik heb beschreven van een situatie waarin je partner worstelt. Besteed aandacht aan je eigen levensvervulling, ga zonder oordeel of kritiek het gesprek aan, maak afspraken en spreek een moment af waarop je het plan gaat evalueren.

1. Richt je op je eigen levensvervulling. Wanneer je gefrustreerd bent over de levensvervulling van je partner, is dit altijd de eerste stap die je moet zetten. Zo verzeker je je ervan dat je de levensvervulling van je partner niet tot de jouwe maakt.

2. Communiceer. Bespreek hoe het komt dat jullie geen tijd voor elkaar weten te vinden. Het is niet de bedoeling dat je met de levensvervulling van je partner concurreert om zijn of haar tijd. Je probeert juist ruimte te maken voor de levensvervulling van de ander, maar je kunt wel vragen om zijn of haar aanwezigheid.

3. Committeer je en maak afspraken. Beslis samen hoeveel tijd jullie ieder aan jullie levensvervulling zullen besteden, en wanneer het tijd is voor het gezin. Stel grenzen en houd je daaraan.

4. Zoek gezamenlijke activiteiten die de tijd die je samen doorbrengt waardevoller maken. In plaats van met z'n tweeën of met het gezin tv te kijken kun je ook iets ondernemen wat interactiever is. In de weekends kan dit een lichamelijke activiteit zijn, zoals een wandeling of een sport die jullie allebei leuk vinden. Het kan zijn dat je vrienden of familie te eten vraagt of dat je vrijwilligerswerk doet. Op doordeweekse avonden, wanneer tijd schaars is, kun je een spelletje doen of samen luisteren of kijken naar iets wat in de leercategorie van een van jullie levensvervullingen valt, en na afloop bespreken wat je hebt opgestoken. Als je er energie voor hebt, zou je nog meer activiteiten kunnen plannen, zoals samen muziek luisteren of een lezing bezoeken, of iets uitproberen wat je nooit eerder hebt gedaan.

5. Stel een tijdlijn op voor het nieuwe plan dat je hebt bedacht. Wanneer willen jullie weer bij elkaar komen om te checken of jullie de afspraken nakomen en of er misschien iets moet worden aangepast?

3. Geef je levensvervulling om beurten prioriteit

Als je geen van beiden bereid bent om je levensvervulling op te offeren, maar je kunt het je niet veroorloven om beide levensvervullingen fulltime na te streven, kan de een een bepaalde hoeveelheid tijd nemen om zich op die van hem of haar te concentreren, terwijl de ander de rekeningen betaalt en/of het huishouden regelt. Daarna, aan het eind van de afgesproken termijn, ruilen de partners van rol. In dit scenario kan je carrière eronder lijden als de levensvervulling van een van jullie of van allebei samenvalt met je carrière. In dat geval moet je eenvoudiger gaan leven, maar waarschijnlijk zal het de opoffering wel waard zijn. Zolang je maar zorgt voor een duidelijke planning, duidelijke grenzen en duidelijke afspraken.

Keith en Andrea hadden allebei een passie. Andrea wilde natuurgenezer worden en Keith een wedstrijdtriatleet, en ze steunden elkaars droom. Toen ze hun passies tegelijkertijd probeerden na te streven, ontdekten ze echter dat het niet lukte om de benodigde tijd en inzet in balans te brengen met de eisen van het ouderschap, en ondertussen ook nog genoeg slaap te krijgen en genoeg geld te verdienen om het huishouden te laten draaien. En dus bedachten ze een compromis – ze zouden om beurten aan hun levensvervulling werken. Eerst doorliep Andrea drie jaar lang de intensieve opleiding tot natuurgenezer. Gedurende die tijd werkte Keith als leraar in het voorstadje in Ohio waar ze woonden. Hoewel hij niet heel veel verdiende, was het genoeg om de hoge premie van hun ziektekostenverzekering te betalen en kon hij na school en in de weekends thuis zijn bij de kinderen. Andrea werkte nog parttime, dus hij hoefde de rekeningen niet helemaal in zijn eentje te betalen; haar opleiding kon ze grotendeels in de avonden en in de weekends volgen.

Toen Andrea haar bedrijf eenmaal had opgericht en een vaste clientèle had opgebouwd, was Keith aan de beurt. Hij hield zijn baan, maar Andrea nam de zorg voor de kinderen over en Keith stak al zijn vrije tijd in trainingen. Nu ze ieder hun carrière op poten hebben gezet, wisselen ze de verantwoordelijkheden nog steeds af. In één jaar verminderde Keith bijvoorbeeld zijn trainingsuren in de wintermaanden zodat Andrea een extra opleiding kon volgen. Zodra het wedstrijdseizoen zich weer aandiende, kon hij extra tijd en geld in zijn trainingen en wedstrijdgerelateerde reizen steken.

4. Ga tegelijkertijd voor beide levensvervullingen

Als beide partners al enigszins ervaren en gevorderd zijn, kun je de gelegenheid aangrijpen om tegelijkertijd fulltime je levensvervullingen na te streven. Inkomen is daarbij een belangrijke factor. We hebben stabiliteit nodig om een goede relatie te hebben. Jennifer Petriglieri, die onderzoek doet naar tweeverdieners, schrijft dat 'de situatie van tweeverdieners in de pers vaak wordt neergezet als een nulsomspel.[19] Dit betekent dat de ene persoon meer krijgt en de andere persoon minder. En hoewel sommige stellen er inderdaad zo'n voor-wat-hoort-wat-mentaliteit op na houden, hebben succesvolle stellen een mindset waarbij ze zichzelf niet zien als "ik tegen jou", [...] maar waarbij ze "wij" als belangrijkste deel van de puzzel zien.'

Volgens Petriglieri voelen stellen die in elkaar investeren zich ook betrokken bij elkaars successen en mislukkingen. Het verlangen om elkaar te zien slagen komt dan vanzelf, en de noodzakelijke compromissen zullen niet tot wrok leiden.

In één opzicht is het makkelijk om voor beide levensvervullingen tegelijk te gaan – beide partners stellen hun levensvervulling voorop. Ze zijn allebei voldaan, en ze kunnen de ander allebei de beste versie van zichzelf geven – voldaan en energiek. Ook in dit plan zul je echter offers moeten brengen. Je zult minder tijd samen kunnen doorbrengen, en dus moet je zorgen dat die tijd betekenisvol is. Het is belangrijk om te blijven communiceren – niet over hoe druk je het allebei hebt, maar hoe belangrijk je het vindt waar jullie mee bezig zijn. Als je je partner op een zinvolle manier bezig ziet, zal dat voor wederzijds respect zorgen.

Probeer dit:

DOE EEN TIJDRUIL

Jij en je partner kunnen de stress van twee drukke levens verminderen door elkaar het geschenk van tijd te geven. Hieronder staan een paar verschillende manieren waarop je dat kunt doen:

- Neem gedurende een bepaalde periode of blijvend een verantwoordelijkheid over die normaal gesproken bij je partner ligt.
- Bedenk een activiteit die ervoor zorgt dat jij (en alle anderen) je partner niet voor de voeten loopt.
- Zeg de avondplannen voor een heel weekend af en richt dan alle tijd en aandacht op de partner met de levensvervulling die de meeste tijd kost.
- Plan een vrije dag en laat die helemaal draaien om de partner die tijd nodig heeft.

Je partner zien groeien en deel uitmaken van die reis is net zo bevredigend en opwindend als je eigen groei. Het gaat niet altijd van een leien dakje, maar het is een prachtige reis. **Wanneer je deel uitmaakt van elkaars groei, groei je niet uit elkaar.** Je kunt de successen samen vieren en de teleurstellingen samen opvangen. Natuurlijk zal het af en toe botsen als twee mensen hun eigen behoeften vooropstellen. Onze volgende regel zal ons helpen te ontdekken wat de waarde is van onenigheid en hoe we onze levensvervulling onderdeel kunnen maken van onze conflicten.

Schrijf een liefdesbrief
aan je partner

Als je een toekomstbestendige relatie wilt creëren, zul je dieper moeten graven. Neem de tijd om open, eerlijk en kwetsbaar tegen je partner te zijn, om te zeggen wat je vaak niet hebt durven zeggen. Vertel je partner over fouten die je hebt gemaakt zonder jezelf af te kraken. Accepteer verantwoordelijkheid zonder je schuldig of beschaamd te voelen. Uit je liefde zonder je kwetsbaar en zwak te voelen.

Lieve partner,

Ik dacht altijd dat liefde eenvoudig was. Ik dacht dat ik op een dag iemand tegen zou komen die mijn hart zou veroveren, en dat het daarmee klaar zou zijn. Volgende halte: een lang en gelukkig leven. Maar nu ik jou ken, en mijn leven en mijn hart met je deel, heb ik ontdekt dat de liefde niet de bestemming is, maar de reis. En het is niet alleen onze reis – het is niet alleen ons liefdesverhaal, maar het verhaal van de liefde zelf.

Onze relatie is niet zomaar een romance, het is een wording. Door samen te zijn met jou ben ik zoveel gegroeid, en ik vind het ook heerlijk om te zien hoe jij blijft groeien. Dat is een van de dingen die ik het fijnst vind aan mijn relatie met jou – dat ik je zie bloeien. In het simpele beeld van liefde dat ik eerst had, werden mensen maar één keer verliefd, en dan bleef dat gewoon zo. Maar naarmate we ons allebei verder ontwikkelen, merk ik dat ik steeds opnieuw verliefd op je word, elke keer weer een beetje anders. Elke keer dieper.

Ik weet dat ik niet altijd een perfecte partner ben. Ik geef je niet altijd het luisterende oor of de aandacht die je verdient. Soms ga ik op in mijn eigen gedachten, mijn eigen wereld. Soms durf ik me niet kwetsbaar op te stellen – mezelf toe te staan mijn hart voor je open te stellen en me volop te laten liefhebben. In plaats daarvan zoek ik ruzie of klap ik dicht. Dank je wel dat je in zijn geheel van me houdt, on- volmaaktheid en al. En dank je wel dat je me laat zien hoe ik in zijn geheel van jou kan houden, inclusief jouw onvolmaakt- heid. Je bent een van mijn geweldigste leraren, en ik ben zo dankbaar dat jij er bent.

Ik zal fouten blijven maken. Ik zal dingen verkeerd blijven doen. Maar ik zal ook van je blijven houden. Ik heb het vaste voornemen om een team met jou te vormen – om altijd aan dezelfde kant te staan, waar we ons ook mee gecon- fronteerd zien. En om samen alles te omhelzen wat het leven ons brengt, de uitdagingen en de triomfen.

Liefs,
Ik

Meditatie voor verbinding

Vaak denken we in het voorbijgaan aan de mensen van wie we houden, en we blijven maar zelden staan om hun onze volle aandacht te geven. Soms beschouwen we de liefde voor de mensen die we dagelijks of regelmatig zien zelfs als vanzelfsprekend. Deze meditatie geeft helderheid en focus aan onze gevoelens en brengt ons in herinnering wat we precies zo geweldig aan deze mensen vinden.

Je kunt deze meditatie alleen doen, of samen met een dierbare persoon. In dat geval kun je na afloop delen wat er bij jou boven is gekomen.

Bereid je voor op het mediteren

1. Zoek een comfortabele positie, of dat nu zittend op een stoel is, op een kussen of op de vloer, of liggend op je rug.
2. Doe je ogen dicht, als dat goed voelt. Zo niet, verzacht dan gewoon je focus.
3. Of je ogen nu open of dicht zijn, laat je blik langzaam zakken.
4. Adem diep in. En adem uit.
5. Het geeft niet als je gedachten afdwalen. Breng ze rustig terug naar een ruimte van kalmte, balans en stilte.

Liefdevolle focusmeditatie

1. Denk aan iemand die belangrijk voor je is.
2. Visualiseer die persoon, zijn of haar gezicht en gedaante.
3. Stel je voor dat deze persoon glimlacht. Lacht.
4. Neem even de tijd om te bedenken welke fysieke kenmerken van deze persoon je geweldig vindt.

5. Ga nu dieper. Wees je bewust van je favoriete kenmerken van de geest, het intellect en de persoonlijkheid van deze persoon. Sta stil bij de waarden van deze persoon.

6. Uit je dankbaarheid voor alles wat deze persoon maakt tot wie hij of zij is. Dit kun je hardop doen, of in gedachten.

7. Probeer tien dingen te bedenken die je geweldig aan deze persoon vindt.

DEEL 3

Helen:
door worsteling leren
om lief te hebben

Vanaprastha is de plek waar we nadenken over de ervaring van het liefhebben van anderen, waar we ontdekken wat ons vermogen om lief te hebben blokkeert en waar we werken aan vergeving en heling. In Vanaprastha leren we om conflicten op te lossen, zodat we onze liefde kunnen beschermen of weten wanneer we de liefde los moeten laten. Wanneer we moeilijkheden in relaties overwinnen of weer alleen komen te staan, ontdekken we de mogelijkheid van bhakti, een verdieping van liefde.

Samen winnen of verliezen

Conflict is het begin van bewustzijn.

M. ESTHER HARDING[1]

Ik zat met een vriend in een restaurant te eten toen de luide stem van de vrouw aan het tafeltje naast ons onze aandacht trok.

'Leg dat ding weg,' zei ze. De man in haar gezelschap zat razendsnel te typen op zijn telefoon. 'Ik zei: leg dat ding weg!' drong ze aan.

Hij negeerde haar nog even en legde toen zijn telefoon op tafel. 'Laat me toch eens met rust,' snauwde hij terug. 'Ik word gek van het constante gezeur.'

Hun stemmen daalden weer naar normaal volume, en mijn vriend keerde zich naar me toe. Ik wist dat hij sinds een paar maanden een nieuwe relatie had. Hij had me verteld dat hij een 'echte' relatie wilde, met een eerlijk iemand die de tijd nam om hem te begrijpen. Nu zei hij trots: 'Eli en ik kunnen het zo goed samen vinden. We hebben letterlijk nooit ruzie.'

Ruzie heeft geen beste reputatie. Het stelt ons in een slecht daglicht – in onze eigen ogen en die van andere mensen. We willen onszelf zien als het stel dat elkaar helemaal begrijpt en nooit ruzie heeft. Wij zijn bijzonder. Wij zijn anders. Maar hoe goed je ook bij elkaar past, een leven zonder ruzies is geen liefde, dat is vermijding. De eerste paar maanden is het makkelijk om meningsverschillen opzij te schuiven, want de nieuwe aantrekking bedekt de scheuren in de fundering. Maar om een conflictvrij bestaan voort te laten duren moet je op de oppervlakte blijven drijven, waar alles er mooi uitziet maar waar je elkaar nooit echt leert kennen.

Mensen die ruzie vermijden lijken aan de buitenkant misschien kalm, maar vaak zijn ze vanbinnen onrustig. Ze durven niet over moeilijke gevoelens te praten, omdat hun partner dan misschien boos wordt, of zijzelf. Ze verbergen hoe ze zich voelen, zodat er geen gedoe van komt. Het bewaren van de lieve vrede gaat vaak ten koste van eerlijkheid en begrip. Het omgekeerde is ook waar: liefde die is gebouwd op eerlijkheid en begrip is diep en bevredigend, maar niet noodzakelijk vredig. Partners die conflicten vermijden begrijpen elkaars prioriteiten, waarden of worstelingen niet. Ieder stel maakt ruzie – of zou dat moeten doen.

Waar jij en je partner ook over bakkeleien, je bent waarschijnlijk niet de enige. Volgens relatietherapeuten zijn er drie thema's die voor de meeste ruzies zorgen: geld, seks en de opvoeding van de kinderen. Verweven met deze grote onderwerpen vinden we de alledaagse akkefietjes – wat je 's avonds gaat eten, hoe de vaatwasser ingeruimd moet worden, iets wat de vrienden van je partner hebben gezegd of gedaan, en of je onschuldig aan het flirten was met die barista. Mijn benadering van kortetermijnirritaties en langetermijnproblemen is hetzelfde, omdat ik geloof dat de dagelijkse akkefietjes hun wortels hebben in de grotere kwesties. Daarom is het onderdeel van mijn aanpak om tot de kern van de zaak door te dringen.

De *Bhagavad Gita* moet worden beschouwd als de ultieme gids voor het oplossen van conflicten. Het verhaal speelt zich af op een slagveld. Er zijn twee legers – eentje goed en eentje slecht – die op het punt staan om de strijd met elkaar aan te gaan. Er vindt een gesprek plaats op het slagveld tussen Arjuna, de leider van het goede leger, en Krishna, de goddelijke, waarbij Krishna Arjuna adviseert. Door Arjuna's vragen te beantwoorden, beantwoordt Krishna een heleboel van de vragen waar wijzelf mee geconfronteerd worden op de kleinere slagvelden van onze relaties.

Eerst zien we dat Arjuna eigenlijk niet wil vechten. Dit past bij ons idee van een goed mens – we vinden dat er, als we alles goed doen, geen strijd zou moeten zijn. Dit is een begrijpelijke ambitie. Het vermijden van een grootscheepse oorlog is altijd het juiste om te doen. In de *Bhagavad Gita* ontdekken we echter dat Arjuna tot dit moment al van alles heeft geprobeerd om de situatie op te lossen: talloze onderhandelingen, argumenten en afwegingen. Deze oorlog is de laatste uitweg. Die zal onherroepelijk schade, gewonden en doden tot gevolg hebben. Er zullen dingen worden gezegd en gedaan die pijnlijk en onomkeerbaar zijn. Daarom zouden we moeten leren hoe we ruzie moeten maken.

Hoe onlogisch het ook klinkt, we kunnen uitbarstingen voorkomen door vaak ruzie te maken. Als we meningsverschillen aanpakken zodra ze zich voordoen, lukt het waarschijnlijk beter om kwesties op te lossen voordat we dingen zeggen die we niet menen en ons uiteindelijk nog slechter voelen zonder dat er iets is opgelost. De eerste keer dat je partner vieze sokken op de vloer laat slingeren, ben je misschien een beetje geïrriteerd, maar gooi je ze in de wasmand. De tweede keer vraag je je partner om die sokken in de wasmand te doen, maar dan is het eigenlijk al een probleem geworden. De derde keer vraag je je partner misschien of hij of zij iets kan doen om de gewoonte te veranderen. De vierde keer kom je wellicht met: 'Oké, we moeten het over dat sokkenprobleem van jou hebben.' Een kleine kwestie als vieze sokken kan hoog oplaaien, want hoe langer die sokken op de grond liggen, hoe meer irritatie ze veroorzaken.

Als Krishna, die alwetendheid en goedheid vertegenwoordigt, Arjuna adviseert om ten strijde te trekken, bevestigt het goddelijke dat zelfs goede mensen soms moeten vechten. De vijanden – Arjuna's neven – zijn steeds agressiever geworden. Ze hebben het eten van Arjuna en zijn broers vergiftigd. Een andere keer hebben ze een kasteel voor hen gebouwd uit kaarsvet. Het kasteel zag er prachtig uit, maar zodra Arjuna en zijn broers binnen waren, zetten hun vijanden het in brand. De neven hebben geprobeerd Arjuna en zijn broers te vernietigen. De maat is vol wanneer ze proberen Arjuna's vrouw voor de ogen van een groep mensen uit te kleden. Uiteindelijk beseft Arjuna dat de hele wereld er schade van zal ondervinden als zijn neven de macht krijgen, en dat hij moet ingrijpen. Arjuna vecht niet alleen om het geweld dat zijn vrouw is aangedaan te wreken. Hij vecht niet om zijn ego te verdedigen of zijn kracht te bewijzen. Hij vecht om toekomstige generaties te redden. Zo zouden wij ook niet vanwege ons ego met onze partner moeten ruziën, maar omdat we een prachtige toekomst willen bouwen en beschermen.

In de Bhagavad Vita is de vijand (en uiteindelijk de verliezer) geen persoon, maar een ideologie. Die is duisternis, ego, hebzucht en arrogantie. Hetzelfde geldt voor de conflicten in onze relatie. De verliezer zou niet een van ons tweeën moeten zijn, maar de lelijke ideologie of het probleem, en de negativiteit die daardoor tussen ons is ontstaan.

Wat als we een ruzie als team zouden benaderen? Het spook van onenigheid groeit als een golf in de zee. Als hij dichterbij komt, wordt hij hoger en dreigender. Maar in plaats van ons af te wenden van de golf en te doen alsof we hem niet zien kunnen we ook samen met onze partner de confrontatie ermee aangaan. Lukt het je om je hoofd boven water te houden, of spoelt de golf je omver? De sleutel hierbij is dat je begrijpt dat je partner niet de golf is. De golf is de kwestie waarover jullie het niet eens zijn. Als jullie die met z'n tweeën benaderen, dezelfde kant op schoppen en elkaar daarbij aanmoedigen, kunnen jullie er samen doorheen zwemmen, met het gevoel van een gedeelde overwinning.

Deze nieuwe manier om ruzies te bekijken heeft mijn leven veranderd, en het kan jouw leven ook veranderen. Als mijn vrouw en ik onszelf zien als een team dat tegen het probleem vecht, verpletteren we het probleem. Het verlangen om te winnen komt voort uit ego, en we kunnen onze ego's beter onder controle houden. Waarom zou ik mijn vrouw willen verpletteren? Waarom zou ik de persoon willen verslaan met wie ik mijn leven doorbreng? Mijn vrouw is niet mijn tegenstander – ik houd van haar. Ik wil niet dat ze verliest. Ik wil ook niet verliezen. **Elke keer dat een van jullie verliest, verlies je allebei. Elke keer dat het probleem verliest, win je allebei.**

Probeer dit:

ZET EEN MENINGSVERSCHIL OM IN EEN GEZAMENLIJK DOEL

Zie een twist niet als iets waarbij jullie tegenover elkaar staan, maar als een situatie waarbij jullie samen het probleem te lijf gaan. Wanneer we ons als tegenstanders opstellen, vergroten we de kans dat er ruzie ontstaat. Stel je in plaats daarvan op als een team dat het probleem samen te lijf gaat.

Hieronder staan enkele voorbeelden van manieren waarop je een meningsverschil in een gezamenlijk doel om kunt zetten. In het deel daarna zal ik uitleggen hoe je vooruit kunt plannen om je ruzies zo productief mogelijk te maken.

AANLEIDING VOOR DE RUZIE

Argument	Andere invalshoek / Gedeeld doel
'Je ruimt je rommel niet op.'	'We moeten een schema bedenken voor dagelijkse klusjes.'
'Je komt altijd te laat.'	'Zullen we het er eens over hebben hoe we onze tijd in de avonden en in de weekends door willen brengen?'
'Je geeft rustig geld uit aan je eigen hobby's, maar je klaagt wanneer ik geld uitgeef aan de mijne.'	'Laten we een redelijk maandbudget afspreken.'
'Je geeft de kinderen veel minder aandacht dan ze nodig hebben.'	'Laten we bespreken wat we denken dat de kinderen nodig hebben (misschien met hen erbij, afhankelijk van hun leeftijd) en hoe we dat kunnen bieden.'

Vecht met liefde en vecht voor de liefde

Als je het goed doet, kan ruzie positief uitpakken voor een relatie. Langdurige relaties overleven niet vanwege geweldige avondjes uit of spectaculaire vakanties. Ze duren niet voort omdat mensen goede vrienden hebben (hoewel gemeenschap zeker bijdraagt aan de stabiliteit van relaties). Een van de belangrijkste factoren in een langdurige relatie is weten hoe je ruzie moet maken.

Volgens een essay dat is gepubliceerd door de Society for Personality and Social Psychology bouwen partners aan bepaalde eigenschappen en vaardigheden wanneer ze hun boosheid op een gezonde manier naar elkaar kunnen uiten.[2] Die eigenschappen , zoals compassie, empathie en geduld, helpen je om de uitdaging te begrijpen. De vaardigheden, zoals communicatie, luisteren en begrijpen, helpen je om in de toekomst vergelijkbare of nog grotere uitdagingen op te lossen.

Hoewel het dus waardevol kan zijn om boosheid te uiten, moet ik eraan toevoegen dat er een verschil is tussen een ruzie en fysiek of verbaal misbruik. Misbruik geeft stress, maar niet het positieve soort stress dat ons sterker maakt. Huiselijk geweld, dreigementen, dwang, controle en manipulatie zijn geen vormen van liefde. Er komt niets productiefs of positiefs uit voort wanneer je een ander vernedert. Het is niet acceptabel als je partner je op welke manier dan ook lichamelijke schade toebrengt. Daarnaast zijn er gebieden waar je het misschien moeilijk vindt om het onderscheid te maken tussen een conflictsituatie en misbruik. Ik hoop dat je iets hebt aan het volgende overzicht, maar als je misbruikt wordt in je relatie of je twijfelt of dit het geval is, adviseer ik je dringend om professionele hulp te zoeken. Het telefoonnummer van Veilig Thuis, het advies- en meldpunt voor huiselijk geweld, kinder- en ouderenmishandeling, is 0800-2000.

HOE JE KUNT WETEN OF ER IN EEN CONFLICTSITUATIE SPRAKE IS VAN RUZIE OF MISBRUIK

Onderwerp	Gedrag van je partner wanneer jullie ruziemaken over dit onderwerp	Gedrag van je partner wanneer er sprake is van misbruik rond dit onderwerp
Geld	Maakt ruzie met je over je uitgavenpatroon	Vertelt je waar je je geld aan mag uitgeven
Familie	Bekritiseert een van je familieleden of klaagt erover	Maakt een van je familieleden belachelijk, vernedert hem of haar of vervreemdt hem of haar van jou
Kinderen	Maakt ruzie over wat het beste is voor de kinderen	Bedreigt jou of de kinderen of gebruikt jou of de kinderen als dreigement
Qualitytime	Klaagt dat jullie niet vaak genoeg iets leuks doen samen	Bepaalt of en wanneer je tijd doorbrengt met iemand anders
Taken/klusjes	Vindt dat je je steentje niet genoeg bijdraagt	Draagt je op wat je moet doen
Jaloezie	Is van slag door iets waaraan of iemand aan wie je aandacht besteedt	Beschuldigt je zonder aanleiding van leugens
Kleine dingetjes	Ervaart lichte frustraties die in de loop der tijd groeien	Kan door de onbenulligste dingen ontploffen

Respect	Gebruikt woorden waarmee hij of zij zichzelf belangrijker maakt	Gebruikt woorden om je te vernederen
Seks	Klaagt over het aantal keer dat jullie seks hebben, of de manier waarop	Zet je onder druk of dwingt je om seks te hebben of deel te nemen aan seksuele handelingen waar je je onzeker of onprettig bij voelt

De oorsprong van de ruzie

Hoe we een meningsverschil benaderen, groot of klein, zet de toon voor de oplossing ervan (of het uitblijven daarvan). In de *Bhagavad Gita* benadert Arjuna de strijd met nederigheid. Hij wil doen wat goed en juist is, hij wil dienen en het leven voor toekomstige generaties verbeteren. Zijn vijand, Duryodhana, handelt daarentegen uit hebzucht, arrogantie en honger naar macht. Hij wijst inzichten en wijsheid van Krishna van de hand. Het resultaat van de strijd weerspiegelt de bedoelingen van de strijders. Arjuna is de overwinnaar, en Duryodhana, die uit louter egoïstische beweegredenen handelde, verliest alles.

Er zijn drie soorten ruzies, en die worden gevormd door de drie 'energieën van zijn' die staan beschreven in de *Bhagavad Gita*.[3] Ik heb ze geïntroduceerd in *Denk als een monnik* (en ze kort genoemd in Regel 2): onwetendheid (*tamas*), passie en impulsiviteit (*rajas*) en goedheid (*sattva*). Ik gebruik deze energieën om te onderzoeken in welke gemoedstoestand we bepaalde momenten benaderen, en ze kunnen ons helpen om de energie te begrijpen waarmee we bepaalde conflicten aangaan.

Zinloze ruzies. Een zinloze ruzie ontstaat in de energie van onwetendheid. Het is een gedachteloze uitbarsting. Je weet letterlijk niet waar het nu eigenlijk om gaat. Je hebt geen enkele bedoeling om elkaar te begrijpen of een oplossing te vinden. Zinloze ruzies vinden plaats op de verkeerde plek en het verkeerde moment. Ze lossen niets op. We halen gewoon naar elkaar uit. In het beste geval herkennen we de ruzie als dwaas en stoppen we er snel weer mee. In het slechtste geval slepen we er andere verwijten en irritaties bij en escaleren ze naar uitgesproken woede.

Machtsruzies. Machtsruzies ontstaan in de energie van passie. We willen domweg winnen om het winnen. Daar gaat het om, meer dan om het daadwerkelijke onderwerp van de ruzie. We zijn gefocust op onze kant van het verhaal en proberen onze tegenstander te pakken op zijn of haar fouten. Misschien doen we alsof we naar de ander luisteren, maar eigenlijk willen we alleen maar horen dat we gelijk hebben en een excuus krijgen. In de *Bhagavad Gita* is dit de energie waarmee Duryodhana aan de oorlog begint. Deze strijd wordt gedreven door ego, en het uitgangspunt is: 'Ik heb gelijk. Mijn manier is de enige manier.' Omdat we gefocust zijn op macht, gaat het ons erom dat we de ander van ons gelijk overtuigen, niet dat we de kwestie oplossen.

Productieve ruzies. Bij productieve ruzies, die plaatsvinden in de energie van goedheid, zien we de ruzie als een horde die we samen willen nemen, en we staan open voor elkaars kant van het verhaal. We willen begrijpen. We weten waarom we de ruzie hebben, en we zien het oplossen ervan als een gezonde stap in onze relatie. Dit is de energie die Arjuna heeft in de *Bhagavad Gita*. De belangrijkste instrumenten bij productieve ruzies zijn rede, intentie, perspectief en liefde. Dit zijn geen technieken, het zijn spirituele hulpmiddelen. Om ze te kunnen gebruiken moeten hart en hoofd op één lijn zitten. Als je alles volgens het boekje doet maar niet vanuit je hart werkt, zul je geen vooruitgang boeken. Bij productieve ruzies zijn we het eens over de manieren waarop we in het vervolg allebei ons gedrag zullen veranderen. Beide partners zijn blij met de uitkomst.

Hoe heb je een productieve ruzie

We zouden allemaal liever productieve ruzies hebben dan zinloze ruzies of machtsruzies, maar daar is oefening voor nodig. (Dat zinloze ruzies en machtsruzies zo vaak voorkomen, komt deels doordat je er veel makkelijker in vervalt dan in productieve ruzies.) Als mensen boos zijn, horen ze vaak dat ze tot tien moeten tellen, maar niemand vertelt ons ooit wat we precies in die tien tellen moeten doen. In de *Bhagavad Gita* zien we dat Arjuna stopt met vechten en Krishna om wijsheid vraagt. Denk daar eens over na! Hij stopt midden op het slagveld om met God te praten. Als het Arjuna lukt om op dit zeer gespannen moment zijn aandacht los te maken van de strijd – het moeilijkste conflict van allemaal –, dan kunnen wij ook leren om even rust te nemen en bewustzijn te scheppen in de dagelijkse schermutselingen en de grootscheepse oorlogen waar we in onze relaties mee te maken krijgen.

Als je samen wilt winnen, moet je handelen uit liefde en het verlangen om een team te zijn met je partner. Vergeet niet, wanneer je gedreven wordt door angst en onwetendheid, is er geen doel. Handel je uit passie, dan is je ego leidend in de ruzie. Wanneer we het ego zuiveren, kunnen we de energie veranderen waarmee we ons in ruzies begeven.

Het ego zuiveren

We kunnen de kwestie niet als team aanpakken zonder onze ego's uit te schakelen. We weten dat we in een machtsruzie verwikkeld zijn wanneer we er uit verkeerde en ego-gestuurde overtuigingen aan beginnen. Ik wil winnen. Ik heb gelijk. Mijn manier is de enige manier.

Denken dat je gelijk hebt lost niets op. En toch willen we dat onze partner onmiskenbaar verliest, ons tot winnaar uitroept en toegeeft aan onze eisen. Als je aan een ruzie begint in de overtuiging dat jij gelijk hebt en je partner ongelijk, zal die inflexibiliteit duidelijk voor je partner te horen zijn in je toon en je woorden. Je moet accepteren dat er iets van waarheid schuilt in datgene wat je partner gaat delen, en je moet ervoor openstaan om te luisteren. Je overtuiging dat je gelijk hebt zal de ideeën van je partner waarschijnlijk niet veranderen. In plaats daarvan geef je de ander het idee dat het je niet kan schelen wat hij of zij voelt of denkt. De enige uitkomst die je zult accepteren, is dat je partner zichzelf en/ of zijn of haar mening verandert.

Het is heel natuurlijk om een ruzie te benaderen met het verlangen je partner ervan te overtuigen dat je gelijk hebt. Gelijk hebben geeft ons bevestiging. Het geeft ons iemand anders om de schuld te geven. Het maakt dat we ons zeker voelen van onze overtuigingen en aannames. We hoeven niet te veranderen of verantwoordelijkheid te nemen. Bij wedstrijden, de ultieme machtsomgeving, klopt het inderdaad dat er iemand verliest en iemand wint. De winnaar is 'beter' of heeft 'gelijk'. In de politiek domineert het beleid van de winnende kandidaat. In oorlog dicteren de overwinnaars de voorwaarden van de vrede. Maar in een relatie los je niets op door gelijk te hebben. Misschien doet het je ego een poosje goed, maar het zal niet voorkomen dat het probleem weer opduikt, en je relatie zal geen baat hebben bij deze uitkomst. Ego maakt dat je verliest, zelfs wanneer je wint.

In plaats daarvan is ons doel begrip. We zoeken verbinding. We streven er niet alleen naar om onze conflicten op te lossen, maar ook om te groeien door de uitkomsten ervan. Zoals ik al eerder zei, bij een ruzie in een relatie verlies je allebei als de een wint en de ander verliest. De enige succesvolle ruzie is de ruzie waarin we allebei winnen. Dit moeten we niet alleen onder ogen zien, we moeten het ons eigen maken.

Ik heb gelijk en jij hebt gelijk.
Jij hebt ongelijk en ik ook.
Dit zijn allebei win-winscenario's.

Ons ego opzijschuiven om samen met onze partners obstakels het hoofd te bieden zuivert het ego. Het zuiveren van het ego betekent dat je het verlangen loslaat om het middelpunt van de aandacht te zijn. Door zuivering gaan we meer begrip, empathie, compassie, vertrouwen en liefde tonen, en datzelfde geldt voor onze partner.

Probeer dit:

STEL VAST WELKE ROL EGO EN PASSIE IN HET CONFLICT SPELEN

Bedenk of de ruzie zinloos is (onwetendheid), aan macht gerelateerd (passie) of productief (goedheid).

1. Schrijf op waarom deze kwestie belangrijk voor je is. Wat heeft je boos gemaakt?

2. Stel vast waarom je ruzie maakt:

> **Maak ik ruzie omdat ik vind dat mijn manier de beste is? (Ego)**
> **Maak ik ruzie omdat ik vind dat we iets op de 'juiste' manier zouden moeten doen? (Ego)**
>
> **Maak ik ruzie omdat ik wil dat de ander verandert? (Passie)**
> **Maak ik ruzie omdat deze situatie me tot op het bot beledigt? (Passie)**
> **Maak ik ruzie omdat ik me anders wil voelen? (Passie)**
>
> **Maak ik ruzie omdat ik de situatie wil verbeteren? (Goedheid)**
> **Maak ik ruzie omdat ik wil dat we dichter bij elkaar komen? (Goedheid)**

Als we ons ego en onze passie buiten de ruzie willen houden, moeten we eerst erkennen dat ze een rol spelen, en dan beseffen dat gelijk hebben, de beste zijn, beledigd zijn en de realiteit willen veranderen allemaal geen problemen oplossen. Om samen een oplossing te vinden moet je je richten op de intentie om de situatie te verbeteren en samen een liefdevollere plek te bereiken. Makkelijker gezegd dan gedaan. Om dit te doen moet je neutraliteit bereiken.

Het doel van het verwijderen van je ego uit de situatie is neutraliteit. Als je stopt je ego zijn zin te geven, word je een betere neutrale waarnemer van de ruzie. Neutraliteit is het vermogen om de kwestie los te zien van je partner. Je ziet in dat jullie allebei een rol spelen in de kwestie die de ruzie heeft veroorzaakt. Je ziet dat jullie allebei worstelen. Vanuit dit perspectief kun je een gezamenlijk, op teamwork gebaseerd doel stellen, zoals: 'Onze intentie zou moeten zijn om het samen beter te kunnen vinden en gelukkiger te zijn. Ben je het daarmee eens?'

Aan het begin van de *Bhagavad Gita* spreekt Arjuna vanaf het slagveld tot Krishna en vertelt wat hij ziet en voelt. 'Arjuna zei: o, onfeilbare, trek mijn strijdwagen alstublieft tussen de twee legers, zodat ik kan zien wie er aanwezig is, wie wenst te vechten, en met wie ik strijd moet leveren in deze grote wapenslag. Laat me degenen zien die hier zijn gekomen om te vechten.'[4] In een latere versie staat: 'Arjuna zei: mijn beste Krishna, nu ik mijn vrienden en familieleden zo strijdbaar voor me zie staan, voel ik mijn ledematen beven en mijn mond droog worden. Mijn hele lichaam trilt, mijn haar staat overeind, mijn boog Gandiva glipt uit mijn hand en mijn huid brandt. Het lukt me niet om hier nog langer te blijven staan. Ik raak mezelf kwijt en mijn hoofd tolt. Ik zie enkel zaken die tot rampspoed kunnen leiden.' Arjuna uit zijn zorgen en desoriëntatie naar Krishna. Krishna erkent zijn gevoelens en reageert met compassie. Zijn ogen staan vol met tranen. Hij vraagt: 'Hoe zijn deze onzuiverheden je overkomen? Je kent de waarde van het leven – wat maakt dat je je zwak voelt?' Krishna velt geen oordeel over Arjuna en vertelt hem op dit moment zelfs niet wat hij moet doen. Hij heeft het voordeel dat hij een neutrale waarnemer is, en hij probeert Arjuna eerst te begrijpen.

Op onze slagvelden hebben wij niet het voordeel van Krishna. Een therapeut heeft de neutraliteit om een ideale mediator te zijn, maar de realiteit is dat de meeste stellen deze kwesties in hun eentje proberen op te lossen. Iedereen wil dat de ander degene is die toegeeft en verantwoordelijkheid neemt, maar als jullie dat geen van beiden doen, zul je allebei eindeloos blijven wachten. Om het conflict op te lossen zal in elk geval een van jullie zich neutraal moeten opstellen, zodat je het gesprek met een vaste hand kunt leiden en vormgeven.

Je kunt een neutraal gesprek beginnen met een verontschuldiging, mits die oprecht is. Dit betekent dat je over de situatie hebt nagedacht en je verantwoordelijkheid hebt geaccepteerd. Als het gesprek verhit is, kan het zijn dat je partner op je verontschuldiging reageert door te roepen: 'Je moet inderdaad sorry zeggen!' Verantwoordelijkheid nemen betekent dat je vervolgens zegt: 'Ja, dat is zo, en het spijt me.' Zonder je verdedigend op te stellen. Als je je aan het begin van de ruzie niet oprecht kunt verontschuldigen, bewaar dat dan voor later. Een neutrale mediator struikelt niet over zijn voeten om het probleem op te lossen, maar probeert eerst meer te weten te komen over de tegenstanders en begint met het bieden van observaties en inzichten. Wij hebben natuurlijk niet het perspectief en de wijsheid van Krishna of zelfs een therapeut, dus we moeten het bij het bemiddelen doen met onze eigen gemoedstoestand. Als we midden in een zinloze ruzie zitten, zijn we van slag, ongeduldig en luisteren we niet echt. We nemen de emoties van de ander over: we worden boos als onze partner boos is, somber als onze partner somber is. Hierdoor escaleert de ruzie en stijgt het niveau van angst en onzekerheid voor beide partijen. In een machtsruzie valt er niets te bemiddelen, omdat we denken dat onze manier de enige manier is. We zijn geïnteresseerder in een onmiddellijk resultaat dan in het proces. Alleen bij een productieve ruzie kan een mediator zich erop richten om beide partijen hun eigen waarheid te laten vertellen en neutraal te blijven terwijl details en gevoelens worden geuit.

Wanneer we een neutrale rol aannemen, brengen we onszelf in herinnering dat onze partner niet het probleem is. Het gaat om iets wat we niet aan onze partner begrijpen, en iets wat onze partner niet aan ons begrijpt. We zullen er allebei baat bij hebben om deze puzzel op te lossen. Als je in gelijke mate het belang van jezelf en je partner in het oog houdt, kun je daadkrachtig optreden. Als het je niet lukt om je neutraal op te stellen, zal het uitblijven van een oplossing aan jullie allebei knagen, en dan zal de kwestie keer op keer de kop opsteken.

Stel het kernprobleem vast

Dat we ons hebben voorgenomen om productieve ruzies te hebben, betekent niet dat ze allemaal op die manier zullen beginnen. Soms ontploffen we gewoon, maar als dat gebeurt, blijven we niet in de ruzie hangen. In plaats daarvan stellen we vast wat er verkeerd is gegaan, zodat we de mogelijkheid scheppen om onze partner beter te begrijpen en het risico op een herhaling van dezelfde ruzie te verkleinen. Als je eenmaal ervaren bent in het productief ruziemaken, lukt het je wellicht om ter plekke naar deze modus te schakelen. Zo niet, dan kun je allebei afstand nemen van de ruzie, je eigen rol in de kwestie onderzoeken en je erop voorbereiden om dit met je partner te delen.

Mijn cliënt Dean had ruzie met zijn vriendin. Ze waren op een bruiloft, en zij ging een drankje voor hen halen. Dean zag de man achter de bar openlijk met haar flirten. Ze glimlachte naar de man, zei iets terwijl ze naar Dean wees en keerde terug met de drankjes. Dean was van streek omdat ze de aandacht van de barman duidelijk leuk had gevonden.

'Ik zei tegen haar dat we het net zo goed uit konden maken als ze zo ging flirten en mij zo respectloos behandelde. Ze zei dat ik kwaad werd om niets en ze was geïrriteerd dat ik de avond had verpest.' Toen Dean en ik het verder bespraken, werd duidelijk dat hij zich eigenlijk bedreigd voelde wanneer iemand aandacht aan zijn vriendin besteedde omdat hij zich onzeker voelde over hun relatie. Dat was de kern van het probleem. Het ging niet om wat er bij die bar gebeurde, maar om een kwestie die daardoor aan het licht kwam. Met die kennis kon Dean aan zijn onzekerheid werken, in plaats van zijn vriendin vals te beschuldigen en nog meer problemen in hun relatie te veroorzaken.

Het valt niet mee om het kernprobleem ter plekke vast te stellen. We denken altijd dat we van mening verschillen, of dat de ander iets verkeerd heeft gedaan. Swami Krishnananda, een van de grote leraren die de Veda's onderwijzen, legt uit dat er vier soorten conflict zijn.[5] Geïnspireerd door zijn model heb ik een vergelijkbare, maar eenvoudigere manier ontwikkeld om de lagen van een probleem in een relatie af te pellen. Ten eerste zijn er sociale conflicten. Deze worden getriggerd door externe factoren die in je zone komen en maken dat je het oneens bent. Dan zijn er interpersoonlijke conflicten, waarbij je iets dwarszit aan de ander. En ten slotte zijn er innerlijke conflicten, waarbij de kern een probleem is dat in jezelf ligt, zoals onzekerheid, teleurstelling, verwachtingen. Laten we eens kijken hoe die lagen werken.

Een stel gaat trouwen. Ze kunnen maar een beperkt aantal mensen uitnodigen, en ieder van de moeders heeft gevraagd om de laatste twee beschikbare plekken bij het diner vrij te houden voor vrienden van haar. De ene bruidegom wil de plekken aan de vrienden van zijn moeder geven, en de andere bruidegom wil zijn eigen moeder tegemoetkomen. Ze ruziën allebei namens hun moeders – benadrukkend hoe belangrijk en hecht deze vrienden zijn en waarom zij de plekken bij het diner verdienen. Dit is een sociaal conflict, veroorzaakt doordat beide partners de verwachtingen van hun moeder willen waarmaken.

Daarna verandert de aard van de ruzie. De ene persoon zegt dat zijn familie meer geld in de bruiloft heeft gestoken en daarom het laatste woord heeft. De ander zegt dat zijn familie veel harder aan de planning heeft gewerkt, dus dat zij mogen kiezen. De beschuldigingen en argumenten hebben nu niets meer met de ouders te maken – dit is een machtsstrijd tussen de twee aanstaande bruidegoms geworden. Een interpersoonlijk conflict.

Maar dan last het stel een rustpauze in. De gemoederen bedaren, en ze zijn eraan toe om het probleem te bestrijden in plaats van elkaar. Wanneer ze de kwestie opnieuw bespreken, beseffen ze dat ze geen van beiden hun moeder willen teleurstellen. Voor ieder van hen was dit een innerlijk conflict. Het innerlijke conflict is het conflict dat ze werkelijk moeten oplossen. Er zou in elk geval één moeder teleurgesteld worden. Ze ruzieden met elkaar in plaats van de confrontatie met hun moeders aan te gaan. Maar toen vroegen ze zich af: stel ik mijn moeder vaker teleur, of zijn dit speciale omstandigheden? Is er een andere manier waarop ik mijn moeder blij kan maken? Ik ga trouwen, moet ik niet eens ophouden met alles voor mijn moeder opzij te schuiven? Toen ze de oorzaak van het probleem eenmaal boven water hadden, besloten ze om twee extra eigen vrienden uit te nodigen en brachten ze op de bruiloft een toost uit op hun moeders.

We kunnen deze lagen gebruiken om de kwestie samen te bekijken, de oorzaak ervan op te sporen en het werkelijke probleem aan te pakken. Onze boosheid is vaak misplaatst. We beginnen te kibbelen over de was, terwijl we eigenlijk van slag zijn over de manier waarop onze partner zijn of haar tijd doorbrengt. We ruziën over het huiswerk van de kinderen, terwijl het ons eigenlijk dwarszit dat onze partner ons niet genoeg aandacht geeft. We mopperen dat niemand in huis helpt, terwijl we ons eigenlijk niet begrepen of gehoord voelen. Het conflict zal niet weggaan totdat we de ware bron ervan hebben herkend en aangepakt. Misschien krijgen we iemand zover om een gedraging aan te passen – Deans vriendin kan beloven om nooit meer naar een andere man te glimlachen –, maar tot we het werkelijke probleem hebben aangepakt, in dit geval Deans onzekerheid, zal het niet verdwijnen.

Verspil geen tijd aan ruzies over iets wat je eigenlijk niets kan schelen. Zoek in plaats daarvan het werkelijke probleem.

Ken je stijl van ruziemaken

Net zoals we verschillende liefdestalen hebben, hebben we verschillende stijlen van ruziemaken. Als je weet hoe jullie allebei met conflicten omgaan, wordt het makkelijker om je ruzies beheersbaar te houden en neutraal te blijven. Radhi en ik maken op totaal verschillende manieren ruzie. Ik wil er meteen in duiken en het uitpraten, terwijl zij haar gedachten op een rijtje wil zetten en een beetje wil afkoelen voordat we praten. Ik wil graag meteen een oplossing zoeken, terwijl zij liever even pauze neemt, de spanning laat wegebben en in haar eentje over de kwestie nadenkt voordat we erop terugkomen. Doordat we dit van elkaar begrijpen, voel ik me niet meer gekwetst wanneer ze stil wordt tijdens een ruzie, en zij is niet meer geïrriteerd wanneer ik ergens uitgebreid over wil praten. Het vaststellen van de manier waarop je partner en jij ruziemaken is de eerste stap naar het vechten voor liefde.

Probeer dit:

STEL VAST WAT JULLIE STIJL VAN RUZIEMAKEN IS

Bekijk de drie stijlen hieronder. Welke beschrijft jou het best?

1. Ventileren. Sommige mensen, zoals ik, willen uitdrukking geven aan hun boosheid en net zo lang praten tot er een oplossing is. Om een bekend gezegde te parafraseren: er zijn drie kanten aan elke ruzie: de jouwe, de mijne en de waarheid. Er is geen objectieve waarheid. De ruziemaker die oplossingsgericht is, wil naar een antwoord toewerken en is vaak overdreven gericht op feiten. Het is heel natuurlijk om het probleem op te willen lossen, maar als jij dit type bent, moet je het rustig aan doen en niet alleen ruimte maken voor de feiten – waar vaak over gediscussieerd kan worden –, maar voor beide kanten van het verhaal en voor twee sets van emoties, die van jou en die van je partner. Wees geen spraakwaterval – in je gretigheid om de ruzie op te lossen kun je je partner overweldigen met te veel ideeën en benaderingen. Probeer niet overhaast een antwoord te vinden. Je partner en jij moeten het er eerst over eens zijn wat het probleem precies is. Pas dan kun je samen een oplossing zoeken.
2. Verstoppen. Sommige mensen klappen dicht tijdens een ruzie. De emoties zijn gewoon te sterk, en je hebt ruimte

STIJLEN VAN RUZIEMAKEN

VENTILEREN
'We moeten nu
direct een
oplossing vinden!'

VERSTOPPEN
'Ik ben er nog
niet aan toe om
hierover te praten.'

ONTPLOFFEN
'Het is allemaal
jouw schuld!'

nodig. Je moet het verwerken. Het kan zijn dat je midden in een ruzie stilvalt of de kamer uit loopt en jezelf bij elkaar moeten rapen voordat je verder kunt. De persoon die zich terugtrekt wil niet over oplossingen nadenken terwijl de situatie zo verhit is. Hij of zij is er nog niet aan toe om oplossingen te horen en raakt waarschijnlijk alleen maar geïrriteerder als de ander aandringt op een vlugge afwikkeling. Neem de tijd en ruimte die je nodig hebt, maar gebruik je stilte niet als wapen in de strijd.

3. Ontploffen. Sommige mensen kunnen hun woede niet beheersen, en dan volgt er een emotionele uitbarsting. Deze reactie vraagt een hoge tol van relaties, en het is een vorm van gedrag die je moet zien te veranderen. Als je in deze categorie valt, moet je werken aan het beheersen van je emoties. Dit kan betekenen dat je hulp van buitenaf moet zoeken. Of je spreekt op een rustig moment met je partner af dat je bij de volgende ruzie een time-out neemt. Bedenk wat het beste zou werken voor jou: een stuk hardlopen, een douche nemen of op een andere manier stoom afblazen.

Een quiz waarmee je je eigen stijl van ruziemaken kunt ontdekken vind je op: www.FightStyles.com.

Als je eenmaal weet wat jouw stijl van ruziemaken is, bespreek het dan met je partner. Wat is de stijl van ruziemaken van je partner? Gebaseerd op jullie stijlen kun je ruimte scheppen waarin jullie boos kunnen zijn, en een plan opstellen om er goed mee om te gaan.

Als een van jullie (of jullie allebei) graag ventileert, kan het zijn dat de ander meer tijd en ruimte nodig heeft. Dat heeft niets te maken met een gebrek aan liefde. Ben jij degene die nog niet zover is, druk je partner dan op het hart dat dit niet betekent dat je niet van hem of haar houdt. Zorg ervoor dat je vóór de volgende ruzie van elkaar weet wat je stijl van ruziemaken is, zodat de verschillen hierin niet voor een escalatie van de strijd zorgen. Probeer de manier waarop je je uitdrukt te ontwikkelen, maar geef jezelf de tijd die je nodig hebt om de spanning los te laten en na te denken voordat je de kwestie probeert op te lossen. Als je allebei graag ventileert, kan dat prima werken, zolang het doel van je gesprek maar is om samen het obstakel uit de weg te ruimen.

Als een van beide partners zich terug wil trekken, protesteer dan niet. Het kan voelen als een straf, maar waarschijnlijk is het helemaal niet zo bedoeld. Het betekent niet dat de ruzie je partner onverschillig laat. Het is een emotionele reactie. Als jij het nodig hebt om je terug te trekken, zeg dat dan. Als een van jullie, of allebei, ruimte nodig heeft, spreek dan af om te praten wanneer je er allebei aan toe bent. Maak goed gebruik van de extra tijd die dit je oplevert. In plaats van jezelf nog meer op te vreten kun je jezelf in herinnering brengen dat jullie aan dezelfde kant staan en proberen om de kern van het probleem te vinden. Bij hervatting van het gesprek kun je dan onder woorden brengen waar jij en je partner zich mee geconfronteerd zien.

Als je partner explosief is, moedig hem of haar dan op een rustig moment aan om aan dit gedrag te werken (zie p. 214). Dit geldt ook als je allebei explosief bent. Het is niet makkelijk om dit gedrag te veranderen, maar het is geen productieve manier van ruziemaken. Tijdens een ruzie kun je simpelweg zeggen: 'We gaan geen oplossing vinden zolang we zo van streek zijn. Laten we praten wanneer we eraan toe zijn.'

Samen winnen

In een ideale situatie ben je bij een conflict met je partner in staat om pas op de plaats te maken, neutraliteit te vinden, het conflict te diagnosticeren en te analyseren hoe belangrijk en dringend de betreffende kwestie is. Na al dit voorbereidende werk ben je klaar om het probleem samen aan te pakken, in plaats van ruzie te maken met elkaar. Deze vijf stappen kunnen je helpen om vrede te vinden.

1. Plek en tijd
2. Toon en woordkeuze
3. Woedebeheersing
4. Verbintenis
5. Groei

Plek en tijd

Kies een plek en een moment voor het oplossen van het conflict. Dit klinkt misschien onrealistisch – tenslotte ontstaan ruzies spontaan. Maar als je de vaardigheid ontwikkelt om je in te houden wanneer een probleem opduikt, kun je jullie ruzies voor altijd veranderen. In plaats van te zeggen: 'Waarom ga jij altijd als eerste douchen terwijl je weet dat ik eerder op mijn werk moet zijn?' kun je zeggen: 'Hé, ik voel me gefrustreerd over onze ochtendroutine. Kunnen we een goed moment kiezen om daarover te praten?' en dat vervolgens inplannen. Het kost tijd om deze vaardigheid onder de knie te krijgen. In het begin heb je misschien eerst een uitbarsting voordat je jezelf inhoudt en bedenkt dat je wat ruimte moet scheppen tussen de emoties en het gesprek over de kwestie die ze heeft veroorzaakt. Dat geeft niet. De uitbarsting is het signaal dat je jezelf de volgende keer moet beheersen voordat je iets zegt waar je spijt van krijgt.

Je hoeft niet overstuur te raken van ruzie. Het hoeft je niet achter te laten met een gevoel van spijt. Hoe vaak hebben we niet 'Ik bedoelde het niet zo' tegen onze partner gezegd? Wanneer we ons gemeen voelen, zeggen we dingen die we niet menen. We doen blijvende uitspraken gebaseerd op een tijdelijke emotie.

Universitair docent maatschappelijk werk Noam Ostrander vraagt stellen graag: 'Hoe ziet de avondspitsruzie eruit op een doordeweekse dag?' Zoals Ostrander het tijdschrift *Time* vertelde: 'Dan lachen ze een beetje, omdat ze weten wat ik bedoel.'[6] Een van de patronen die Ostrander geregeld ziet, is dat stellen ruziemaken vlak nadat ze zijn thuisgekomen van het werk. Ze hebben dan allebei een lange dag gehad; niemand weet wat er gekookt moet worden of heeft de tijd gehad om even te ontspannen, en plotseling maak je ruzie over wie is vergeten een rekening te betalen. Volgens Ostrander kun je de avondspitsruzie vaak vermijden door een nieuwe routine in te voeren: kort gedag zeggen, misschien een omhelzing en een kus, en dan even uit elkaar, zodat iedere partner de werkmodus los kan laten. Wanneer je allebei op adem bent gekomen, kom je weer bij elkaar in een meer open en ontspannen mentale en emotionele toestand.

Het einde van een lange werkdag is doorgaans niet het beste moment voor een serieus gesprek, maar als je een kwestie niet uit kunt stellen tot een ideaal tijdstip, is het ook een optie om time-outs te introduceren. Als je midden in een woordenwisseling zit en je bent reactief, vraag dan wat tijd om na te denken, zodat je je gevoelens fatsoenlijk kunt delen. Je kunt de time-out zo presenteren dat je partner niet het gevoel krijgt dat je wegloopt. Zeg bijvoorbeeld: 'Luister, ik maak nu om de verkeerde reden ruzie. Dat spijt me. Ik wil dit gesprek graag voeren, maar ik heb tien minuten nodig. Ik ga nergens naartoe. Laat me even wat tijd nemen om dit te begrijpen of af te koelen, en dan kunnen we erover praten.' Je kunt ook voorstellen dat jullie de focus leggen op luisteren. Dan doe je het allebei rustiger aan en spreek je om beurten zonder elkaar te beoordelen of jezelf te verdedigen.

Het kan ook zijn dat je geen ontspannen weekendje wilt verpesten dat jullie samen hebben gepland. Leg dan aan je partner uit dat je graag wilt praten over een aantal van de dingen die de relatie volgens jou beïnvloeden. Zeg dat je dat op korte termijn wilt doen, maar wel op een moment dat geschikt is voor jullie allebei. Het moet een moment zijn waarop jullie allebei rustig zijn, en niet wanneer de kinderen het huis slopen of terwijl je partner probeert op een werkmail te reageren. Misschien kun je het beter in een weekend doen, wanneer de werkdruk minder groot is, of als de kinderen in bed liggen.

Als jij en je partner een terugkerend probleem hebben, overweeg dan om een brief te schrijven, zodat je alle feiten bij elkaar hebt en niet van het onderwerp afdwaalt. Het gesprek moet gaan over datgene wat werkelijk belangrijk voor jullie is. De focus moet liggen op dingen die werkelijk impact hebben op jullie beider levens.

Als je eenmaal een moment hebt afgesproken, bedenk dan een veilige plek voor het gesprek, of creëer er eentje. We gebruiken de uitdrukking 'laten we het allemaal op tafel gooien'. Stel je eens voor dat mensen al hun bagage op een eettafel storten. Nu je hebt afgesproken om de kwestie te bespreken, moet je de tijd nemen om de tafel te dekken. Zoek een rustige plek om het gesprek te voeren. Doe dit niet in de slaapkamer waar je allebei slaapt, of aan de tafel waar je samen eet. Dat zijn plekken waar je intieme, huiselijke tijd doorbrengt, en die kun je het beste als heilig beschouwen. Kies een neutrale locatie waar je het probleem kunt bespreken, zoals de woonkamer of een openbare bibliotheek – een ruimte waar je je allebei meer gecommitteerd, verantwoordelijk, gefocust en kalm zult voelen, in plaats van een plek die andere, negatievere emoties oproept. Als het weer het toelaat, is buiten doorgaans de beste optie. Ga een stuk wandelen of zoek een bankje in een nabijgelegen park.

Probeer naast elkaar te gaan zitten, in plaats van tegenover elkaar. Volgens cognitief wetenschapper Art Markman toont onderzoek aan dat we, wanneer we naast iemand zitten, letterlijk hun perspectief van de wereld om ons heen delen, wat ons kan helpen om meer empathie voor onze gesprekspartner te voelen.[7] In het boek *Dimensions of Body Language* beschrijft de Westside Toastmasters-organisatie naast elkaar zitten als 'de coöperatieve positie', omdat het 'de mogelijkheid biedt voor goed oogcontact en spiegelen'.[8] Dat laatste wil zeggen dat we een vergelijkbare houding aannemen als de ander, of dezelfde bewegingen maken. Net als het herhalen van wat de ander zegt, kan lichamelijk spiegelen mensen het gevoel geven dat je naar hen luistert, en idealiter luister je ook echt. Spiegelen gaat natuurlijker als je naast elkaar zit of loopt.

Probeer dit:

SPREEK IETS AF VOOR JE VOLGENDE RUZIE

In de hitte van de strijd is het makkelijk om al je goede bedoelingen te vergeten. Maar als je een plan hebt afgesproken waar je allebei achter staat, kun je daarop terugvallen wanneer de emoties hoog oplopen. Hieronder staan enkele punten die je bij de hand kunt houden. Maak hier op een rustig moment afspraken over met je partner. Neem bij je volgende woordenwisseling even de tijd om de overeenkomst erbij te pakken of te openen op je telefoon.

RUZIEOVEREENKOMST

We kiezen een tijd en een plek om dit conflict uit te praten, in plaats van er nu meteen op in te gaan.

We spreken af dat we allebei winnen als we het eens worden, maar dat we allebei verliezen als een van ons wint.

Het is onze bedoeling om (kies er zoveel als je wilt): een compromis te vinden/elkaars gevoelens te begrijpen/een oplossing voor dit probleem te vinden waardoor we deze ruzie in de toekomst niet meer hoeven te hebben/elkaar te steunen, al zijn we het niet met elkaar eens.

Dit is een neutrale beschrijving van het conflict waar we ons allebei in kunnen vinden:
We gaan het op dit moment bespreken:
We gaan het op deze plek bespreken:
Voordat we aan de slag gaan, schrijven we allebei op wat de ander dwarszit.

Hieronder volgen vier mogelijke oplossingen voor het probleem, of manieren waarop we kunnen voorkomen dat het conflict opnieuw de kop opsteekt.

1.

2.

3.

4.

Zijn we allebei tevreden met deze oplossing?

Toon en woordkeuze

Nu je een rustig moment en een rustige plek hebt gekozen, moet je je woorden met dezelfde zorg kiezen. Gebruik specifieke taal. Woorden kun je niet terugnemen; handelingen kun je niet ongedaan maken. Deel hoe je je voelt, niet wat je van de ander vindt. Schrijfster Ritu Ghatourey zegt: '10 procent van de conflicten komt voort uit meningsverschillen. 90 procent uit een verkeerde toon.'[9] Roep je innerlijke goeroe op en probeer mild en rustig de leiding te nemen zonder je ideeën of je wensen aan de ander op te dringen.

Gebruik geen extreme woorden als 'altijd' en 'nooit', geen bedreigingen als 'Als je dit niet verandert, ga ik bij je weg' of verwijtende woorden als 'Dit is jouw schuld. Je hebt het fout'. Dit zijn woorden van beschuldiging en escalatie. Onze manier van communiceren leidt er veel te vaak toe dat de ander zich gaat verdedigen. We beschuldigen; we inspireren niet. Ruzies beginnen vaak met dezelfde woorden: 'Jij bent/doet altijd...' Dit taalgebruik is een teken dat je je ego niet hebt gezuiverd. Beschuldig de ander ergens van, en boem, je hebt hem of haar in verdedigende modus gedwongen. Je zult niet krijgen wat je wilt, door de manier waarop je erom vraagt.

Richt je in plaats daarvan op helderheid. Begin door te zeggen: 'Volgens mij is ons probleem dat...' Of: 'Voor mij is het belangrijk dat we...' We denken dat we moeten bepalen wat goed en fout is aan ons gedrag, maar antwoorden komen niet voort uit zekerheid of overdrijving. Ze komen voort uit helderheid. We moeten allebei helder hebben dat onze partner van ons houdt en bij ons wil zijn. We zouden ieder de volgende vragen moeten stellen en beantwoorden:

Wat is ons probleem?
Wat heb je nu van mij nodig?

Als je een discussie rustig aangaat, kun je verzoekende taal gebruiken, in plaats van klagende of beschuldigende taal. In plaats van te vragen: 'Waarom ruim je nooit op als je iets hebt gegeten?' kun je proberen: 'Zou je je spullen willen opruimen als je iets hebt gegeten?' Of: 'Ik voel me niet geweldig. Ik raak gestrest van de manier waarop het huis eruitziet. Zou je misschien wat dingen op willen ruimen?'

De meeste ruzies verlopen als volgt: jij, jij, jij, jij, jij, mij, mij, mij, mij, mij. Dit heb jíj míj aangedaan. Als al je taalgebruik rond jezelf gecentreerd is, creëer je een kloof. Je partner zal met verdedigende woorden reageren, zoals 'Dat zou ik nooit doen. Zo ben ik niet. Dit is jóúw probleem'. Voordat je dieper op je individuele gevoelens ingaat, moet je de bedoeling vaststellen die jullie verenigt. Dan kun je elkaars gevoelens in het licht van die bedoeling horen. Dan zeg je misschien: 'We hebben een moeilijke fase achter de rug, en het zou geweldig zijn als we een manier kunnen vinden om 's avonds onze karweitjes af te handelen.' Zodra je 'we' gebruikt, beseft je partner dat je niet egoïstisch doet. Dit is niet een probleem dat je met de ander hebt. Het gaat om jullie allebei. Jullie hebben allebei problemen en tekortkomingen. Erken dat en bespreek hoe je ze samen aan kunt pakken. In de praktijk kan het lastig zijn om 'ik' en 'jij' te vermijden, maar door dat te doen bespaar je jezelf het veel grotere ongemak van een gesprek met iemand die zich continu verdedigt. Hieronder staat een aantal nuttige uitspraken met 'we' erin:

'We moeten hieraan werken.'
'We moeten veranderen.'
'Er zijn dingen die we allebei moeten leren.'
'Zullen we dit samen proberen?'

Als je eenmaal je bedoeling hebt vastgesteld, kun je je gevoelens met elkaar gaan delen. Wanneer je zegt 'ik vind', suggereert dat een gefixeerd standpunt, terwijl 'ik heb het gevoel' suggereert dat je je emotionele reactie beschrijft, die kan veranderen.

'Als jij dit doet, voel ik me zo.'

'Als je het vuilnis niet buitenzet, heb ik het gevoel dat je het huishouden niet belangrijk vindt.'

'Als je me bekritiseert, heb ik het gevoel dat je niet van me houdt.'

Beledig de ander niet en stel je niet defensief op. Probeer direct en respectvol te zijn, in plaats van je geliefde af te kraken omdat hij of zij niet in je behoefte heeft voorzien. Misschien werp je nu tegen dat je geen tijd hebt voor zo'n omslachtige benadering van je problemen; je bent liever direct. Maar als we geen tijd hebben om fatsoenlijk te communiceren, zullen we alleen maar meer tijd moeten maken voor nóg meer conflicten.

Ik raad niet aan dat je tegen je partner zegt: 'O jee, volgens Jay doen we het allemaal helemaal verkeerd.' Dat zou óók tot een verdedigende reactie leiden (en mij in de problemen brengen). Zeg in plaats daarvan: 'Ik zou graag met je praten over de manier waarop we ruziemaken. Ik ben ervan overtuigd dat dit onze relatie kan veranderen.' Als het om communicatie gaat, spreek dan altijd een tijdstip af en kom met verzoeken in plaats van klachten.

Probeer dit:

HET BESPREKEN VAN COMPLEXE KWESTIES

Complexe kwesties kunnen we niet oplossen met simpele afspraken als 'Ik beloof dat ik mijn sokken voortaan in de wasmand doe', en 'Daar zal ik je aan herinneren als je ze op de vloer laat liggen'. Voor een groot probleem is er niet altijd een snelle of makkelijke oplossing, en in dat geval zul je er langer over na moeten denken en er meer werk in moeten steken. Dit begint met het verwoorden van het probleem en er samen over nadenken. Hieronder staan enkele manieren om je op gang te helpen, zodat je niet in de verleiding komt om je er met een oppervlakkige oplossing van af te maken, maar ruimte creëert om het probleem beter te begrijpen en verder te bespreken.

'Dit heb ik gehoord... En dit ga ik in het vervolg proberen te doen.'

'Dit punt treft me... En het helpt me om dingen anders te zien.'

'Nu begrijp ik wat je echt wilt... Zo kan ik er realistisch op reageren.'

'Ik weet niet precies wat de oplossing is... Maar ik geef om je, en ik zou er graag volgende week samen verder over praten.'

'Het spijt me dat het zo lang duurde voordat ik het begreep. Ik zie wat het met je gedaan heeft... Laten we hier samen aan werken.'

'Ik zie hoe hard je je best doet... Ik zal geduldiger en begripvoller zijn.'

Benoem gaandeweg wat je van elkaar hebt geleerd. Aan het eind van dit gesprek moet je niet beloven dat je iets nooit meer zult doen, tenzij je die belofte echt na kunt komen. Committeer je in plaats daarvan aan datgene wat je zult probéren te doen.

Woedebeheersing

Wat als je partner, hoe hard je ook je best doet, verstrikt blijft in woede en ego? Misschien ontkent hij of zij zelfs dat er een probleem is. Als je om de relatie geeft, zul je in dat geval extra hard moeten werken.

Als je partner zich verzet, probeer dan te zeggen: 'Luister, ik wil dit gesprek met je voeren omdat ik denk dat we samen kunnen zorgen dat het beter gaat tussen ons. Ik doe dit niet om mijn gelijk te halen. Ik doe dit niet voor mijn ego. Ik doe dit niet om te bewijzen dat jij het verkeerd hebt. Ik doe dit niet om je zwart te maken of je een slecht gevoel te bezorgen. Ik doe dit omdat ik echt wil dat het goed met ons gaat. Laten we bespreken wat voor relatie we willen.'

Wanneer je je partner uitlegt wat je probeert te doen, verhoog je zijn of haar bewustzijn. Zo geef je de ander de gelegenheid om te reageren met: 'Oké, ik ben het met je eens.' Dan heb je in elk geval een duidelijker beeld van de uitdagingen en het potentieel van de relatie (of het gebrek daaraan). Hieronder staat een aantal reacties waar je mee te maken kunt krijgen als je partner niet met jou op één lijn zit.

Wanneer je geconfronteerd wordt met:	Reageer je zo:
Woede/ego	Mensen handelen vanuit hun ego wanneer ze zich aangevallen voelen. Het is je niet gelukt om neutraliteit te bereiken, of dat is niet aangekomen bij de ander. Je partner heeft nog steeds het gevoel dat het probleem dat jij hebt aangekaart alleen zijn of haar probleem is. Spreek een moment af en gebruik woorden die laten zien dat je hier als team samen aan wilt werken.
Afwijzing/ bagatellisering	Je partner begrijpt niet of weigert te zien hoe belangrijk dit voor je is. Zorg ervoor dat je het kernprobleem duidelijk hebt bepaald, en gebruik 'wij'-taal wanneer je zegt: 'We begrijpen het werkelijke probleem niet. De echte uitdaging is (het kernprobleem).' Het kernprobleem is iets wat je partner niet weg kan wuiven.
Generalisatie/ verwijten	Als je partner een kwestie breder trekt – door een gebeurtenis op het geheel van jullie interacties te betrekken of jou de schuld te geven – neem dan verantwoordelijkheid en bied je excuses aan. Zoek vervolgens neutraliteit om de dialoog weer terug te brengen naar de intentie van het gesprek en wat je samen wilt bereiken. Zeg: 'Ik begrijp waar die gevoelens vandaan komen. Laten we ons op één ding tegelijk richten.'
Dichtklappen	Als je partner dichtklapt, is dit niet het juiste moment of de juiste plek om het probleem op te lossen. Zorg ervoor dat je weet wat de manier van ruziemaken van je partner is, en spreek dan samen een goede plek en goed moment af om verder te praten.

Toegeven/opgeven zonder dat er iets is opgelost	Soms wil een partner zo graag een eind maken aan een conflict dat hij of zij overal mee instemt, terwijl jij het gevoel hebt dat hij of zij zich er niet aan zal houden of het niet echt meent. Gebruik in dit geval specifieke taal. 'Dit spreken we af. Jij komt vijf dagen per week om zes uur 's avonds thuis, en ik maak geen plannen voor het weekend zonder eerst met jou te overleggen. Stemmen we allebei met dit plan in?'

Je kunt een ruzie niet in je eentje oplossen – je moet er allebei achter staan. Er moet enthousiasme zijn voor de relatie en het voortbestaan ervan. Dat enthousiasme is misschien niet meer zo groot als aan het begin, maar het ontwikkelt zich tot een doorlopende commitment om moeite te doen voor de relatie. Als je partner weigert om over een kwestie te praten of onder ogen te zien dat er een probleem is, moet je bedenken of je daarmee kunt leven. Ik zal je echter dit vertellen: als het belangrijk is, is het belangrijk. Als je partner er niet over in gesprek wil, wend je dan tot Regel 7, waar we bespreken hoe we met verschillen moeten omgaan die we niet kunnen accepteren.

Verbintenis

Om het probleem op te lossen zul je tot afspraken moeten komen. Die afspraken houden onvermijdelijk verandering in; anders loop je waarschijnlijk weer tegen hetzelfde conflict aan. Dit betekent niet dat een van de partners beloftes moet doen als 'Ik zal dit nooit meer doen', of 'Dit is de laatste keer', of 'Dit zal nooit meer gebeuren'. We komen graag met dit soort dramatische verklaringen. We willen ze horen en we spreken ze graag uit, of het nu is omdat we ons verplicht voelen op deze manier te laten zien hoe groot onze commitment is, of omdat zulke betekenisloze uitspraken in feite makkelijker zijn dan het moeizame werk dat ervoor nodig is om de relatie aan te passen en te verbeteren. Je maakt veel meer kans om tot een oplossing te komen als je gesprekken voert met je partner dan wanneer je holle uitspraken doet.

Soms hebben we hulp van buitenaf nodig om een oplossing te vinden. Bepaalde onderwerpen zijn te complex of uitdagend om ze zelf aan te pakken. Als het je niet lukt om met z'n tweeën het conflict op te lossen, roep dan de hulp in van een objectieve derde persoon die je hierbij kan helpen. Het liefst is dat geen vriend of familielid – je hebt meer aan iemand die werkelijk objectief is, zoals een therapeut, een mediator of een spirituele of religieuze raadgever die je kunt vertrouwen, als deze tot je beschikking staat. Het is gezond om hulp te vragen. En het is de moeite waard.

Houd in gedachten dat het doel van de productieve ruzie niet is om een specifieke reactie of een positieve respons te krijgen. Wat je zoekt is een oplossing voor het probleem.

Groei

Ruzies kunnen tot groei leiden als we verantwoordelijkheid nemen voor ons aandeel in het probleem, en dat doen we door onze excuses aan te bieden. Zelfs als je dat al in een vroeg stadium hebt gedaan, kan het ook een krachtige manier zijn om de kwestie af te sluiten, nadat je een oplossing hebt gevonden. Als je het niet op de goede manier doet, kan een verontschuldiging natuurlijk net zo betekenisloos zijn als het voornemen om 'het nooit meer te doen'. Als kinderen hebben we geleerd om 'sorry te zeggen', en die woorden werden dan geacht alle wonden te helen. Als volwassenen moeten we echter méér doen dan pleisters plakken. In een productieve ruzie heeft een verontschuldiging meer zeggingskracht dan een spijtbetuiging. Je formuleert het probleem er opnieuw mee en committeert je aan verandering. Een echte verontschuldiging kent drie stappen: acceptatie, verwoording en actie.

Acceptatie. Als je je excuses aanbiedt, moet je om te beginnen werkelijk spijt hebben van je fout of vergissing. Dat kan alleen als je onder ogen ziet hoe de keuzes die je hebt gemaakt de gevoelens van je partner hebben beïnvloed. Verder moet je verantwoordelijkheid nemen voor de uitkomst.

Verwoording. Na het aanbieden van je excuses moet je duidelijk laten blijken dat je begrijpt welke uitdagingen en emoties er spelen en dat het je oprecht spijt. Dit betekent niet dat je met een grootse en meeslepende verklaring hoeft te komen waarin je belooft dat je het nooit meer zult doen. In plaats daarvan vertel je over de gedragsverandering die je zult gaan doorvoeren om te zorgen dat het nooit meer gebeurt. Je kunt bijvoorbeeld zeggen: 'Ik snap dat je er niets aan hebt als je gestrest bent en ik herinner je eraan wat je allemaal nog moet doen. In plaats daarvan ga ik je steunen.' Of je kunt zeggen: 'Het spijt me dat ik je in het begin van onze relatie heb gekleineerd en dat je je daardoor niet gerespecteerd en niet geliefd voelt, en onzeker. Ik ga mijn best doen om in te zien waarom ik dat doe, en om beter met je mee te leven en je te steunen. Ik ga proberen na te denken voordat ik iets zeg.'

Actie. Ten slotte maken we onze toezeggingen waar en gaan we daadwerkelijk proberen te voorkomen dat we dezelfde fouten maken. Het opvolgen van de belofte van verandering is de belangrijkste uitkomst van de ruzie. Zoals ik iemand weleens heb horen zeggen: 'De beste verontschuldiging is veranderd gedrag.'

Je partner kan net als jij met een betekenisvolle verontschuldiging komen, maar als dat niet gebeurt, heeft hij of zij misschien tijd nodig. Je kunt de ander de mogelijkheid bieden om in zijn of haar eigen tempo met een eigen verontschuldiging te komen door te zeggen: 'Helpt het als je precies weet waar ik spijt van heb? Ik hoor graag wat je vindt nadat je tijd hebt gehad om erover na te denken.'

Probeer dit:

SCHRIJF EEN EXCUUSBRIEF

Ga zitten en bedenk waar je je partner allemaal je excuses voor zou kunnen aanbieden – alles waar je nog spijt van hebt. De bedoeling hiervan is niet dat je jezelf beter gaat voelen of door het stof kruipt. Het gaat erom dat je verantwoordelijkheid neemt voor je fouten, dat je je partner laat weten dat je nadenkt over je gedrag en wat dat met de ander doet, en dat je gevoelens benoemt en erkent die je zou moeten hebben gezien maar misschien hebt gemist. Op deze manier laat je je partner zien dat dit belangrijk voor je is.

Schrijf voor elke fout die je hebt gemaakt het volgende op:

1. De fout zelf
2. Wat jij denkt dat de fout met je partner heeft gedaan
3. Wat je spijt
4. Hoe je het gaat herstellen of wat je in het vervolg anders zult gaan doen

Laat verwijten, verklaringen of smoesjes achterwege. Je hebt al tekst en uitleg gegeven terwijl jullie aan het probleem werkten. Nu gaat het erom dat je laat zien dat je begrijpt hoeveel pijn je je partner hebt gedaan. Nadat je de excuusbrief hebt geschreven, geef je die aan je partner. Laat de ander weten dat je dit hebt geschreven zonder verwachtingen over een eventuele reactie; je wilde gewoon je liefde op een nieuwe manier uitdrukken, door serieus na te denken over oude gevoelens of fouten of ergernissen die misschien nooit eerder zijn uitgesproken of opgelost.

De dealbreaker

Soms lijkt vrede ver weg. Het voelt alsof een ruzie niet op te lossen valt. Geen van beiden geeft ook maar een duimbreed toe, en jullie zijn allebei niet blij met de scheur in je relatie. Als geen van beiden verandert, dan zullen jullie allebei een manier moeten vinden om er vrede mee te hebben (of dezelfde ruzie steeds opnieuw te voeren). Volgens psychiaters Phillip Lee en Diane Rudolph, twee echtgenoten die samenwerken als relatie-experts, kunnen stellen in de gewoonte vervallen om ruzie te maken zonder dat er iets wordt opgelost. Bij deze ruzieverslaving, zoals zij het noemen, zit het stel 'gevangen in een communicatiepatroon dat hen in een schijnbaar eindeloze vicieuze cirkel van steeds dezelfde ruzies stuurt'.[10] Dat klinkt niet aangenaam.

Het onderwerp van je ruzie hoeft niet iets te zijn wat je óf vermijdt óf waar je steeds opnieuw ruzie over maakt. Wellicht zou het een neutrale zone moeten zijn – een ruimte waar je afspreekt elkaars mening te respecteren en geen pogingen te doen om die te veranderen. Dat is iets anders dan boos zijn en niet over een onderwerp praten. In sommige (misschien wel vele) gevallen kunnen we leren om deze verschillen te accepteren. Ze hoeven de relatie niet te beschadigen. Het kan bijvoorbeeld zijn dat je partner nooit enthousiast zal zijn over een groot feest op het werk of een flashmob waar je samen aan meedoet, omdat hij of zij nu eenmaal meer houdt van rustige gelegenheden waar je persoonlijke gesprekken kunt voeren. Dat hoeft helemaal geen probleem te zijn. *Onoplosbaar* hoeft geen ontmoedigende term te zijn; het kan ook gewoon betekenen dat de kwestie niet weg zal gaan omdat de bron van het conflict niet weg zal gaan. In zo'n geval kun je onderhandelen over oplossingen die voor jullie allebei werken. Zoek een vriend of vriendin die met je mee wil gaan naar het feest. Of ga in ruil voor de aanwezigheid van je partner ook een keertje mee naar iets wat hij of zij geweldig vindt en waar jij niet laaiend enthousiast van wordt.

Er zijn ook moeilijke onderwerpen waar je het wél over eens moet worden. Jullie financiën bijvoorbeeld, de school waar jullie kinderen naartoe gaan of wat je moet doen wanneer je partner geregeld contact heeft met een ex omdat zij samen kinderen hebben. Met een positieve instelling en de instrumenten die ik je heb gegeven kun je hier waarschijnlijk je weg wel in vinden. Dat je problemen met z'n tweeën benadert en manieren zoekt om het als team uit te vechten, garandeert echter nog niet dat je de reactie of de oplossing zult krijgen die je wilt. Wanneer je steeds weer tegen een complex probleem op loopt en overeenstemming niet dichterbij komt, kun je geconfronteerd worden met een diepe scheur in je relatie. Dat is het punt waarop onze ruzies naar de grootste vraag leiden waar we ons sinds het begin van de relatie voor gesteld zien: moeten we bij elkaar blijven? Deze uitdaging zullen we bespreken in de volgende regel.

Je breekt niet in een relatiebreuk

Het is niet je taak om liefde te zoeken, maar enkel om alle barrières in jezelf te zoeken en te vinden die je ertegen hebt opgeworpen.

RUMI[1]

Signalen van problemen

Liefde valt niet van de ene op de andere dag uit elkaar. De eerste periode van je relatie was als een pas geschilderde muur. Glad, vlak, klaar om gevuld te worden met beelden van het leven dat op jullie wachtte. De muur eronder was misschien niet perfect, maar met een vers likje verf zag die er prima uit. Op elke muur verschijnen echter uiteindelijk krassen – misschien zelfs van de bagage die op de verhuisdag al naar binnen is gebracht. Misschien heb je het te druk gehad om er iets aan te doen. Misschien heb je jezelf voorgehouden dat het geen probleem was, maar zei je dat alleen maar om je er niet druk om te hoeven maken. Je weet dat die krassen niet weggaan tot je er iets aan doet, maar je kunt er een poosje mee leven. In de loop der tijd ontstaan er meer krassen. Je loopt er elke dag langs. Als ze je dwars gaan zitten, werk je ze misschien een beetje bij. Wellicht besluit je zelfs dat het tijd is om die muur opnieuw te schilderen.

Zo verschijnen er ook scheurtjes in relaties. In de drukte van het leven ontstaan er krassen en deukjes die niet weggaan tenzij je er iets aan doet. Misschien tankt je partner nooit als de benzine bijna op is. Misschien klaagt je partner de hele tijd over een vervelende collega. Misschien doet je partner elke keer moeilijk over bezoekjes aan je ouders. Wat iedere persoon als een kras ziet zal verschillen, maar dit zijn kleine kwesties. Je zou ze kunnen bijwerken als je dat wilde, en die wetenschap zou je het vertrouwen moeten geven om ermee te leven. Je moet echter bereid zijn om ze te accepteren als de charme van een huis waar al eerder in gewoond is. Niet elk deukje betekent dat de muren zullen instorten. Als we elke kras als een aardbeving behandelen, leggen we onnodige druk op de relatie. Met andere woorden, als je er te moeilijk over doet, groeien die krassen uit tot scheuren.

Een scheur in een muur suggereert een structureel probleem dat je moet aanpakken en niet te lang moet negeren. Er zijn talloze voorbeelden van scheuren in een relatie. Je komt bijvoorbeeld geregeld je beloftes niet na om je gedrag te veranderen; of je voelt je aanhoudend ongemakkelijk in het gezelschap van een van de familieleden van je partner, maar voelt je hierin niet gesteund; of je hebt het gevoel dat de relatie zich op de automatische piloot voltrekt – je praat nooit meer samen. Als er een scheur in de relatie zit, moet je daar iets aan doen. In het voorgaande hoofdstuk hebben we besproken hoe je alledaagse krassen en scheurtjes kunt aanpakken.

Soms kijk je naar een muur in je huis en besef je dat er een serieus probleem is dat je niet kunt oplossen met een likje verf. Er is bouwtechnisch iets mis, en die barst die dwars over de muur loopt is slechts een symptoom van het grote onderliggende probleem. In dit geval zullen jullie met z'n tweeën de boel moeten repareren, of anders volgt er een relatiebreuk.

Laten we een paar voorbeelden bespreken van ernstige scheuren die op de een of andere manier moeten worden aangepakt: misbruik, ontrouw, passiviteit, onverschilligheid.

Misbruik is een dealbreaker

Ten eerste wil ik dat je weet dat je het verdient om veilig te zijn. Als je je niet veilig voelt, of het nu lichamelijk is, emotioneel, of allebei, is de vraag niet of je moet vertrekken, maar hoe je veilig kunt vertrekken. Misbruik is elke vorm van gedrag die de ene partner gebruikt om controle over de ander uit te oefenen, en dat mag niet voorkomen in een relatie. Volgens de Amerikaanse National Domestic Violence Hotline zijn er zes categorieën van misbruik: lichamelijk, emotioneel en verbaal, seksueel, financieel, digitaal en stalking.[2] Lichamelijke bedreigingen en geweld tegen jou, je kinderen, je familie of je huisdieren zijn de meest voor de hand liggende tekenen van misbruik, maar alles wat ik hierna noem is ook een veelvoorkomend signaal. Je partner bemoeit zich met je beslissingen – hij of zij bepaalt hoe je je tijd doorbrengt, bijvoorbeeld of je mag werken en wanneer je wel of niet naar buiten mag; je partner vertelt je wat je wel en niet mag dragen; je partner vertelt je met wie je mag afspreken. Je partner toont extreme jaloezie en probeert te bepalen hoeveel tijd je met familie en vrienden doorbrengt. Je partner gebruikt kwetsende taal, blikken en gebaren, en beledigt, vernedert of bedreigt je privé of in gezelschap van andere mensen. Je partner bepaalt hoeveel geld je krijgt en waar je het aan mag uitgeven. Je partner is de baas in bed en zet je onder druk om seks te hebben of handelingen te verrichten die je niet prettig vindt. Dit valt allemaal niet onder partnerschap. Dit is eigenaarschap.

Het kan heel moeilijk en eng zijn om een relatie te verlaten waarin iemand controle over ons uitoefent. Wanneer misbruikers de macht uit handen wordt genomen, kunnen ze gevaarlijk worden. Als je in je relatie lichamelijk of emotioneel misbruikt wordt, moet je echter toch op een veilige manier weg zien te komen. Bevind je je in een dergelijke situatie, dan is mijn eerste advies altijd, zoals ik eerder ook al zei, om professionele hulp te zoeken. Neem alsjeblieft contact op met Veilig Thuis, het advies- en meldpunt voor huiselijk geweld, kinder- en ouderenmishandeling, op telefoonnummer 0800-2000.

Angst kan ook een rol spelen wanneer die niet overvloeit in misbruik. Het kan bijvoorbeeld zijn dat je in je relatie op je tenen loopt omdat je bang bent je partner boos te maken. Je verwacht een negatieve reactie van je partner en piekert over hoe je zult reageren.

De reactie die we proberen te vermijden kan eenvoudige boosheid zijn, maar die kan ook spot of kritiek zijn. Constructieve kritiek is waardevol wanneer het rustig en met goede bedoelingen door een goeroe wordt gebracht. Je schiet er niets mee op als je nooit eens tegengas krijgt. Als je partner je echter in je gezicht of achter je rug vernedert, helpt dat je niet om te groeien. En als je partner geregeld onverschillige of agressieve taal tegen je bezigt of vice versa, eist dat een duidelijke tol van je relatie. Volgens onderzoek door psychologen Clifford Notarius en Howard Markman is er maar één agressieve of passief-agressieve opmerking voor nodig om twintig vriendelijke handelingen uit te vlakken.[3]

Als er in je relatie sprake is van angst en kritiek, is het moeilijk om je vrij te voelen om jezelf te zijn. Je speelt een rol, zodat jij en de relatie voldoen aan de eisen van je partner. Natuurlijk spelen we op ons werk en daarbuiten tot op zekere hoogte altijd een rol. Vaak laten we in meer of mindere mate een enigszins beheerste, verbeterde of getrainde versie van onszelf zien om ons aan verschillende omstandigheden aan te passen. We kunnen niet verwachten dat we ons elke dag in elke situatie volledig onszelf voelen, maar bij onze partner willen we niet het idee hebben dat we moeten doen alsof.

Als je beseft dat je uit angst handelt, hoef je niet direct weg te rennen van de relatie. Probeer eerst meer te delen wie je werkelijk bent. Maak korte metten met die illusies. Je kunt zeggen: 'Hé, ik weet dat ik zei dat ik van honkbal houd, maar eigenlijk vind ik er niets aan. Ik kijk liever niet meer samen naar de wedstrijden.' Zoiets kleins zal niet snel tot ophef leiden, maar in een andere situatie kan er veel meer op het spel staan. Misschien zul je moeten zeggen: 'Ik weet dat ik zei dat ik geen kinderen wil, maar ik ben niet echt eerlijk geweest. Ik dacht dat je na verloop van tijd van gedachten zou veranderen. De waarheid is dat ik heel graag kinderen wil, en ik zou het echt als een gemis ervaren als we ze niet zouden krijgen.' Of misschien wil je een belangrijke verandering aanbrengen in je alledaagse leven – verhuizen, of een nieuwe levensvervulling najagen. Als de relatie je dierbaar is, doe dan serieus moeite om uit te drukken wie je werkelijk bent. Op de korte termijn veroordeeld worden is beter dan lange tijd gevangenzitten in de verkeerde situatie. Als je de relatie alleen kunt laten voortduren door je anders voor te doen dan je bent, wordt het tijd om erover na te denken of je er niet mee moet stoppen.

Zie deze reis niet als iets wat je in je eentje moet ondernemen. Eenzaamheid en afzondering kunnen ons in de weg staan bij de zware keuze om te vertrekken. Misschien zijn we bang voor de manier waarop ons leven zal veranderen zonder die ene persoon of die ene situatie. Anderen hebben echter net zo geleden als jij, en anderen lijden ook nu, en anderen zijn weggegaan. Het kan heel goed zijn dat je hulp nodig hebt, en er is niets beschamends aan om te erkennen dat je in een moeilijke situatie zit en om hulp en steun te vragen.

Ergens diep vanbinnen wist mijn vriendin Judy dat het tijd was om haar man te verlaten. Ze vertelde me: 'Op mijn werk heb ik geen moeite met het nemen van beslissingen. Ik ben altijd trots geweest op mijn heldere hoofd en ik heb me altijd zeker gevoeld van mezelf. Maar ook al waren we niet langer gelukkig, ook al behandelde hij me elke dag met minachting en een totaal gebrek aan respect, op de een of andere manier kon ik het niet opbrengen om weg te gaan bij de vader van mijn kinderen.' Ze wilde er liever niet met haar vriendinnen over praten. 'We zijn vierentwintig jaar bij elkaar geweest. Ik durfde niet toe te geven hoelang ik al ongelukkig was en hoe erg het was geworden. Ik heb het gevoel dat je vrienden soms gewoon willen dat je bij elkaar blijft – dan voelen ze zich stabieler in hun eigen huwelijk.' Uiteindelijk wendde Judy zich tot een online gemeenschap van vrouwen waar ze zich onlangs bij had aangesloten. 'Ik kende hen niet, en ze waren geen van allen experts, maar ik kon mijn situatie anoniem delen, en zo subjectief als ik maar wilde. Hun gezamenlijke wijsheid dekte zoveel verschillende aspecten van wat ik meemaakte: mijn behoefte aan zelfstandigheid, mijn hechting aan het verleden, mijn vastberadenheid om me aan mijn trouwgeloftes te houden, mijn hoop voor de toekomst, mijn angst om alleen te zijn, mijn zorgen over de kinderen, mijn angst dat de reactie van mijn man ons gezin in gevaar zou brengen. Waar ik ook mee worstelde, er waren altijd wel vrouwen in de groep die het herkenden. Het verraste me bijna hoeveel helderheid de online gesprekken met deze vrouwen me brachten. Bovendien hebben ze me manieren aangereikt om met mijn man te communiceren die na alle emoties van de afgelopen jaren nooit bij me zouden zijn opgekomen, en ze brachten me in contact met plaatselijke bronnen, waardoor mijn veiligheid werd gewaarborgd.'

Je hoeft niet alleen te zijn wanneer je moeilijke beslissingen neemt en je in het onbekende waagt. Zoek experts of mensen die je steunen, of het nu via online forums is, boeken, vrienden of organisaties. Je verdient liefde en respect, en je veiligheid moet boven alles staan.

Ontrouw is een flinke horde

Een van de meest voorkomende redenen waarom mensen een eind maken aan hun relatie is vreemdgaan. Volgens gegevens van gemeenschapsgezondheidscentra overleefde slechts 15,6 procent van de relaties waarin een partner had toegegeven vreemd te zijn gegaan.[4] Er zijn allerlei zaken die ertoe kunnen leiden dat de ene partner de ander verraadt, en er zijn hele boeken geschreven over de verwerking hiervan, maar het lijdt geen twijfel dat het vertrouwen, als het eenmaal is beschadigd, alleen kan worden hersteld door veel werk en inzet van beide partijen.

In NOT 'Just Friends' schrijft psycholoog en ontrouwexpert doctor Shirley Glass dat het natuurlijk is om de relatie direct te willen beëindigen als je partner vreemd is gegaan, en dat dat de juiste beslissing kan zijn.[5] Dat laatste valt echter moeilijk te zeggen wanneer de emoties zo hoog oplopen. 'Zelfs als je nog niet weet of de [relatie] kan worden gered,' schrijft Glass, 'moet je geen besluit nemen wanneer je je op het dieptepunt van je relatie bevindt…

Om het harde werk te verrichten van het verkennen van de betekenis van de ontrouw zul je een fundering moeten bouwen van commitment, betrokkenheid en meelevende communicatie.' Als jij de partner bent die is bedrogen, zul je dus ook zelf je beste beentje voor moeten zetten. 'Jij en je partner kunnen samenwerken om een helende sfeer te creëren die rustig is, waar je informatie kunt delen en waar liefde en zorgzaamheid jullie opnieuw met elkaar kunnen verbinden. [En jullie] kunnen beginnen met het uitvoeren van specifieke reparaties aan de relatie die elk van jullie zullen helpen je meer verbonden te voelen.' In een onderzoek naar stellen die ontrouw hadden meegemaakt, zei 72 procent van de mensen bij wie de ontrouwe partner bereid was de vragen van de ander te beantwoorden dat het was gelukt om het vertrouwen weer op te bouwen.[6]

Om het vertrouwen te kunnen herstellen moet de persoon die is bedrogen de ander kunnen vergeven. Volgens huwelijks- en familietherapeut Jim Hutt is de relatie ten dode opgeschreven als de bedrogen partner de ander blijft straffen en verwijten blijft maken.[7] Als je de ander steeds blijft straffen, straf je dus ook jezelf. Niemand verwacht van je dat je je partner direct vergeeft, maar zie in dat je allebei moeite moet doen om het vertrouwen te herstellen, ook al is de ander degene die het heeft beschadigd.

Sommige stellen vertellen dat ze elkaar na het herstellen van de schade door ontrouw zelfs nog meer vertrouwen, dus het is wel degelijk mogelijk om te helen. Het vergt echter totale inzet en toewijding van beide partners. En het kost tijd. Glass merkt op dat van een groep van driehonderd stellen met wie ze werkte en bij wie een van de twee was vreemdgegaan degenen die samen minstens tien therapiesessies bezochten 'een veel betere kans hadden om bij elkaar te blijven' dan degenen die minder sessies bijwoonden.[8]

Als jij degene bent die is vreemdgegaan, verbreek de relatie dan niet voor iemand anders. Doe het voor jezelf. Als je je partner bedriegt, dan heb je de tijd niet genomen om jezelf te begrijpen. Jullie hebben samen iets opgebouwd. Als dat kapot is, ga dan weg. Maar laat het stof neerdalen voordat je iets met iemand anders begint.

Als je je in een nieuwe relatie stort terwijl het stof nog om je heen dwarrelt, zal dat de nieuwe relatie onherroepelijk bemoeilijken. Je wilt niet in dezelfde puinhoop terechtkomen, met dezelfde problemen.

Klinisch maatschappelijk werker Robert Taibbi bespreekt waarom reboundrelaties zo aantrekkelijk lijken.[9] 'Als je relatie voorbij is, ontstaat er een leegte in je leven... Er is sprake van rouw en verdriet omdat de psychologische verbinding is verbroken.' Volgens Taibbi is het makkelijk om een tunnelvisie te ontwikkelen, waarbij je alleen nog maar het slechte in de relatie en je partner ziet. In dat geval lijkt de oplossing eenvoudig: 'Vind iemand die niet zo is.' Maar uiteraard ben jij nog steeds dezelfde persoon die je in je laatste relatie was, en dus zul je een aantal van de uitdagingen uit die relatie met je meenemen. In feite toont onderzoek door socioloog Annette Lawson aan dat slechts een op de tien mensen die voor iemand anders zijn gescheiden uiteindelijk trouwt met de persoon met wie hij of zij een affaire had.[10]

Probeer dit:

ANALYSEER WAAROM JE WEGGAAT

Doe je dit werkelijk voor jezelf, of ben je betoverd door een geweldige nieuwe persoon? Ga dit na bij jezelf.

AFWEGINGEN

1. *Verleidingscheck.* Als je de nieuwe persoon niet had ontmoet, zou je dan bij je huidige partner blijven? Als het antwoord ja is, doe dan je best om de relatie nieuw leven in te blazen.

2. *Realiteitscheck.* Als een goochelaar je vertelt hoe een truc in zijn werk gaat, dan is die truc niet zo bijzonder meer.

$\longrightarrow$

Een nieuwe relatie zit vol met magie, maar je weet niet wat er overblijft als de magie is vervaagd. Ga ervan uit dat de schone lei van je nieuwe relatie zijn eigen barsten zal gaan vertonen. Ben je bereid daaraan te werken, of stuit je dan gewoon weer op dezelfde frustratie en desillusie?

3. *Karmacheck.* Onthoud: als jij bij je partner weggaat voor iemand anders, kan je nieuwe partner dat ook bij jou doen. Als je weggaat, doe dat dan omdat je oprecht gelooft dat er geen toekomst met je huidige partner is en dat je liever alleen zou zijn dan bij hem of haar.

Afnemende interesse

Echtscheidingsadvocaat Joseph E. Cordell zegt dat hij in zijn werk veel stellen ontmoet bij wie er sprake is van een gebrek aan dagelijkse communicatie.[11] In zulke gevallen 'delen of bespreken partners niet wat er in hun levens speelt'. Dit kan je partner het gevoel geven dat hij of zij geen belangrijk onderdeel van je leven is. Als je al tien jaar bent getrouwd, ren je misschien niet meer naar de deur om je partner na het werk te begroeten, maar in het algemeen zou het een positieve ervaring moeten zijn om de ander weer te zien. Als je de naam van je partner op het scherm van je telefoon ziet verschijnen en je veegt de oproep weg, dan is er iets mis. Het is heel belangrijk dat je jezelf dan vraagt: waarom neem ik dat telefoontje niet aan?

Een van de redenen dat we iemand vermijden, is dat we de verhalen van die persoon niet willen horen. We zien niet langer wat interessant is aan onze partner, omdat we al zo lang geen echt contact meer hebben gehad. Het is moeilijk om dit aan onszelf toe te geven, omdat we onszelf graag beschouwen als geïnteresseerde, loyale mensen. Om dit volledig te evalueren moet je jezelf vragen of er mensen in je leven zijn met wie je wél contact zoekt, mensen wier gezelschap je graag opzoekt en met wie je graag praat. Dit zal je helpen om vast te stellen of dit een breder probleem voor je is, of dat het specifiek te maken heeft met deze relatie. Ga ook na of dit gevoel blijft, of dat het slechts een fase is. Als je je er nooit meer op verheugt om je partner te zien, weet je dat je gevoelens voor hem of haar blijvend zijn veranderd.

Zelfs als je je partner niet ontloopt, is het nog steeds een slecht teken als je je vermoeid en weinig enthousiast voelt wanneer jullie samen tijd doorbrengen.

Een ander teken van afnemende interesse is dat je slecht of goed nieuws niet met je partner wilt delen. Bedenk wie er bij je opkomt wanneer je goed nieuws te delen hebt. Staat je partner niet in de top drie, dan vind je hem of haar waarschijnlijk niet belangrijk genoeg om het mee te delen, of je hebt het gevoel dat het hem of haar weinig zal kunnen schelen. Wanneer we ophouden met het delen van persoonlijke informatie met anderen, dan is het omdat we niet langer een persoonlijke verbinding met die persoon voelen. Natuurlijk is niet al jouw goede nieuws van belang voor je partner – hij of zij hoeft niet blij voor je te zijn dat je een nieuwe trui hebt gekocht –, maar over het algemeen zou je het gevoel moeten hebben dat het je partner gelukkig maakt om jou gelukkig te zien, en dat je partner je wil troosten als jij verdrietig bent.

Een overduidelijk teken dat de belangstelling is verdwenen, is het gevoel dat je niets meer van elkaar kunt leren. Huwelijks- en gezinstherapeut Marilyn Hough beschrijft een stel in haar praktijk dat niet meer samen groeide.[12] Jane volgde een opleiding tot therapeut, en Tom werkte als technicus en was de kostwinner van het gezin. Tom vond Janes wens om therapeut te worden tijdverspilling. Jane had het gevoel dat haar man haar niet zag, en Tom voelde zich niet gesteund in zijn werk. Ze groeiden niet meer samen, en tegen de tijd dat ze aan de therapie begonnen, 'was de kloof gewoon te groot om nog te overbruggen. Er waren te veel jaren verstreken waarin ze hun ware gevoelens en verlangens niet hadden gedeeld.' Vanaf dat moment ging het niet meer om het herstellen van de relatie, maar om het bewerkstelligen van een bewuste en liefdevolle relatiebreuk.

Wanneer een (of beide) partners niet langer moeite doet voor de relatie, kan het zijn dat deze persoon (of allebei) niet meer verliefd is. Voor degene die geen belangstelling meer heeft, kan het moeilijk zijn om dit uit te leggen. Het is ook een harde waarheid om te horen en te begrijpen. Geen enkele relatie is de hele tijd perfect. Maar als je op uitdagingen stuit, wees dan gewaarschuwd als jij de enige bent die ze probeert op te lossen.

Wegkwijnende intimiteit

Soms is de voornaamste uitdaging in een relatie niet een onoverkomelijke ruzie of gedrag. Soms zien we ons geconfronteerd met een gebrek aan verbinding. In het begin vliegen de vonken ervanaf. We voelen ons tot de ander aangetrokken. We voelen een positieve stroom van energie. Met het verstrijken van de tijd dooft de aanvankelijke opwinding, en dat voelt als een gemis. We houden nog steeds van onze partner, maar we vragen ons af waarom het niet meer zo is als in het begin, en of we ons net zo verbonden zouden moeten voelen als we ooit hebben gedaan.

Een cliënte van mij vertelde dat ze vriendinnen heeft met wie ze urenlang kan praten, maar dat ze geen idee heeft waar ze het met haar vaste vriendin over moet hebben. Ze vroeg me of dat betekende dat haar vriendin niet 'de ware' was. Ik vertelde haar dat we onze relatie moeten blijven verzorgen om die langdurig te laten bloeien, net als een plant zon, water, aarde en voedingsstoffen nodig heeft. Je zou kunnen zeggen: nou, dan koop ik toch gewoon een nieuwe plant? Maar als je dat doet, zul je ook die plant elke dag water moeten geven.

Het bevorderen van intimiteit

We bevorderen intimiteit in onze relatie door samen te leren en te groeien. Ik ken heel wat stellen die zeggen dat ze niets met elkaar gemeen hebben. Als ze samen uit eten zouden gaan, zouden ze niets te bespreken hebben. Op dit soort momenten hebben we de neiging om te vluchten in negativiteit. We roddelen of leveren kritiek of klagen over de mensen die we tegenkomen of de dingen die we doen. Zoals een citaat dat wordt toegeschreven aan Eleanor Roosevelt luidt: 'Grote geesten bespreken ideeën; gemiddelde geesten bespreken gebeurtenissen; kleine geesten bespreken mensen.'[13] Als we elkaar vinden in negatieve kwesties, produceren we een lage vibratie – een lage energie die niet lang standhoudt en weinig bevrediging geeft. Als we elkaar vinden in een neutrale, dagelijkse kwestie, zoals het huishouden, produceren we een gemiddelde vibratie die geen voeding geeft aan intimiteit en liefde. Maar wanneer we samen experimenteren en van elkaar en door elkaar leren, dan produceren we een hoge vibratie die onze verbinding stimuleert en ons energie geeft.

Als het je niet lukt om een hoge vibratie te produceren, kan dat zijn omdat je geen nieuwe gedachten hebt om te delen. Je steekt er geen tijd in om jezelf te ontwikkelen; je leest niet en je neemt geen nieuwe kunst of ideeën tot je.

HOGE VERSUS LAGE VIBRATIES

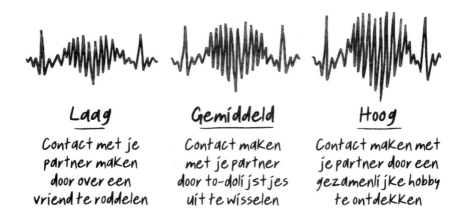

Laag
Contact met je partner maken door over een vriend te roddelen

Gemiddeld
Contact maken met je partner door to-dolijstjes uit te wisselen

Hoog
Contact maken met je partner door een gezamenlijke hobby te ontdekken

Je zult een relatie nooit kunnen resetten of opfrissen als je steeds maar het hetzelfde blijft doen. Het herhalen van activiteiten kan heel prettig en ontspannend voelen, maar door vertrouwde routines leer je niets nieuws over je partner. Als je daarentegen groeit, kan ook je relatie groeien. Intimiteit ontwikkelt zich en bloeit wanneer we meer aan elkaar onthullen, wanneer we ideeën uitproberen en ons kwetsbaar durven opstellen. Dit verdiept onze band.

Je kunt nieuwe gedachten en filosofieën niet online bestellen. Je opent je wereld door samen met je partner aan het verkennen te slaan. Intimiteit ontstaat door gedeelde avonturen: vermaak, ontwikkeling, ervaringen en experimenten, allemaal gericht op dezelfde uitkomst. Door een gezamenlijke ervaring kunnen we gedachten en standpunten delen en kijken of we het eens zijn. We leren over elkaar en met elkaar.

Vóór de pandemie nodigden Radhi en ik onze beste vrienden vaak bij ons thuis uit voor een diepgaande, prachtige meditatie. We hechten allebei veel waarde aan meditatie en spiritualiteit, en deze gelegenheden boden ons de kans om onze vrienden samen te dienen. Radhi plande het menu en de aankleding, terwijl ik de gastenlijst en de uitnodigingen regelde en ervoor zorgde dat alle logistieke taken werden afgehandeld. Als iedereen na afloop naar huis ging, voelden we ons blij en dankbaar dat we het samen voor elkaar hadden gekregen. Natuurlijk bereiken we dingen in onze eigen persoonlijke levens en carrières, maar onze relatie vraagt er ook om dat we sámen iets bereiken. Dit soort gelegenheden droegen bij aan onze gemeenschap en gaven onze relatie tegelijkertijd ook betekenis.

Vermaak

Aan het eind van een lange dag zijn we meestal te moe om iets anders te doen dan op de bank te hangen en tv te kijken. Vaak zijn we overwerkt en uitgeput en zien we passief vermaak als de makkelijkste manier om contact te maken met onze partner. Als jij door de lockdowns meer tv bent gaan kijken, ben je niet de enige. Mijn eigen heimelijke genot is het makelaarsprogramma *Selling Sunset*.

Als je tv gaat kijken, zijn er manieren om daar meer intimiteit uit te halen. Ga om te beginnen niet multitasken terwijl je voor de tv zit. Blijf van je laptop en je telefoon af, zodat je echt samen met je partner kijkt. Kies een boeiend programma en praat er achteraf over. Je hoeft je partner niet te dwingen om met een uitgebreide recensie te komen, maar je kunt wel vragen wat hij of zij van het programma vond, zodat jullie je allebei betrokken en verbonden voelen. Vermaak is maar een van de drie categorieën die ik hier voorstel. Ik zeg niet dat je nooit tv kunt kijken, maar als je al je gedeelde vrije tijd op die manier doorbrengt, dan moet je niet raar opkijken als je niets meer hebt om over te praten! Je partner zal het waarderen als je jezelf dwingt om er af en toe op uit te gaan. Een beetje moeite is het wel waard om de intimiteit te verdiepen.

Ervaringen en experimenten

Ervaringen en experimenten vereisen meer planning en energie dan vermaak, maar ze zijn zeker de moeite waard. Na afloop kun je je gedachten en meningen met elkaar delen. Een ervaring hoeft helemaal niet wild, duur of ver weg te zijn. Het kan een boeklancering zijn, een goochelshow, een kunsttentoonstelling, livemuziek in een bar. Je kunt een boerenmarkt bezoeken, een kookcursus volgen, wijn gaan proeven, dansles nemen, een picknick plannen, een natuurwandeling maken, een kerstmarkt bezoeken of een ommetje maken na het eten. Sleep de ander niet mee naar een plek of een evenement waar jij als enige in geïnteresseerd bent. Bekijk wat er bij jou in de buurt te doen is en zoek iets wat jullie allebei intrigeert en wat buiten jullie comfortzone valt. Elk van deze activiteiten helpt jullie om iets over elkaar te leren, je veilig bij elkaar te voelen en de intimiteit aan te wakkeren. Dit geeft je relatie de ruimte en de veerkracht om belangrijke zaken het hoofd te bieden wanneer die zich voordoen.

Je kunt ook een gezamenlijke vakantie plannen. Ruim elke week tijd in om te bespreken wat je leuk vindt en wat niet, of je liever een nieuwe stad verkent of een Airbnb in de woestijn huurt, of je maaltijden en activiteiten van tevoren wilt boeken, of dat je ter plekke wel ziet wat je doet. Een Research 2000-onderzoek in opdracht van de U.S. Travel Association (niet bevooroordeeld!) toonde aan dat stellen die samen reizen aanzienlijk gelukkiger en gezonder in hun relaties staan.[14] 86 procent van de stellen die samen reizen zei dat de romantiek volop aanwezig was in hun relatie, en 63 procent gaf aan te geloven dat het reizen daadwerkelijk de romantiek doet ontvlammen. 68 procent van de stellen was er zelfs van overtuigd dat samen reizen in je vrije tijd noodzakelijk is voor een gezonde relatie. Volgens het onderzoeksverslag hielp reizen mensen om elkaar op de eerste plek te zetten. Als je er samen op uit gaat, ben je beter in staat om je andere verplichtingen opzij te schuiven en je helemaal op elkaar te richten.

Radhi en ik proberen er elke maand samen op uit te gaan. Het kan een korte vakantie ergens in de buurt zijn, of gewoon een dagje weg, als langer er niet in zit. Samen reizen draait er niet alleen om dat je een nieuwe plek bezoekt. Als je ergens bent waar je niet wordt afgeleid, kun je als stel aan een diepere, hechtere band bouwen.

Je samen inzetten voor de maatschappij, samen liefdadigheids- en vrijwilligerswerk doen – die activiteiten waren nauw verbonden met mijn leven als monnik. Wij monniken brachten de helft van onze tijd in stilte door, studerend en werkend aan ons zelfbewustzijn. De andere helft van de tijd probeerden we ons nuttig te maken voor de wereld. Ik ken stellen die elkaar tijdens het vrijwilligerswerk hebben ontmoet, en anderen die regelmatig samen vrijwilligerswerk doen, en zij zeggen allemaal dat het een prachtige ervaring is. Radhi en ik zetten ons voortdurend samen in, of het nu is door een liefdadigheidsevenement te organiseren, daklozen te voeden of een groep te verzamelen om iets van een expert te leren.

Net als bij muziek en seks stijgt je oxytocineniveau wanneer je je voor anderen inzet. Daarnaast daalt je stresslevel en creëer je sociale verbinding. Het is makkelijk om contact te maken wanneer je niet alleen elkaar of anderen probeert te helpen, maar wanneer je samen iets doet om anderen te helpen. We krijgen een bredere kijk op kwesties die spelen in het werkelijke leven. We ervaren samen dankbaarheid. We zijn ons samen bewust van een hoger doel.

Uit een WalletHub-onderzoek uit 2017 bleek dat getrouwde stellen die samen vrijwilligerswerk doen een grotere kans hebben om bij elkaar te blijven.[15] We vormen niet alleen een band door samen films en tv-programma's te kijken; we doen dit ook via onze overtuigingen en het gedeelde gevoel dat we een missie hebben.

Soms zijn de beste ervaringen experimenten – wanneer jij en je partner samen iets nieuws proberen. Je leert dan niet alleen iets nieuws, je leert ook over jezelf en je partner. Hoe kwetsbaarder je je bij het experimenteren opstelt, hoe meer intimiteit je zult ervaren. Een onderzoek door psycholoog Arthur Aron en collega's toonde aan dat stellen die geregeld samen nieuwe en spannende activiteiten ondernamen hun verbinding en hun band versterkten.[16]

Ga op zoek naar avonturen die voor jullie allebei leuk zijn. Er is weinig aan om samen te gaan sporten als de een al een voorsprong heeft, of om een spel te spelen waar een van jullie al jaren ervaring mee heeft. Om intimiteit op te bouwen kun je het beste allebei groentjes zijn, zodat je samen onervaren en nieuwsgierig bent. Je voelt je allebei even ongemakkelijk. Je gaat allebei iets nieuws leren. Je zult elkaar nodig hebben en op elkaar moeten leunen. Een uitdagende natuurwandeling, een bezoek aan een spookhuis, grotonderzoek, skeeleren, of (mijn favoriete bezigheid) een escaperoom. De intimiteit groeit als je jezelf op een kwetsbaar moment aan elkaar laat zien. Radhi en ik hebben eens een atelier bezocht waar ezels, canvasdoeken, verf en kwasten beschikbaar waren en waar we helemaal los mochten gaan. Het was nieuw en bevrijdend om verf te mogen spuiten waar we maar wilden en iets te creëren zonder ons druk te maken om het eindresultaat. Bij een andere gelegenheid bezochten we een 'sloopruimte' vol met flessen, vuilnisbakken, oude computers en kapotte faxmachines. We kregen metalen pijpen en honkbalknuppels overhandigd en mochten alles slopen wat we maar wilden om stress kwijt te raken. We aarzelden. We zijn geen gewelddadige mensen. Toen we weer naar buiten gingen, voelden we meer stress dan toen we naar binnen gingen.

Dit soort activiteiten zijn als een microkosmos van de relatie. Ze helpen je niet alleen om een spel te spelen; ze leren je daadwerkelijk iets over je relatie zonder dat het al te serieus wordt. Onderzoek toont aan dat spel de mentale toestand is waarin we het beste leren, en dat het essentieel is voor onze mentale gezondheid.[17] Als je samen een nieuwe, uitdagende activiteit onderneemt op een plek waar succes geen rol speelt, kun je je allebei ontspannen en leren. Niet alleen realiseer je je waar de zwakke plekken in je relatie zitten, maar je ziet ook de sterke punten. Je mag samen oefenen met het maken van fouten in een situatie waar er niets op het spel staat. **Als je samen iets nieuws voor elkaar krijgt, neem je die ervaring mee naar alle andere gebieden van je leven.**

Nieuwe activiteiten zorgen vooral voor verbinding wanneer ze buiten je comfortzone vallen. Iets wilds en uitdagends dus, wat dat voor jou ook mag zijn – of het nu een bucketlistactiviteit is zoals skydiven of jetskiën, of het overwinnen van je hoogtevrees. Arthur Aron en Don Dutton huurden een aantrekkelijke vrouw in om mannen te interviewen die zojuist een bijzonder hoge, ietwat onstabiele (hoewel niet daadwerkelijk gevaarlijke) brug waren overgestoken, samen met mannen die zojuist een normale, stabiele brug waren overgestoken.[18] In beide gevallen stelde de vrouw enkele vragen, vertelde ze de mannen dat ze haar mochten bellen als ze 'verder wilden praten' en gaf ze haar nummer. Van de mannen die zojuist de wankele brug waren overgestoken, belden negen van de achttien haar. Van de mannen die de stabiele brug waren overgestoken, belden slechts twee van de zestien.

Aron en Dutton gebruikten dit onderzoek om te wijzen op de 'verschoven toeschrijving van opwinding' (de mannen ervoeren al dan niet lichamelijke opwinding vanwege de brug, en dat had een halo-effect op de vrouw). Maar wat als de mannen zich simpelweg zekerder van zichzelf voelden nadat ze de brug waren overgestoken? In een vervolgonderzoek met als doel het verhelderen van de resultaten wekten de onderzoekers lichamelijke opwinding op door mannelijke deelnemers te vertellen dat ze als deel van het onderzoek een elektrische schok zouden krijgen. Sommige mannen kregen te horen dat deze schok mild zou zijn, anderen dat het pijnlijk zou zijn. Er was opnieuw een aantrekkelijke vrouw aanwezig, zogenaamd ook een deelneemster. De deelnemers kregen te horen dat de onderzoeker een paar minuten nodig had om het shockapparaat klaar te maken voor gebruik, en ze werden verzocht om in de tussentijd een aantal vragenlijsten in te vullen. Een van die lijsten peilde hoe aantrekkelijk de deelnemers de vrouw vonden die samen met hen meedeed aan het onderzoek. Het bleek dat de mannen die verwachtten een pijnlijke schok te krijgen de vrouw veel aantrekkelijker vonden dan de mannen die dachten dat ze slechts een milde schok zouden krijgen. Dit onderzoek maakt iets duidelijk over de vraag waarom nieuwe en opwindende dingen – alles wat onze zintuigen prikkelt – kunnen helpen om onze belangstelling voor onze partner een nieuwe impuls te geven. De conclusie van de onderzoekers luidde dat 'een kleine hoeveelheid stress amoureuze gevoelens op kan wekken'.

We hoeven ons leven niet op het spel te zetten, maar de nieuwigheid en opwinding van een onbekende of uitdagende activiteit zetten onze zintuigen op scherp en kunnen sterke gevoelens van romantische aantrekkingskracht opwekken. Doctor Lisa Marie Bobby, oprichter en klinisch directeur van Growing Self Counseling & Coaching, zegt hierover: 'Deze gedeelde momenten worden iets om steeds opnieuw over te praten en verbinding in te vinden.'[19] Wanneer je samen iets hebt meegemaakt, kan het je duidelijk maken hoe liefdevol je partner is. Als jullie iets gaan doen wat een beetje eng is en de een steunt de ander, dan kan het gebeuren dat de rollen omgedraaid worden. Stel dat je op het punt staat om je samen van een heel hoge waterglijbaan te storten. De persoon die het op weg naar boven nog helemaal zag zitten is misschien niet meer zo dapper wanneer jullie eenmaal bovenaan staan. Zo zie je dat jullie elkaar steunen. Het is prachtig om dit samen met je partner in een dergelijke context te ervaren, want ook al staat er weinig op het spel, je beseft dat je partner in staat is om je te steunen. Misschien merk je juist dat er helemaal geen steun is, geen aandacht, geen empathie, geen medeleven, geen liefde. Als dat het geval is, zie je nu duidelijker welke leegte je relatie hindert.

Ontwikkeling

De derde manier om intimiteit op te bouwen is door jezelf te ontwikkelen en te leren. We hebben besproken hoe dit werkt wanneer een van jullie of jullie allebei proberen iets over je levensvervulling te leren. Dit kost waarschijnlijk de meeste tijd en moeite, maar het is een geweldige manier om elkaars groei te steunen. Als je dezelfde interesses hebt, kun je samen een cursus volgen. Misschien wil je wel een seminar bijwonen over de makelaardij, of een workshop tuinieren. Je hoeft niet allebei precies hetzelfde te doen. Je kunt ieder je eigen ding doen, en dan delen wat je hebt geleerd. Het gaat erom dat je je eigen kennis uitbreidt, zodat je de ander iets nieuws te bieden hebt.

Nog een laatste manier om intimiteit te creëren: door blijk te geven van dankbaarheid. Wanneer we apathisch worden in de omgang met onze partner, waarderen we vaak niet meer wat de ander zegt, doet of bereikt. Zoals ik al heb besproken, zou je je partner moeten bedanken voor het koken van het avondeten. Je zou je partner moeten bedanken voor het verplaatsen van de auto, zodat jij op tijd weg kon. Je zou je partner moeten bedanken voor dat lieve telefoontje tussendoor. Je zou je partner moeten bedanken voor het voltanken van de auto. Je zou je partner moeten bedanken voor het vervangen van de batterijen in de rookmelder. Je zou je partner moeten bedanken voor het uitdoen van de lichten in de andere kamer voordat jullie naar bed gaan. Waarom zouden we niet gebruikmaken van deze gelegenheden?

Hoe meer aandacht we aan onze partner besteden, hoe meer we zijn of haar zorgzaamheid waarderen en hoe waarschijnlijker het is dat wijzelf ook attent zijn naar de ander. Als we onze waardering aan onze partner laten blijken, is hij of zij daar dankbaar voor en zal omgekeerd ook blijk geven van waardering voor ons. Zo ontstaat er een terugkerende feedbackcyclus van dankbaarheid die ons allebei steeds meer gelegenheid biedt om liefde te voelen door simpele taken voor onze partner uit te voeren.

Naar een hoger plan tillen of uit elkaar gaan

Als onze relatie ondanks al onze inspanningen om intimiteit te cre-
eren met een grote, structurele bedreiging geconfronteerd wordt,
staan we voor een keuze. Liefde is niet perfect, maar dat betekent
niet dat we een ongezonde relatie moeten laten voortduren. Laten
we kijken hoe je kunt weten of je bij elkaar moet blijven, aan je
problemen moet werken en manieren moet zoeken om te groeien,
of dat je beter uit elkaar kunt gaan. Er is geen juist antwoord; er
zijn alleen twee keuzes: we kunnen doorgaan met groeien – ervoor
kiezen om onze relatie naar een hoger plan te tillen. Of we kunnen
een eind maken aan de relatie.

In feite is er nog een derde optie, eentje die veel mensen kiezen
omdat ze niet weten wat ze anders moeten doen: doorgaan zoals
het was. Stagnatie is nooit goed – we zouden altijd moeten groeien.
Maar één manier van groeien is om de dingen te *accepteren* zoals
ze zijn. Soms voelen we niet meer hetzelfde voor onze partner omdat we overwerkt zijn en gebukt gaan onder verantwoordelijkheden, en we de tijd niet hebben om onze relatie te koesteren. Misschien krijgen we het idee dat er een betere partner voor ons is,
iemand met wie we nooit ruzie zullen hebben en die ons altijd zal
vermaken. Het is echter niet eerlijk als onze partner met die fantasie moet concurreren. In dit geval is het verstandig om de fantasie
los te laten en vol te houden.

Als het je moeite kost om beheerst met conflicten en stress om
te gaan, dan is het lastig om bij een partner te blijven, wie dat ook
is. Voordat we onze relatie opgeven, moeten we eerst bij onszelf
nagaan of we niet te veel van onze partner verwachten. Als een
vriend je helpt met verhuizen en je vraagt hem om een extra grote
doos te tillen, zegt die vriend misschien: 'Sorry, maar ik denk dat
hij te zwaar voor me is.'

Je zou de weigering van je vriend niet zien als een teken dat hij
je niet meer aardig vindt. Hij is simpelweg niet in staat om jou de
hulp te geven waar je om vraagt. Onze partners kunnen ons niet op
elk gebied van het leven tot steun zijn. Je partner is geen Action,
een winkel waar je alles kunt kopen wat je nodig hebt. We hebben

het vaak over de noodzaak voor een supportsysteem, maar we bedenken of bespreken eigenlijk nooit hoe dat systeem eruit zou moeten zien.

Probeer dit:

BOUW EEN SUPPORTSYSTEEM

Bedenk welke mensen je om steun kunt vragen op belangrijke momenten in je leven. Je kunt dit voor jezelf doen, maar het is ook iets wat je samen met je partner kunt doen, zodat je het supportsysteem van de ander begrijpt.

Zelf. Tot wie wend je je wanneer je aan jezelf twijfelt, wanneer je je waarden wilt bespreken, je spiritualiteit wilt verkennen of je successen wilt vieren?

Financieel. Wie kan je het beste adviseren wanneer je vragen hebt over je carrière of je inkomen, en het nemen van financiële beslissingen?

Mentaal/emotioneel. Tot welke vrienden of bronnen kun je je wenden voor advies en steun op het gebied van mentale gezondheid?

Gezondheid. Bij wie kun je terecht met vragen over je gezondheid? Wie kun je het best om raad of hulp vragen wanneer je een gezondheidsprobleem hebt dat in logistiek of emotioneel opzicht lastig ligt?

Relaties. Wanneer je problemen of conflicten hebt met familie, vrienden, collega's of je partner, wie vraag je dan om steun en advies?

Als jullie samen je supportsystemen opstellen, krijgen jullie helder in welke opzichten jullie elkaar het best kunnen steunen, en op welke gebieden jullie je zonder schuldgevoel of schaamte tot anderen kunnen wenden.

Wellicht zitten er diepe scheuren in je relatie die gerepareerd moeten worden, maar wil je graag een beter leven samen en ben je bereid om uit te zoeken hoe jullie de relatie kunnen verbeteren. Misschien is er iets waarin je je partner niet volledig vertrouwt en wil je kijken of het mogelijk is om dat vertrouwen op te bouwen. Of misschien heb je er tijd in gestoken om intimiteit op te bouwen en ben je eraan toe om een paar van de problemen aan te pakken die in de loop der tijd zijn ontstaan. Je bent ervan overtuigd dat vooruitgang goed zou zijn voor je relatie. In dit geval kun je ervoor kiezen om te groeien in plaats van te vertrekken. Om je relatie naar een hoger plan te tillen in plaats van uit elkaar te gaan.

Met behulp van mijn cliënten heb ik een proces van vier stappen ontwikkeld dat je kunt gebruiken om uit te zoeken of een probleem werkelijk onoverkomelijk is en je de relatie zou moeten verbreken, of dat je een manier kunt vinden om het probleem anders te bekijken en het uiteindelijk te accepteren. Om te beginnen stellen we vast welk onoverkomelijk probleem er tussen jou en je partner speelt. Dit is een verschil tussen jou en je partner dat een dealbreaker zou kunnen zijn. Doorgaans is het een terugkerend punt van frustratie waarvan jij denkt dat het weleens het eind van de relatie zou kunnen betekenen. Daarna volgen we een route met dit probleem: van onoverkomelijk naar overkomelijk naar begripvol naar acceptatie. Soms vinden we zelfs onze weg naar waardering – dat we onze partner bewonderen om iets wat we ooit onoverkomelijk vonden.

Bij de reis van onoverkomelijk naar acceptatie komt het erop aan hoe geduldig je kunt zijn en in hoeverre het je – met de eerlijkheid en de commitment van je partner – lukt om je perspectief te veranderen. Hoe hard we ook ons best doen, sommige omstandigheden of gedragingen kunnen aan het eind van dit proces nog steeds onoverkomelijk zijn, en dan weet je dat je uit elkaar moet gaan. Zelfs als je inspanningen geen resultaat hebben, dan weet je dat je er alles aan hebt gedaan. En als je de moeite er niet in wilt steken, dan ga je door zoals het nu is, of je besluit de relatie te beëindigen.

ROUTE OM JE RELATIE NAAR EEN HOGER PLAN TE TILLEN

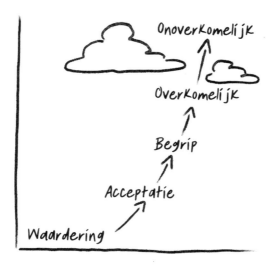

Onoverkomelijk

Ik heb een cliënte, Sonia, van wie de echtgenoot, Rohan, erop stond om een dure auto te leasen in plaats van de schuld op hun creditcard af te lossen. Ze hadden twee kinderen, en Sonia maakte zich niet alleen zorgen over hun financiële situatie, maar ze vreesde ook dat haar man met deze onverantwoordelijke en materialistische keuze het slechte voorbeeld gaf aan hun kinderen. Voor haar was dit een onoverkomelijk probleem. Het was een scheur die zich al een tijdje aan het vormen was, en ze kon zich niet voorstellen dat ze op deze manier door zou gaan. Er zijn uiteraard ook andere voorbeelden. Je kunt bijvoorbeeld een partner hebben die veel weg is voor zijn of haar werk, terwijl jij een partner wilt die vaker thuis is. Misschien wil je partner graag een ouderwetse relatie waarin de een werkt en de ander het huishouden doet, en is dat niet wat jij in gedachten had. Of je partner droomt ervan om elke vakantie te besteden aan het verkennen van een nieuwe stad, terwijl jij gewoon lekker aan het strand wilt liggen en je niet kunt voorstellen hoe jullie je vrije tijd moeten doorbrengen als je bij elkaar blijft. Of misschien geeft je partner veel te veel geld uit en raken jullie daardoor in de schulden. Deze voorbeelden tonen verschillende gradaties van onenigheid, en zulke scheuren in je relatie zul je zeker tegenkomen. Soms zullen ze het eind van je relatie betekenen, en soms, in een relatie die je absoluut wilt beschermen, zullen ze je helpen je geest open te stellen.

Zoals bij mijn cliënte die getrouwd was met de autofanaat, is je eerste impulsieve gevoel wellicht dat je deze kloof onmogelijk kunt overbruggen, tenzij de ander het onoverkomelijke gedrag verandert. Als eerste moet je jezelf vragen: houd ik genoeg van deze persoon om enig ongemak te accepteren terwijl we het probleem proberen op te lossen? Is het antwoord nee, je kunt sowieso niet met deze kwestie leven en dat gaat nooit veranderen, dan geef je gewoon niet genoeg om deze persoon om het op te lossen.

Overkomelijk

Mijn cliënte Sonia wilde Rohan niet opgeven. In andere opzichten was hij niet onverantwoordelijk en materialistisch, en ze was bereid om uit te zoeken hoe het nu precies zat met die auto. Ze wilde begrijpen waarom hij juist over deze ene kwestie zo koppig deed. Op de reis van onaanvaardbaar naar acceptatie zul je als eerste moeten erkennen, met hoeveel tegenzin ook, dat er wellicht een manier is om de kwestie op te lossen. Je gelooft dat jullie er op de een of andere manier uit kunnen komen, al heb je nog geen idee hoe. Deze erkenning is al genoeg om de kwestie van onaanvaardbaar naar aanvaardbaar te verschuiven. Je bent bereid moeite te doen om te begrijpen wat deze persoon heeft meegemaakt en op welke manier zijn of haar ervaring dit verschil tussen jullie heeft opgeleverd. De ander is bereid om te vertellen wat hem of haar beweegt en op zoek te gaan naar begrip. Zo groeit je vermogen voor empathie.

Begrip

Toen Sonia met Rohan in gesprek ging over de auto en duidelijk maakte dat ze het alleen probeerde te begrijpen, ontdekte ze dat Rohan als kind met drie verschillende bussen naar school moest reizen en dat hij zich daarvoor had geschaamd. De ouders van zijn vrienden brachten hen in mooie auto's naar school, en hij had gezworen dat zijn kinderen zich nooit zo zouden hoeven voelen als hij.

Sonia was het nog steeds niet met hem eens, maar ze kon zich zijn gedrag wel voorstellen. Het was niet roekeloos – het had diepe emotionele wortels. Inmiddels brengt ze dat begrip mee in de gesprekken die ze over de auto voeren. Ze kan Rohan helpen helen, en hij hoeft zich niet meer verscheurd te voelen tussen zijn behoefte en haar ontevredenheid. Ze hebben de kwestie nog niet opgelost – maar ze zijn al goed op weg.

Volgens huwelijks- en gezinstherapeut doctor John Gottman betreft 69 procent van de conflicten in huwelijken slepende problemen die nooit worden opgelost.[20] We worden het zat om steeds dezelfde confrontaties te hebben, en we geven het op zonder dat we ooit tot wederzijds begrip zijn gekomen. Soms gooien we het bijltje erbij neer omdat we de relatie niet belangrijk genoeg meer vinden om voor te vechten. Soms geven we het op omdat we uitgeput zijn van al onze vruchteloze pogingen om onze eigen behoeften of gezichtspunten te bepleiten. En soms lijkt het belangrijker om de vrede te bewaren dan het probleem op te lossen, en dan doen we gewoon alsof het niet bestaat.

We kunnen heel bedreven raken in dit toneelspel, maar uiteindelijk zal het probleem de kop weer opsteken, met soms rampzalige resultaten. Om zulke rampen te voorkomen moeten we onze problemen aanpakken in plaats van ze te negeren. We streven naar een relatie waarin we weten dat we op de ander kunnen rekenen. Waarin we ons begrepen voelen. Waarin we het gevoel hebben dat we overal over kunnen praten. We hebben het idee dat we het met elkaar eens moeten zijn om verbinding te voelen, maar verbinding kan er ook zijn als we het niet overal over eens zijn. In feite móéten we het oneens zijn om te kunnen verbinden.

In plaats van te besluiten dat het gedrag van onze partner nergens op slaat, of dat het betekent dat onze partner niet om ons geeft, gaan we nu bestuderen hoe de ervaringen van onze partner uit het verleden zijn of haar gedrag hebben beïnvloed. Onderzoek dit oprecht, zonder de dreigementen of de kritiek waardoor de ander alleen maar dicht zal klappen. Stel je een echtpaar voor van wie de vrouw altijd toevallig een 'vergadering' heeft wanneer er iets is georganiseerd door de familie van haar echtgenoot. Hij begint er een neutraal gesprek over. In plaats van te zeggen: 'Jij bent echt erg, je komt nooit naar etentjes met onze familie!' vraagt hij: 'Waarom kom je nooit naar etentjes van onze familie?' Hij moet zich ervan bewust zijn dat hij, als hij deze vraag stelt, mogelijk pijnlijke feedback over zijn familie zal moeten accepteren. Hij weerstaat de verleiding om zich te laten triggeren. Hij luistert zonder te oordelen.

Zij zegt wellicht: 'Sorry. Ik zal proberen de volgende keer te komen', maar uit ervaring weet hij dat dit een valse belofte is. Hij probeert een echt antwoord los te krijgen. Uiteindelijk geeft ze toe: 'Ik voel me niet prettig bij jouw familie omdat ze me altijd negatief vergelijken met je familieleden.'

Hij moet nu heel goed oppassen dat dit niet uitdraait op een ruzie over het gedrag van zijn familie. Hij zegt: 'Ik snap het, dat is niet fijn. Maar het is belangrijk voor me dat je meegaat. Zou je misschien af en toe mee willen gaan, maar niet zo vaak dat je er last van krijgt?'

Ze belooft één keer per maand mee te gaan naar zijn familie, en de volgende maand gaan ze bij zijn ouders eten. Als hij niet goed op haar heeft gelet, zegt hij op de terugweg in de auto misschien: 'Dat was niet zo erg, toch? Het was gezellig!' Maar zij heeft een ellendige avond gehad. Ze voelt zich niet begrepen, en ze ontploft. 'Nee! Het was verschrikkelijk. Ik doe het nooit meer.' Als hij attent en opmerkzaam is, zegt hij: 'Hé, ik weet dat het lastig was, en ik vind het heel fijn dat je mee bent gegaan. Dank je wel.' Dankzij zijn begrip heeft dit stel drie ruzies vermeden: de eerste toen hij vroeg waar haar gedrag vandaan kwam in plaats van erover te klagen, de tweede toen hij haar problemen met zijn familie niet persoonlijk opvatte, en de derde toen hij goed luisterde hoe zij de avond had gevonden. Door begrip is het onoverkomelijke probleem niet weggegaan, maar het is voor geen van beide partners nog onoverkomelijk.

Ga het gesprek aan over het gedrag of het probleem dat je dwarszit. Vraag je partner: 'Is dit iets wat je leuk vindt?', 'Waarom vind je het leuk?', 'Waarom doe je het op deze manier?' Vraag je partner waarom hij of zij het lastig vindt om de veranderingen door te voeren waar je om hebt gevraagd. Stel niet alleen vragen, maar neem ook de tijd om naar de antwoorden te luisteren. Deze gesprekken geven je de mogelijkheid om je partner beter te begrijpen, in plaats van over hem of haar te oordelen en zijn of haar gedrag persoonlijk op te vatten. Nu werk je er samen aan.

Om begrip te bereiken moeten we niet alleen inzien dat er een reden is voor een probleem, maar we moeten ook beseffen dat het moeilijk is om te groeien. Als we onze relatie naar een hoger plan willen tillen, moeten we accepteren dat onze partner niet van de ene op de andere dag kan veranderen. We moeten geduldig zijn terwijl de ander hieraan werkt.

Acceptatie

Wanneer je het verschil tussen jezelf en je partner accepteert, kun je samen tot de conclusie komen dat er niets hoeft te veranderen. Dat hoeft echter niet. Acceptatie kan ook betekenen dat je oog hebt voor de moeite die je partner doet om te veranderen, of dat je samen aan een compromis werkt of dat je beseft dat jíj degene bent die moet veranderen. Een cliënte van mij had een partner die bekende dat hij verslaafd was aan porno. Hij wilde hiervanaf, maar het speelde al een hele tijd en hij wist niet hoe hij ermee moest stoppen, en of dat hem überhaupt zou lukken. Het zat mijn cliënte dwars dat haar vriend deze voorkeur voor haar verborgen had gehouden. Om te beginnen moest ze inzien hoe moeilijk het voor haar partner was geweest om eerlijk tegen haar te zijn. We leven in een wereld waarin we het bewaren van geheimen als bedrog zien –

een leugen die we vertellen om onszelf er beter uit te laten zien dan we zijn. In werkelijkheid houden we echter vaak dingen geheim uit angst en schaamte. We willen de ander niet kwijtraken. We willen niet dat onze partner ons niet meer respecteert. Mijn cliënte en haar partner bespraken de kwestie openlijk, en ze ontdekte hoe zijn verslaving tot stand was gekomen en dat hij oprecht wilde veranderen.

Mijn cliënte had een keuze. Als ze de relatie belangrijk genoeg vond, zou ze geduld kunnen betrachten terwijl haar partner eraan werkte om van zijn verslaving af te komen. Of ze kon het uitmaken. Kon ze het werk accepteren dat haar partner probeerde te verrichten?

Ze zei: 'Ik begrijp het. Ik houd van hem. Ik wil hem helpen.'

'Je zult moeten accepteren dat hij misschien nooit van deze verslaving af komt,' zei ik. 'Maar terwijl hij dat probeert, zul je hem veel beter leren kennen, en die ervaring zal jullie wellicht allebei veranderen.' Haar begrip maakte dat ze het gedrag van haar partner kon aanvaarden, zolang hij maar zijn best bleef doen om het te veranderen. Door onze partner te accepteren leren we om harde waarheden zonder oordeel onder ogen te zien. Mijn cliënte toonde zich bemoedigend en geduldig. Haar partner ging in therapie. Hij had een paar terugvallen waar hij eerlijk over was, en na verloop van tijd kreeg dit sprookje een goede afloop. Hij is van het probleem af.

Wat Sonia en Rohan betreft, het lukte Sonia dankzij haar nieuwe begrip om de kosten van de luxeauto rustig met Rohan te bespreken. Ze zei: 'Je doet het voor de kinderen, maar op de lange termijn is dit schadelijk voor ze. Kunnen we niet beter sparen voor hun studie?' Ze speelde in op zijn gevoel. Hij wilde dat zijn kinderen iets zouden hebben wat hij niet had gehad, maar ze konden er iets van maken waar de kinderen écht iets aan zouden hebben.

Rohan was niet direct bereid om zijn auto op te geven, maar hij stemde ermee in om er aan het eind van de leaseperiode opnieuw over te praten en dan samen een beslissing te nemen. Sonia had het idee dat ze het budget in het resterende jaar van de leaseperiode rond konden krijgen, en ze was bereid om er voor Rohan te zijn wanneer hij deze behoefte los zou laten.

Waardering

Het aankaarten van een onoverkomelijk probleem met je partner is een van de grootste uitdagingen van de liefde. Maar als je iemand zou vinden die 'perfect' is, zou je deze vaardigheden nooit ontwikkelen. Je zou liefde als vanzelfsprekend beschouwen. Je zou de liefdevolle zorg, het begrip, de empathie en de diepe waardering voor je partner mislopen die je tijdens dit proces ontwikkelt. In feite gaan we misschien wel vinden dat dit probleem – datgene wat we niet konden accepteren – een integraal deel is van de persoon van wie we houden, en misschien ook wel deel van wat die persoon zo dierbaar maakt. Dit is het doel van de reis van onoverkomelijk naar acceptatie – we ontdekken in de kern waarom onze partner zo is als hij of zij is.

Sonia stelde zich geduldig op tegenover Rohan, en hoewel het hem niet lukte om direct iets te veranderen, werkte hij eraan. Tegelijkertijd begon ze in te zien dat hij niet de enige was die ergens aan moest werken. Zij had haar eigen issues die ze projecteerde op de kinderen – ze wilde dat zij zouden slagen om te bewijzen dat zij iets waard was. Ze had net zo goed Rohans geduld en mildheid nodig als hij die van haar.

Mijn cliënte Arden vond op een andere manier waardering. Ze was gefrustreerd omdat haar vriendje in haar ogen een ongezonde band had met zijn moeder. 'Hij danst naar haar pijpen. Als ze wil dat we op zondag bij hen eten, dan gaan we.' Toen we naar de oorzaak van zijn gedrag gingen graven, moest ze echter toegeven: 'Hij is een pleaser. Hij wil iedereen de hele tijd tevreden houden. Eerlijk gezegd vind ik het wel fijn dat hij voor mij net zo hard rent als voor zijn moeder.' Liefde betekent onder ogen zien dat de uitdaging weleens hand in hand kan gaan met een eigenschap die we aantrekkelijk vinden in onze partner. Alle delen van je partner zijn met elkaar verbonden, en het zien van die verbinding leidt tot waardering.

Het doel is niet om je voortgang door elk van deze niveaus bij elk meningsverschil te bestuderen. Het is geen huiswerk – het is eerder een verhelderende vraag: wil je deze reis ondernemen met je partner? Wanneer verschillen de kop opsteken, zoals ze geheid zullen doen in een langdurige relatie, ben je dan nieuwsgierig genoeg om na te gaan waarom dit verschil tussen jullie bestaat, hoe je terecht bent gekomen op eilandjes die zo ver uit elkaar liggen, en hoe je er een brug tussen kunt bouwen? Als je gemotiveerd bent door je toewijding aan en je liefde voor deze persoon, zul je de reis beter volhouden.

Je relatiebreuk perfectioneren

Als we besluiten dat we niet willen doorgaan in de huidige situatie en dat we onze relatie niet naar een hoger plan willen tillen, dan gaan we uit elkaar. Als je aan een relatie bent begonnen zonder dat je alleen-zijn bent gaan waarderen, bestaat het risico dat je te lang in de relatie blijft omdat je niet opnieuw single wilt zijn. Als je de relatie nodig hebt om te weten wie je bent en wat je wilt, dan zul je nooit bij je partner weggaan. Je denkt: ik mag dan niet gelukkig of tevreden zijn, maar in elk geval ben ik niet alleen.

Soms rechtvaardigen we dit gebrek aan daadkracht door onszelf ervan te overtuigen dat onze partner zal veranderen. Je hoopt bijvoorbeeld dat zij op een dag minder ambitieus zal zijn, of dat hij je de aandacht zal geven die je verdient. Als je daar al lang op wacht, of als je het al te vaak hebt geprobeerd, moet je onder ogen zien dat de ander mogelijk nooit zal veranderen.

In woordenboeken wordt 'gebroken' gedefinieerd als kapot of beschadigd, niet langer in één stuk of niet meer werkend. Zo kun je je voelen na een relatiebreuk. Onderzoek toont aan dat de gebieden die in het brein worden geactiveerd wanneer we verliefd zijn ook een rol spelen bij cocaïneverslaving.[21] Je brein ervaart een relatiebreuk dus een beetje als de ellende van afkicken. Net als verslaafden kunnen snakken naar een shot kunnen wij letterlijk naar de ander snakken. Dit gebeurt deels omdat ons brein wordt overstroomd door chemische boodschappers die bij ons belonings- en motivatiecircuit horen. Ons brein stuurt dringende signalen dat we zo snel mogelijk moeten terughalen wat er ontbreekt. In een onderzoek naar beëindigde relaties vertelden de deelnemers dat ze zo'n 85 procent van de tijd dat ze wakker waren aan hun ex dachten.[22]

Deze vloedgolf van hormonen is niet de enige reactie die het brein na een relatiebreuk vertoont. Bij liefdesverdriet zijn dezelfde gebieden van het brein actief als bij lichamelijke pijn. Zoals onderzoeker Helen Fisher opmerkt, is het verschil echter dat de pijn van een gestoten teen of ontstoken kies weer wegebt, maar dat emoties de gewaarwording van een relatiebreuk juist kunnen verhevigen.[23] We worden niet boos op onze kies en we voelen ons niet afgewezen door de bank waar we ons aan stoten, maar ten opzichte van onze exen voelen we ons gekwetst en beroofd van onze dromen, wat de pijn kan verergeren en verlengen. In deze toestand kan ons brein wanhopig op zoek gaan naar oxytocine – het verbindingshormoon –, omdat die gevoelens van angst en verdriet vermindert.[24] De kans is groot dat we deze chemische oplossing bij onze ex zoeken. Dit kan ons ertoe brengen om nogal irrationele dingen te doen. De mensen die 85 procent van de tijd aan hun ex dachten, 'verloren weken- of maandenlang geregeld de controle over hun emoties.[25] Het ging hierbij om ongepaste telefoontjes, brieven of e-mails, smeken om een verzoening, urenlang huilen, te veel drinken en/of op dramatische wijze in het huis of op het werk van de ex verschijnen om woede, wanhoop of gepassioneerde liefde te spuien.'

We moeten een weg zien te vinden uit het chemische moeras, en dat doen we om te beginnen door aan de volgende spirituele waarheid te denken: we kunnen ons leeg, verloren, gebroken en gekwetst voelen, maar de ziel is onbreekbaar. De *Bhagavad Gita* wijdt zeven verzen aan de onverwoestbaarheid van de ziel. 'Weet dat datgene waar het hele lichaam van doordrongen is, onverwoestbaar is. Niemand kan die onvergankelijke ziel vernietigen. De ziel kan nooit door een wapen aan stukken worden gesneden, noch verbrand door vuur, noch bevochtigd door water, noch verweerd door de wind. Deze individuele ziel is onbreekbaar en onoplosbaar, en kan niet worden verbrand of gedroogd. Hij is eeuwigdurend, alom, onveranderlijk, onbeweeglijk en eeuwig hetzelfde.'[26]

De *Bhagavad Gita* heeft makkelijk praten. Na een verbroken relatie valt het niet mee om in gedachten te houden dat we nog steeds compleet zijn, ook al zijn we iemand kwijtgeraakt. Hier betaalt al het werk dat je hebt verricht zich uit. Je hebt gebouwd aan je vermogen om alleen te zijn. Je weet, in elk geval verstandelijk, dat je geen relatie nodig hebt om je compleet te voelen. Je kent je eigen voorkeuren en meningen, je waarden en je doelen. En wat al die hormonen je ook vertellen, nu wil ik dat je inziet dat jij niet kapotgaat wanneer je relatie eindigt. Er komt geen einde aan je ziel. Het zijn je verwachtingen van je partner die kapotgaan. Wat je dacht dat je met de ander aan het opbouwen was, gaat kapot. Wat je samen had, gaat kapot. Daar komt de pijn vandaan. Maar je bent je levensvervulling niet kwijt. Je bent jezelf niet kwijt. Er gaat inderdaad iets kapot, maar dat ben jij niet.

Je bestond vóór deze relatie, en erna zul je ook bestaan. Wanneer je op deze manier aan je bewustzijn denkt, ga je jezelf los zien van de pijn die je op dat moment voelt. Erken de pijn, maar begrijp waar die zit en wat er kapot is gegaan. Wat je met je partner hebt gecreëerd, wordt ontmanteld, maar jijzelf wordt niet ontmanteld. Je leven valt niet uit elkaar. Jij bent niet voorbij. Misschien voelt het niet zo, maar als we hierin geloven, kunnen we stappen nemen die nodig zijn om van de breuk te herstellen, ervan te leren en die gebruiken om die liefde terug te brengen naar al onze relaties. Laten we bespreken hoe je met een relatiebreuk moet omgaan, of jij nu degene bent die het initiatief ertoe heeft genomen, of je partner.

Weggaan bij je partner

Stel om te beginnen een deadline voor de relatiebreuk. Je hebt je besluit al genomen, dus waarom zou je het nog uitstellen? Als je vandaag pijn vermijdt, is de pijn morgen alleen maar erger. Jullie hebben geen van beiden baat bij uitstel. Maak een paar uur vrij om je partner persoonlijk te spreken.

Wees voorzichtig met de emoties van je partner. Houd je karma in gedachten wanneer je een relatie beëindigt. Onthoud: de pijn die jij in de wereld brengt zal weer jouw kant op komen. Wees dus eerlijk in plaats van de ander plotseling dood te zwijgen of vreemd te gaan. Wees duidelijk over je motivatie.

Het is altijd moeilijk om het uit te maken met je geliefde. **Er zijn geen perfecte woorden om iemand te vertellen dat de relatie voorbij is.** Als je te aardig bent, begrijpt de ander misschien niet waarom het niet werkt, en als je vertelt waarom jij denkt dat jullie niet bij elkaar passen, is de ander het misschien niet met je eens. Wellicht ben je bang om als de slechterik te worden gezien, om de ander teleur te stellen of gemeen over te komen. Wat je ook zegt, je zult moeten accepteren dat het waarschijnlijk niet goed zal vallen. Je kunt het gesprek echter vormen rond de drie sleutelelementen van verbinding: je waardeert de persoonlijkheid van de ander, je respecteert de waarden van de ander en je wilt de ander helpen om zijn of haar doelen te bereiken. Probeer te verwoorden in welk opzicht jullie verschillen. Laat het je partner weten als je denkt dat jullie elkaars waarden niet respecteren, of als je denkt dat jij niet de juiste persoon bent om de ander te helpen zijn of haar doelen te bereiken. Dit is specifiek en nuttig, en op deze manier blijf je weg van vage uitspraken als 'Je maakt me niet meer gelukkig' en het pijnlijke, specifieke 'Dit vind ik niet leuk aan jou'.

Doe het persoonlijk, kijk de ander in de ogen en wees eerlijk. Houd in gedachten dat je, hoe zorgvuldig je je woorden ook kiest, geen controle hebt over de reactie van de ander. Je ex kan van alles over jou zeggen, tegen allerlei mensen. Het kan ook zijn dat je ex niet accepteert dat je de relatie om de juiste redenen hebt verbroken en dat je die redenen goed hebt uitgelegd. Het enige wat je kunt doen is je beslissing met liefde, compassie en empathie brengen, maar zonder sentimentaliteit. Communiceer met overtuiging, zodat de ander je niet probeert om te praten.

Dit gesprek zou niet langer dan een dag moeten duren. Als het eenmaal achter de rug is, handel er dan ook naar. Wie de initiatiefnemer van de breuk ook was, neem onmiddellijk stappen om jullie levens van elkaar te scheiden. Als je spullen hebt die aan de ander toebehoren, geef ze dan direct terug of doe ze weg. Gebruik dit niet als excuus om je partner weer te zien of om weer contact met hem of haar te zoeken. Ontvolg elkaar op social media. Doe je best om te vermijden dat je elkaar online of in de echte wereld tegenkomt. Blijf elkaar niet bellen en appen, en probeer niet om vrienden te blijven.

Ik ken een heleboel mensen die het lukt om bevriend te blijven met hun exen, maar volgens mij is het ingewikkeld. Het kan nieuwe partners een onzeker gevoel bezorgen of je ex valse hoop geven over een hereniging. Als je het echt wilt proberen, stel ik voor dat je eerst een lange pauze neemt – een jaar, misschien, waarin je datet met andere mensen – zodat je elkaar werkelijk loslaat. Hoe minder contact je met je ex hebt, hoe sneller het gat dat hij of zij heeft achtergelaten dicht zal gaan. Zeker wanneer je het vult door je andere relaties te verdiepen. Een deel van het gat is het verlies van de vriendschap en de band die je met je partner deelde. Het kan ook zijn dat er een nieuwe leegte in je sociale omgeving ontstaat, omdat je om welke reden dan ook geen contact meer hebt met vrienden die je deelde met je ex. Dit is een geweldige periode om opnieuw te investeren. Verzamel je vriendengroep om je heen om je eraan te herinneren dat je liefde verder reikt dan één persoon. Als je kinderen hebt wil je er natuurlijk alles aan doen om de sfeer goed te houden. Maar verwar wat goed is voor jou niet met wat het beste is voor je kinderen. Gebruik je kinderen niet als excuus om je ex te zien. Wees eerlijk tegen jezelf, en doe wat juist is voor je kinderen zonder op te offeren wat goed is voor jou.

Als het eenmaal voorbij is, is het voorbij. Als jij en je partner uit elkaar zijn gegaan, weersta dan de instinctieve neiging om de persoon te zijn die de ander troost en erdoorheen helpt. Je hebt net besloten dat je geen deel van het leven van de ander wilt zijn, en dat heb je hem of haar verteld. Als je vervolgens voor reddende engel speelt, voel je je wellicht minder schuldig. Of je wilt dat de ander blijft denken dat je fantastisch bent. Misschien kom je zelfs in de verleiding om een klein beetje controle over de ander te houden. Maar hoe het ook zit, laat je ex los. Je kunt je boodschap zo eerlijk en vriendelijk mogelijk communiceren, maar je hebt geen controle over de gevolgen van de breuk. Karma betekent dat je de reactie die je krijgt moet accepteren als het natuurlijke gevolg van je eigen handelingen.

Als iemand de relatie met jou verbreekt

Als je partner bij je weggaat, onthoud dan dat degene die je heeft gekwetst je niet kan helpen om te helen. Er is geen perfecte manier waarop je partner het uit kan maken, en de verwachting dat die er wel is kan je gevangenhouden. We willen dat de ander spijt uitspreekt, ons heelt, toegeeft dat hij of zij het allemaal fout heeft gedaan en ons vertelt hoe geweldig we zijn. In sommige opzichten is het vreemd dat we ons tot degene wenden die de pijn heeft veroorzaakt om ons door die pijn heen te helpen, maar tot voor kort hadden we een intieme band met deze persoon. Wellicht was je partner je beste vriend. We vertelden onze partner over onze dag; hij of zij was de eerste tot wie we ons wendden om plannen te maken, problemen op te lossen en emoties te verwerken. Het is moeilijk te accepteren dat onze ex niet langer de persoon is die ons bij deze veel grotere kwestie zal helpen – het verlies van iemand die ons dierbaar is. Zeker gezien het feit dat hij of zij die dierbare persoon ís! Hoe kan je partner nu niet meer met je willen praten, terwijl je er juist op rekent dat hij of zij je helpt om je beter te voelen? Het is echter nooit de taak van die persoon geweest om je gelukkig te maken. Dat was en is jouw taak.

Je moet de ander dus laten gaan. Het is prima om vragen te stellen, zodat je de motivatie van je partner beter begrijpt, maar zet hem of haar niet onder druk om de relatie in stand te houden. Je wilt toch niet bij iemand zijn die niet bij jou wil zijn? Hoe belangrijk het ook is om te evalueren wat er verkeerd is gegaan, weersta de drang om je ex 'in te laten zien' dat het een fout was om uit elkaar te gaan. Misschien heb je het gevoel dat de ander wegkomt met rottig gedrag. Misschien zie je hem of haar op social media de grootste lol hebben. Je ex heeft je pijn gedaan, het is niet leuk om te zien dat hij of zij plezier heeft terwijl jij je eenzaam en ongeluk-

kig voelt. Misschien wil je wel wraak nemen. Je kunt zelfs het gevoel hebben dat je wraak nódig hebt om de relatie af te kunnen
sluiten. Je wilt het karma van die persoon opdienen. Maar als je uit
wraakzucht handelt, zal dat je slechts negatief karma brengen. De
wet van karma stelt dat iedereen een gelijkwaardige en omgekeerde reactie op zijn of haar handeling zal krijgen. Je wilt niet de pijn
in iemands leven zijn. Karma zal doen wat het moet doen. In mijn
coachingspraktijk verliet een man zijn vrouw na vijftien jaar huwelijk om een relatie met een jongere vrouw te beginnen. Toen de
jongere vrouw hem dumpte, was hij geschokt dat ze hem had bedrogen; hij was helemaal vergeten dat hun relatie was begonnen
toen híj zijn vrouw bedroog. Karma voorziet niet altijd in zo'n voor
de hand liggende en bevredigende terugbetaling, maar handelingen hebben altijd gevolgen.

Als je het terugbetalen overlaat aan karma, kun je verdergaan en
je richten op de dingen die ertoe doen: het herstellen van je ego,
het opbouwen van je zelfvertrouwen en het meenemen van datgene wat je uit deze relatie hebt geleerd naar de volgende.

Wacht niet op een verontschuldiging. Afsluiting is iets wat je
jezelf geeft. Je ex kan je dat niet geven, want hij of zij heeft de antwoorden niet. Mensen zijn zich niet altijd bewust van hun fouten.
Vaak hebben ze de situatie niet voor zichzelf op een rijtje. Zelfs al
geeft je ex je een reden, dan blijf je nog met vragen zitten die hij of
zij niet kàn beantwoorden. Er is immers geen goed antwoord op de
vraag: 'Waarom hield je niet van me zoals ik wilde dat je van me
hield?' Het is gewoon niet logisch om iemand anders te vragen
jouw wond te genezen, ook al is het de schuld van die persoon. Als
iemand je een duw geeft en je schaaft je knie, dan wacht je niet tot
die persoon een pleister voor je gaat halen. Je zorgt voor jezelf. Het
is aan jou om de emotionele wond te sluiten die de breuk heeft
veroorzaakt. Je kunt die zelf het effectiefst verbinden.

Het menselijke brein is een betekenis producerende machine,
en een van de krachtigste manieren waarop dat gebeurt, is door het
creëren van een verhaal. Wanneer we lopen te piekeren over een
relatiebreuk, zijn we deels op zoek naar het verhaal erachter en wat

we daarvan kunnen leren. De eenvoudige redenen die mensen ons voor het verbreken van de relatie geven, wijzen we van de hand. Psycholoog Guy Winch zegt: 'Liefdesverdriet veroorzaakt zo'n dramatische emotionele pijn dat ons brein ons vertelt dat de bron al even dramatisch moet zijn.'[27] Als ware complotdenkers bedenken we soms ingewikkelde verhalen, terwijl het antwoord wellicht relatief simpel is. Een team van onderzoekers gaf volwassenen die in de voorgaande vijf maanden een relatiebreuk hadden meegemaakt een van twee opdrachten: schrijf vrijuit over je gevoelens, of schrijf een verhalend stuk over verschillende aspecten van je relatie, waaronder de breuk.[28] De deelnemers die een betekenisvol verhaal rond hun relatie construeerden, gaven later minder blijk van psychologisch leed dan de deelnemers die alleen hun gevoelens hadden opgeschreven. We moeten niet vergeten dat deze gecreëerde verhalen eerder hulpmiddelen zijn om te helen dan de ultieme waarheid; maar als we eenmaal een verhaal hebben dat we kunnen bevatten, is het makkelijker voor ons om verder te gaan. (Als zich nieuwe informatie aandient, kunnen we het verhaal altijd later nog aanpassen.)

Probeer dit:

SLUIT DE RELATIE VOOR JEZELF AF

Beschrijf de pijn die je partner bij je heeft veroorzaakt, via een ingesproken of geschreven bericht. Neem alles op wat je graag tegen je partner zou willen zeggen over de manier waarop hij of zij je heeft behandeld en wat dat met je heeft gedaan. De dingen die je partner tegen je heeft gezegd, de manier waarop hij of zij je heeft behandeld, vragen, beschuldigingen, traumatische gebeurtenissen, pijnlijke herinneringen. Zie deze lijst als een inventaris van alle redenen waarom het goed is dat jullie uit elkaar zijn gegaan. Als je je

$\longrightarrow$

juist op de beste herinneringen hebt geconcentreerd, zie je de realiteit van de relatie niet onder ogen.

Schrijf dus elke uitdaging op, elke fout, alles wat de ander heeft gezegd dat verkeerd is gevallen. Is er iets wat je geest vermijdt? Laat elke emotie toe. Je kunt niet helen tot je voelt. Emoties worden niet minder door ervan weg te lopen. Als je ze niet voldoende aandacht geeft, worden ze alleen maar sterker. Om ze werkelijk onder ogen te zien moet je ze onder woorden brengen, naar patronen zoeken en ze aan jezelf uitleggen.

Schrijf nu naast elke handeling waar je pijn van hebt gehad op wie er verantwoordelijk voor was. Wie voerde de handeling uit? Wie heeft dingen gezegd die niet gezegd hadden mogen worden? Wie heeft de dingen gedaan die niet gedaan hadden mogen worden? Soms zal de verantwoordelijkheid bij jou liggen. Als je dat beseft, kun je de touwtjes in handen nemen, jezelf verbeteren en groeien.

Je zult je ook bewust worden van de fouten die je ex heeft gemaakt. Misschien zijn er negatieve elementen die je hebt onderdrukt terwijl de relatie nog gaande was. We doen dit omdat we onbewust de voorkeur geven aan de duivel die we kennen. Je wist dat je partner je 's ochtends af zou snauwen. Je wist dat je partner je verjaardag zou vergeten. Je wist dat je partner te laat zou komen voor het eten. Je wist dat je partner je niet zou bellen of appen, ook al zou je dat fijn hebben gevonden. Je wist wat je partner verkeerd zou doen, en het is makkelijker om dat te accepteren dan om single te zijn, op nieuw terrein, zonder te weten hoe je je moet voelen, hoe je verder moet of wat voor pijn er nog gaat komen. In ruil voor een gevoel van veiligheid accepteren we minder dan we verdienen. We klampen ons vast aan vertrouwde pijn.

Door alles op te schrijven wat verkeerd is gegaan, kun je je makkelijker richten op redenen waarom deze breuk goed voor je was. Zoek het verhaal dat je helpt om de relatie af te sluiten. Misschien ben je goed weggekomen. Misschien heb je een les geleerd die je nooit meer wilt herhalen. Zie in dat deze relatie wellicht niets méér was dan een stap op je pad naar betere verbintenissen in de toekomst.

Lees datgene wat je hebt opgeschreven nu hardop voor in een lege kamer. Je ex zal het niet horen, maar afsluiten wordt nu mogelijk door het uitspreken van je gevoelens en de wetenschap dat je je eigen afloop schrijft om jezelf te helpen verder te gaan.

Leer de karmische lessen

Vaak willen we ons na een relatiebreuk afsluiten voor onze eigen emoties. Dan schakelen we over naar de beschermende modus en proberen we onszelf af te leiden en herinneringen aan de relatie te verdringen.

Bedenk echter eens wat ervoor nodig is om een lichamelijke verwonding te laten genezen. Als we een spier gescheurd hebben of we hebben een operatiewond, dan weerhoudt de pijn ons er aanvankelijk – terecht – van om activiteiten te ondernemen, zodat we geen verdere schade oplopen.[29] Daarna maakt het lichaam op de plek van de wond collageenvezels aan als onderdeel van het helingsproces. Deze vezels zijn veel dichter dan het oorspronkelijke weefsel en creëren een massa littekenweefsel die de wond heel goed beschermt. Als we echter verder niets aan de genezende wond doen, gaat het dikke littekenweefsel een probleem vormen. Het beperkt ons in onze bewegingen en vergroot de pijn en het risico op een nieuwe verwonding. En dus pakken we ons herstel zorgvuldig aan: we laten het weefsel masseren en we volgen fysiotherapie om ons te helpen mobiliseren, en zo herstellen we de kracht op de beschadigde plekken tot we weer helemaal gezond zijn.

Hetzelfde geldt voor liefdesverdriet. We kunnen onszelf niet eeuwig beschermen. We moeten door de pijn heen, we moeten de verwonding begrijpen, onze kracht opbouwen en opnieuw de wereld betreden. Zoals meditatiedocent, klinisch psycholoog en bestsellerschrijfster Tara Brach zegt: 'Alles waar we van houden, gaat weg. Ons hart kan alleen vol en open zijn als we rouwen om dat verlies, het loslaten, het volledig beleven. Als we niet openstaan voor verlies, staan we niet open voor liefde.'[30]

Zoek stilte en ruimte op om te zien wat er kapot is gegaan en wat er nog over is. Denk er goed over na wat je van de relatie hebt geleerd, want hoeveel je ook denkt te zijn kwijtgeraakt, hoe verdrietig het ook was, hoeveel pijn je ook hebt geleden (tenzij er sprake was van misbruik, waar geen rechtvaardiging voor is), je kunt er lering uit trekken.

Iedere ex geeft je een geschenk dat je wellicht misloopt als je deze stap niet zet. Het kan goede raad zijn. Het kan een connectie zijn die je ex voor je heeft geregeld. Misschien heeft je ex je gesteund in een moeilijke tijd. Misschien heb je geleerd dat je eigenlijk samen wilt zijn met iemand die gezonde keuzes maakt. Misschien heb je ontdekt dat het kiezen van iemand die aan al je wensen leek te voldoen geen goede manier was om te zien wie er vóór je stond. Erken de geschenken die je ex je heeft gegeven.

Toen de Amerikaanse boeddhistische non Pema Chödrön terugkeek op haar huwelijk, ontdekte ze iets verrassends. Ze zegt: 'Ik had niet beseft hoe hard ik het nodig had dat iemand anders bevestigde dat ik oké ben. Het kwam niet uit mezelf, het kwam van de manier waarop iemand anders me zag.' Toen ze dat eenmaal begreep, realiseerde ze zich dat ze niet langer afhankelijk van anderen wilde zijn voor haar gevoel van eigenwaarde. Het was een pijnlijk besef, maar het hielp haar om zich anders tot zichzelf en de mensen om haar heen te verhouden.[31]

Ik wil graag dat jij net als Chödrön ziet wat je verkeerd hebt gedaan in de relatie. Welke fouten heb je gemaakt, en wat had je beter kunnen doen? Als je deze lessen niet leert, herhaal je die onsuccesvolle dynamiek wellicht voor de rest van je leven.

Probeer dit:

INZICHTEN

Laten we het recente verleden van je relaties onderzoeken om tot inzichten te komen die je op toekomstige relaties zullen voorbereiden.

Bedenk wat je hebt gewonnen
Bedenk wat je hebt verloren
Denk na over je eigen tekortkomingen
Vraag jezelf: wat heb ik in deze relatie over mezelf geleerd?

Trek iets aan wat lekker zit, zet een kop thee, ga voor het haardvuur zitten – doe deze oefening op een plek en op een manier die prettig en troostend voelen, want het kan heel goed zijn dat je tot onplezierige inzichten komt. En dat is prima. Sommige dingen zullen je misschien energie geven en andere zullen je wellicht van streek maken, maar liefde kan ons blind maken voor de fouten en lastige eigenschappen van anderen, en ons verlangen om ons goed te voelen over onszelf kan ons blind maken voor onze eigen misstappen. Wanneer we van iemand houden, zien we de irritante of zelfs destructieve gewoontes en gedragingen van die persoon nog weleens door de vingers. Deze oefening helpt ons om deze zaken met een frisse blik te bekijken.

Vraag jezelf als eerste: wat heb ik goed gedaan in deze relatie en wat wil ik niet herhalen? Misschien heb je je eigen behoeften altijd vooropgesteld en niet werkelijk naar je partner geluisterd. Of misschien heb je het gevoel dat je heel gezonde grenzen hebt gesteld, maar dat je partner die niet respecteerde. Schrijf het allemaal op.

Stel jezelf nu de vraag wat deze relatie je heeft opgeleverd. Was het advies? Inzicht? Financiële steun? Hulp wanneer je het moeilijk had? Ooit heeft je partner iets waardevols aan je leven toegevoegd. Hoeveel je ook denkt te zijn kwijtgeraakt, hoe pijnlijk het ook was, je moet erkennen wat je partner je heeft gegeven.

Vraag je nu af wat je in deze relatie bent kwijtgeraakt. Misschien is dat je zelfvertrouwen. Misschien ben je aan jezelf gaan twijfelen omdat je partner je bekritiseerde. Misschien ben je tijd kwijtgeraakt, of energie. Misschien ben je mogelijkheden of contacten met andere mensen misgelopen terwijl je je aan deze relatie wijdde.

Sta er ten slotte bij stil wat je verkeerd hebt gedaan in deze relatie. Welke fouten heb je gemaakt? Heeft de relatie je vermogen om trouw te blijven aan jezelf op de proef gesteld? Heeft je relatie je beeld van een goede partner op de proef gesteld? Je moet deze moeilijke vragen stellen en beantwoorden, want als je niets doet met de fouten die je hebt gemaakt, ga je ze sowieso met iemand anders herhalen.

Je waarde opnieuw definiëren

Er is een oude parabel waarin een jongen zijn vader vraagt naar de waarde van zijn leven. De vader geeft hem een glimmende rode steen en zegt: 'Ik wil dat je de bakker vraagt of hij deze van je wil kopen. Wanneer hij vraagt hoeveel de steen moet kosten, steek je alleen twee vingers omhoog. Als je je antwoord hebt, breng je de steen weer mee terug naar huis.'

De jongen gaat naar de bakker en laat hem de steen zien. 'Hoeveel?' vraagt de bakker.

De jongen steekt twee vingers omhoog, zoals zijn vader heeft gezegd.

'Voor twee dollar wil ik hem wel kopen,' zegt de bakker.

De jongen gaat naar huis en vertelt zijn vader de prijs. Zijn vader zegt: 'Ga nu naar de markt en kijk wat de antiekhandelaar ervoor biedt.'

De jongen gaat naar de markt en laat de antiekhandelaar de steen zien.

'Dat ziet eruit als een robijn!' zegt de antiekhandelaar. 'Hoeveel wil je ervoor hebben?'

De jongen steekt twee vingers omhoog.

'Tweehonderd dollar? Dat is een hoop, maar ik neem hem,' zegt ze.

Daarna stuurt de vader de jongen naar de juwelier. Die juwelier laat het zonlicht op de steen schijnen en ziet hoe die het licht breekt. Hij legt de steen onder een microscoop, en zijn ogen worden groot. 'Dit is een zeldzame en prachtige robijn,' zei hij. 'Hoeveel wil je ervoor hebben?'

De jongen steekt twee vingers omhoog.

'Tweehonderdduizend dollar is inderdaad een eerlijke prijs,' zegt de juwelier.

Opgewonden rent de jongen terug naar zijn vader om hem dit nieuws te vertellen. Zijn vader glimlacht en stopt de robijn in zijn zak. 'Weet je nu hoeveel je leven waard is?' vraagt hij.

Dit verhaal illustreert prachtig dat we verschillende waarden toekennen aan verschillende mensen. We worden gedefinieerd door wat we accepteren. Een relatiebreuk is deels zo moeilijk omdat de persoon die ons ooit zo hoog inschatte dat niet langer doet. We zijn gedevalueerd, maar alleen door onze partner. Daarom moeten we onze eigenwaarde vaststellen en iemand vinden die ons op waarde weet te schatten zoals we zijn.

Houd de geest gescheiden van het intellect

Als we nog steeds bang zijn voor eenzaamheid, haalt de geest trucjes met ons uit waardoor we nog verder in de knoop raken. We raken er weer van overtuigd dat het niet bevredigend is om alleen te zijn. Begeerd worden geeft ons het gevoel dat we op waarde worden geschat, en die waarde verbinden we aan het samenzijn met een andere persoon, in plaats van die te zien als de waarde die we altijd met ons meedragen.

Dit zijn echter simpele gedachten van de geest, en we moeten ze naar een hoger plan tillen.

De *Bhagavad Gita* maakt onderscheid tussen de zintuigen, de geest en de intelligentie: 'De actieve zintuigen staan boven de levenloze materie; hoger dan de zintuigen is de geest; nog hoger dan de geest is de intelligentie.'[32] Zintuigen vertellen je of iets lichamelijk pijn doet. De geest denkt op een ander niveau: wat je prettig vindt en wat niet. En de intelligentie vraagt: 'Waarom wil ik dit niet? Wat leer ik ervan?' Dus wanneer onze relatie eindigt, vertelt de geest ons dat we het fijn vonden wat we hadden en dat we het terug willen. We missen onze ex; we willen weten wat hij of zij op Instagram doet. We vragen ons af of onze ex aan ons denkt. In dit soort periodes hebben we soms ook kritische gedachten over onszelf, zoals: *ik ben niet aantrekkelijk genoeg. Ik ben niet sterk genoeg. Ik was niet liefdevol genoeg. Ik ben niet krachtig genoeg.*

Je kunt niet stoppen met denken, maar als je gedachten je niet bevallen, kun je ze wel een andere kant op sturen. Het idee dat je niet goed genoeg bent, kun je opzijschuiven. Je gedachten een andere kant op sturen doe je door jezelf vragen te stellen wanneer je een besluit neemt.

Geest: Ik wil op de stoep voor het appartement van mijn ex gaan staan en kijken of het licht aan is.
Intellect: Wat heeft dat voor zin?

Geest: Ik moet weten of hij bij iemand anders is.
Intellect: Heb ik iets aan die informatie?

Geest: Ja, want als hij bij iemand anders is, kan ik het loslaten.
Intellect: Wil je dat je eigen vermogen om te veranderen afhankelijk is van deze informatie?

Geest: Nee... Maar ik wil hem toch zien!
Intellect: Is er iets anders wat je zou kunnen doen om het los te kunnen laten?

Geest: Ik zou een vriendin kunnen bellen.

Als je een dwingende gedachte hebt, vraag jezelf dan: bevalt deze gedachte me? Is deze gedachte nuttig? Geeft deze gedachte me inzicht? Helpt deze gedachte me om verder te gaan? Zo verplaatsen we ons van het gesprek van de geest naar het gesprek van het intellect.

De geest zegt dat je contact moet zoeken met je ex. De intelligentie zegt dat je contact moet zoeken met je vrienden.

De geest zegt dat je op je ex moet focussen. De intelligentie zegt dat je op jezelf moet focussen.

De geest vraagt: 'Wat zullen mensen denken?' De intelligentie vraagt: 'Wat denk ik?'

Sla niet meteen aan het daten

Christin had al een paar maanden verkering met Bradley toen hij voorstelde dat ze samen zouden gaan hardlopen.[33] Christin was geen hardloper, maar ze stemde in. Onderweg draafde ze, ze liep, en ze huppelde zelfs sportief mee terwijl Bradley op een rustig tempo jogde. Op een gegeven moment keek hij achterom naar haar, wierp haar een geïrriteerde blik toe en rende weg, zodat ze in haar eentje terug moest naar de auto. Het was de zoveelste relatie waarin mannen Christin afschuwelijk behandelden. Hoe graag ze ook een toekomstige echtgenoot wilde vinden en een gezin wilde stichten, ze besloot uiteindelijk om een jaar te stoppen met daten om haar beoordelingsvermogen van mannen bij te stellen en wat tijd alleen door te brengen.

Toen Christin niet meer op dates ging, doken er ineens aan alle kanten mannen op die met haar op stap wilden. In plaats van te proberen indruk te maken op potentiële toekomstige echtgenoten was ze gewoon lekker zichzelf. Ze kon toch niet daten, dus wat had ze te verliezen? Ergens halverwege dat jaar ontmoette ze Nathan, een man die heel aardig leek. Toen hij haar mee uit vroeg, legde ze echter uit dat ze tot juni niet zou daten. Nathan verdween, en naarmate de maanden verstreken ontdekte Christin dat ze zich zekerder van zichzelf begon te voelen. Uiteindelijk besefte ze dat het sowieso goed met haar zou komen, wat er in juni ook met haar liefdesleven zou gebeuren. Op 1 juni ging haar telefoon. Het was Nathan, die haar weer mee uit vroeg. Het bleek dat hij inderdaad haar toekomstige man was, en inmiddels hebben ze twee kinderen.

Als we al onze tijd na een relatiebreuk gebruiken om deze te analyseren, komen we nooit een stap verder. Maar we moeten ook niet verdergaan door ons direct in de volgende relatie te storten. Dit is een geweldige periode om op zoek te gaan naar mensen die je actief in je leven wilt hebben. Vrienden met dezelfde interesses. Groepen waar je je prettig bij voelt. Omring je met mensen die je verschillende behoeften vervullen – iemand met wie je graag diepe gesprekken voert, iemand met wie je graag gaat dansen, iemand met wie je graag sport.

Gebruik deze periode om nieuwe vriendschappen te beginnen en bestaande vriendschappen uit te breiden, zodat je je compleet voelt zonder partner. Herontdek het alleen-zijn. Richt je focus weer op je levensvervulling. Dit is de tijd om echt in jezelf te investeren. Dit is de tijd om jezelf echt te leren kennen. We kunnen onszelf verliezen in een relatie, dus nu moeten we onszelf zien te vinden in het verdriet.

Probeer dit:

CHECKLIST OM TE ZIEN OF JE ERAAN TOE BENT OM WEER TE GAAN DATEN

☐ Heb ik de lessen geleerd die mijn laatste relatie te bieden had en die me zullen helpen om de volgende keer een betere relatie te hebben?

   ☐ Waar moet ik me bewust van zijn?
   ☐ Wat moet ik vermijden?
   ☐ Wat wil ik mijn volgende partner bij het begin al duidelijk maken over mij?

☐ Weet ik waar ik waarde aan hecht en wat in deze fase van mijn leven mijn doelen zijn? Zo niet, dan kan ik een poosje alleen zijn om hier aandacht aan te besteden.

   ☐ Weet ik welke grenzen ik bij mijn volgende partner wil stellen? Misschien wil ik wel gaan daten, maar besluit ik dat ik niet te snel wil gaan.
   ☐ Wil ik lichamelijke grenzen stellen?
   ☐ Wil ik niet meteen exclusief zijn?
   ☐ Wil ik oppassen dat ik geen verplichtingen voor iemand afzeg, zoals ik de vorige keer heb gedaan?

Als je na het beantwoorden van deze vragen niet weet of je eraan toe bent om weer te gaan daten, probeer het dan gewoon. Je hoeft niet officieel te daten of niet te daten. Kijk gewoon hoe het voelt.

De eindeloze uitbreiding van liefde

Als monniken leren we over *maya*, wat illusie betekent.[34] Een deel van de maya van de liefde is dat we er slechts op beperkte manieren toegang toe hebben, bijvoorbeeld alleen via bepaalde mensen. We stellen ons voor dat er een deur is die de liefde bewaakt, en dat we, om liefde en geluk te ervaren, die ene sleutel moeten vinden die op de deur past. En die sleutel is een andere persoon.

Dan kom je zonder partner te zitten. Of je hebt je kinderen grootgebracht en nu zijn ze het huis uit. Of jij en je partner voelen je nog rusteloos, alsof er meer te vinden moet zijn in het leven. Onvolmaakte liefde leert ons iets. Onvolmaakte liefde vertelt ons dat we verder moeten gaan. Onvolmaakte liefde dwingt ons om onze verwachtingen overboord te zetten, de fantasie los te laten en te beseffen dat er altijd meer geweest is dan het liefhebben van één persoon of onze naaste familie.

Hoe teleurstellend deze openbaring ook mag zijn, ze biedt ons toegang tot een heel nieuw niveau van liefde. Steven Cole, docent aan UCLA, zegt dat je eenzaamheid of een gebrek aan verbinding het best kunt genezen door een gevoel van missie en zingeving in je leven.[35] Als je tijd besteedt aan het helpen van anderen, combineer je verbinding met diepe voldoening, en het resultaat is een sterk verbeterde gezondheid. Prosociaal gedrag, waaronder het doen van vrijwilligerswerk, heeft een bewezen positief effect op ons immuunsysteem, bestrijdt de lichamelijke stress die door eenzaamheid wordt veroorzaakt en verhoogt onze levensverwachting. Triest genoeg, zegt Cole, hebben veel mensen tegenwoordig hun bezigheden met anderen teruggeschroefd om individuele gezondheidsverbeterende doelen na te streven, zoals trainen voor een triatlon, het volgen van yogalessen of de zoektocht naar onze 'ene ware liefde'. Die dingen zijn allemaal geweldig, maar het grootste voordeel voor iedereen ontstaat toch wanneer je gezondheid, zoals Cole het beschrijft, 'een middel is om een doel te bereiken, namelijk om iets betekenisvols tot stand te brengen, niet alleen voor jezelf maar ook voor anderen'.

Wat we als de hoogste vorm van liefde zagen – romantische liefde – kan worden uitgebreid. Liefde creëert meer liefde. Het is tijd dat je diep ademhaalt, weer in liefde gaat geloven en je erop voorbereidt om je vermogen om lief te hebben te verdiepen.

Waar je ook bent begonnen, van wie je ook hield of hoeveel geld je ook verdiende, het kan zijn dat je een punt bereikt waarop je niet meer tevreden bent met het materiële. Je hebt het gevoel dat er meer moet zijn. Je voelt je niet volledig voldaan. Sommige mensen zien dat wellicht als een midlifecrisis. Het vertegenwoordigt echter een dieper wordende verbinding met spiritueel werk. Voorzien van compassie, empathie en onzelfzuchtigheid ben je er klaar voor om verder te reiken dan je familie en je levensvervulling in de grotere wereld te vinden.

Je zult de liefde in dit leven nooit perfectioneren, en dat betekent dat je elke dag van je leven met de liefde mag oefenen.

Schrijf een liefdesbrief
om je te helpen helen

Wanneer een vriend of vriendin een moeilijke periode door-maakt, bieden we troost en steun; maar als het om onszelf gaat, zijn we vaak veel minder geduldig en meelevend. Als we het lastig hebben, houden we onszelf voor dat we ons er gewoon overheen moeten zetten. Dat zouden we echter nooit tegen een vriend of vriendin zeggen. Probeer een he-lende brief aan jezelf te schrijven, alsof je het tegen een vriend, een vriendin of een andere dierbare hebt.

Lieve vriend met liefdesverdriet,

Ik zie je. Ik ben er voor je. Na het verlies van een geliefde denken we vaak dat we verstoten en alleen zijn, maar niets is minder waar. In werkelijkheid gaan we deel uitmaken van een gigantische gemeenschap die deze pijn en dit verdriet doormaakt. De club van mensen met liefdesverdriet. We zijn met velen. En we zijn sterk. En we zijn fragiel. Bovenal zijn we met z'n allen aan het helen.

Dit helingsproces ziet er anders uit dan je denkt, want als je hart eenmaal is gebroken, zal het nooit meer helemaal genezen. Maar dat is niet erg. Het is mooi, want juist die littekens zijn een aspect van de liefde. Misschien voel je je eenzaam, maar dat is een misvatting. De pijn die je op dit moment voelt, verbindt je juist sterker met de rest van de mensheid. Op een bepaalde manier mag je dan één persoon zijn kwijtgeraakt, maar je hebt de wereld erbij gekregen.

Een gebroken hart breekt ons niet echt, het breekt ons open. Zoals Alice Walker ooit zei: 'Harten zijn er om gebroken te worden, en dat zeg ik omdat het gewoon bij harten lijkt te horen dat dit gebeurt. Ik bedoel, het mijne is zo vaak gebroken dat ik de tel ben kwijtgeraakt... In feite zei ik nog niet zo lang geleden tegen mijn therapeut: "Weet je, het voelt ondertussen alsof mijn hart openstaat als een koffer. Het voelt alsof het zo'n beetje open is geklapt, weet je, zoals een grote koffer openklapt. Zo voelt het."'[36] Het doel van liefdesverdriet en verlies is niet om ons af te snijden van de wereld, maar om ons er juist voor open te stellen. Om te voorkomen dat we beperkt liefhebben.

De realiteit is dat je nooit gescheiden bent van liefde. Als je liefde wilt voelen, deel haar dan gewoon. Liefde stroomt door ons heen, of we haar nu ontvangen of geven. Er zijn net zoveel gelegenheden om liefde te ervaren als er waterdruppels zijn in de zee. We weten nooit wat het leven ons zal brengen, maar één ding weten we wel – dat we allemaal op elk moment omringd zijn door liefde.

Liefs,
Ik

Meditatie om door liefde te helen

Om Shakespeare te parafraseren: de loop van de liefde is niet altijd even vloeiend. Het leven brengt ons onvermijdelijk pijn en verwondingen. Waar we ook mee worstelen, het is belangrijk om onze verbinding met liefde te behouden – om te onthouden dat we het nu, zoals altijd, waard zijn om liefde te ontvangen en dat we in staat zijn om anderen liefde te bieden.

1. Zoek een comfortabele positie, zittend op een stoel, op een kussen of op de vloer, of liggend.
2. Doe je ogen dicht, als dat prettig voelt. Zo niet, verzacht dan gewoon je focus.
3. Of je ogen nu open of dicht zijn, laat langzaam je blik zakken.
4. Adem diep in. En adem uit.
5. Het geeft niet als je gedachten afdwalen. Breng ze rustig terug naar een plek van kalmte, balans en stilte.

Meditatie om door liefde te helen

1. Richt al je aandacht op jezelf. Wees je bewust van je ademhaling terwijl die je lichaam in en uit gaat.
2. Leg zachtjes een hand op je hart en adem er rustig naartoe. Voel de energie van je hart terwijl het in je lichaam klopt.
3. Zeg tegen jezelf, in je hoofd of hardop: 'Ik ben liefde waard.'
4. Voel je hart kloppen terwijl je in- en uitademt, en herhaal: 'Ik ben liefde waard.'
5. Herhaal dit nog een keer.
6. Richt je aandacht weer op je ademhaling.
7. Zeg tegen jezelf: 'Ik ben iemand van wie mensen kunnen houden.' Blijf rustig doorademen en herhaal dit nog twee keer.

8. Richt je aandacht weer op je ademhaling.
9. Zeg tegen jezelf: 'Ik ben gemaakt van liefde.' Blijf naar je hand ademen en voel dat de adem je hart nieuw leven inblaast. Herhaal dit nog twee keer.

DEEL 4

Verbinding: leren om van iedereen te houden

In de vierde ashram, Sannyasa, breiden we onze liefde uit naar iedere persoon en elk gebied van ons leven. In deze fase wordt onze liefde grenzeloos. We realiseren ons dat we op elk moment en met iedereen liefde kunnen ervaren. We voelen *karuna*, compassie voor alles wat leeft.[1] Al deze fases kunnen tegelijkertijd worden doorgemaakt, maar deze vierde fase is de hoogste uitdrukking van liefde.

Steeds opnieuw liefhebben

De rivier die in jou stroomt, stroomt ook in mij.

KABIR DAS[1]

In de ashram hoorde ik een verhaal waarin een leraar een leerling vraagt: 'Als je honderd dollar had om weg te geven, zou je die dan beter allemaal aan één persoon kunnen geven, of beter één dollar aan honderd verschillende mensen?'

De leerling aarzelt. 'Als ik het allemaal aan één persoon geef, is het misschien genoeg om het leven van die persoon te veranderen. Maar als ik het aan honderd hongerige mensen geef, kunnen ze allemaal iets te eten kopen.'

'Dat is allebei waar,' zegt de leraar, 'maar hoe meer mensen je helpt, hoe meer je je vermogen om lief te hebben vergroot.' We beginnen ons liefdesleven met het idee dat we de (metaforische) honderd dollar aan één persoon moeten geven – onze partner – of aan een paar mensen – onze familie. In de vierde fase van het leven stappen we echter over op een andere benadering. We gaan briefjes van één dollar uitdelen aan een heleboel mensen. Hoe meer we kunnen geven, hoe beter, maar we beginnen klein en laten ons vermogen om liefde te geven in de loop der tijd groeien. Je kunt liefde niet perfectioneren door te wachten tot je haar vindt of door haar te hebben, maar door liefde continu met iedereen te creëren. Dit wil ik je al de hele tijd vertellen – het is het grootste geschenk dat liefde te bieden heeft.

Je bent waarschijnlijk aan dit boek begonnen met de vraag hoe je liefde met een partner kunt vinden of behouden. We willen liefde in ons leven, en we gaan er automatisch van uit dat ze de vorm van romantische liefde moet aannemen. Maar het is een misvatting dat de enige liefde in je leven die tussen jou en je partner, je familie en je vrienden is. Het is een misvatting dat het leven een liefdesverhaal tussen jou en een andere persoon zou moeten zijn. Die liefde is slechts een opstapje. Het hebben van een partner is niet het einddoel. Het is een manier om te oefenen voor iets groters, iets wat je leven verandert, een vorm van liefde die zelfs nog verder reikt en meer oplevert dan romantische liefde. Onze liefdesrelaties geven ons de gelegenheid om ervoor te oefenen, maar we hoeven onze romantische verlangens niet te vervullen om haar te bereiken. Liefde is beschikbaar voor ons allemaal, elke dag, en ze is eindeloos.

In de vierde fase van het leven, Sannyasa, is het doel simpel: verder kijken dan onszelf om te zien hoe we anderen kunnen dienen. Continu liefde ervaren door ervoor te kiezen haar altijd aan anderen te geven. Liefde te vinden in momenten van frustratie, irritatie, boosheid en wanhoop, wanneer ze buiten bereik lijkt. Meer liefdevolle verbindingen creëren met de mensen die we ontmoeten. Liefde voelen voor de hele mensheid. Liefde betekent opmerken dat iedereen liefde waard is, en alle mensen behandelen met het respect en de waardigheid die ze door hun mens-zijn automatisch verdienen.

De Noorse filosoof Arne Naess leende ideeën uit het Vedische gedachtegoed toen hij een proces van zelfverwezenlijking beschreef 'waarbij het zelf, om verwezenlijkt te worden, zich steeds verder voorbij het aparte ego uitstrekt en een steeds groter deel van de waarneembare wereld omvat'.[2] Met andere woorden, wanneer we ons gevoel van zelf 'verbreden en verdiepen', worden we ons bewust van onze verbinding met anderen. En dus dien je jezelf door anderen te dienen – er is geen verschil. Voor degenen die de vierde fase van het leven bereiken, zijn lichaam, geest en ziel erop gericht om het goddelijke te dienen en de mensheid te verheffen. *Sannyasi's* ervaren de dieptes en de nuances van liefde die we niet altijd in een en dezelfde persoon kunnen vinden.[3]

We gaan liefde in verschillende vormen waarderen. We handelen niet langer uit een gevoel van morele plicht, maar vanuit een begrip van onze verbondenheid met alles wat is. **We zijn verbonden, en wanneer we anderen dienen, dienen we onszelf.**

Dit concept wordt ondersteund door de wetenschap. Psychologen refereren aan de dingen die we doen om anderen te helpen als *prosociaal gedrag*. Marianna Pogosyan, die gespecialiseerd is in crossculturele psychologie, schrijft dat prosociaal gedrag ons helpt om ons meer verbonden te voelen met anderen, en dat het verlangen naar verbinding een van onze diepste psychologische behoeften is.[4]

De sannyasi dient zoveel mogelijk mensen. Waarom zou je liefde beperken tot één persoon of één familie? Waarom zou je liefde maar met een paar mensen ervaren?

Wanneer we onze radius van liefde vergroten, hebben we de gelegenheid om op elk moment van elke dag liefde te ervaren.

Wanneer je op deze manier denkt, strekt liefde haar armen steeds verder uit. Als ouders van hun kinderen houden, houden ze ook van de kinderen die bij hun kinderen op school zitten, omdat ze geven om de gemeenschap waarin hun eigen kinderen opgroeien. En als je om de gemeenschap geeft, dan geef je om de school zelf. En als je om de school geeft, dan geef je om de omgeving van de school. Dus als je van je kinderen houdt, is het logisch dat je de wereld en de wereld als geheel mooier wilt maken. Houden van de mensen om ons heen leert ons om te houden van alles wat leeft, en houden van iedereen leert ons om te houden van de wereld om ons heen – de plek die ze thuis noemen. En als we van onze wereld houden, dan houden we ook van de schepper ervan, het goddelijke, een macht die groter is dan wijzelf. Toen Kabir Das, de vijftiende-eeuwse Indiase dichter en heilige, schreef: 'De rivier die in jou stroomt, stroomt ook in mij', suggereerde hij dat we door onze handelingen, woorden, gedragingen en ademhaling verbonden zijn met de hele mensheid. We beïnvloeden elkaar met alles wat we doen. Dit zagen we tijdens de pandemie, toen het belangrijk was om voor elkaar te zorgen en elkaar te beschermen, om niet alleen aandacht te hebben voor onze dierbaren, maar voor de hele gemeenschap.

Anne Frank zei: 'Niemand is ooit arm geworden door te geven.'[5] Door ons concept van liefde geleidelijk te verbreden, ontdekken we nieuwe manieren om ons er toegang toe te verschaffen. Liefde is beschikbaar wanneer je haar maar wilt voelen, door haar aan anderen te geven.

Het geven van liefde bevredigt een menselijke behoefte die nog groter is dan het verlangen naar romantische liefde: nuttig willen zijn. Er is geen hogere extase. Ik citeer graag dit Chinese spreekwoord: 'Als je een uur gelukkig wilt zijn, doe dan een dutje. Als je een dag gelukkig wilt zijn, ga dan vissen. Als je een jaar gelukkig wilt zijn, erf dan een vermogen. Als je een leven lang gelukkig wilt zijn, help dan een ander.' De vreugde die we ontlenen aan het dienen van anderen wordt de *helper's high* of 'geversgloed' genoemd. Wetenschappers definiëren het als een gevoel, volgend op onzelfzuchtige dienstbaarheid aan anderen, van vervoering, vreugde en toegenomen energie, en daarna een periode van kalmte en sereniteit.

Onderzoeker Allan Luks, schrijver van *The Healing Power of Doing Good*, bekeek gegevens van meer dan drieduizend mensen die vrijwilligerswerk hadden gedaan, en merkte op dat de helper's high niet alleen wekenlang aanhield terwijl mensen aan het werk waren, maar dat deze ook terugkwam wanneer ze aan het werk terugdachten.[6] En helper's high voelt niet alleen goed in onze hersenen; die gaat vergezeld van lagere niveaus van stresshormonen en een verbeterde werking van ons immuunsysteem.

In plaats van liefde te verwachten moeten we manieren zoeken om liefde te tonen. We hebben geleerd om te geloven dat je alleen liefde kunt ervaren wanneer je haar ontvangt, maar volgens de Veda's kun je liefde op elk gewenst moment voelen door simpelweg contact te maken met de liefde die altijd in je is. Vanuit het Vedische gezichtspunt hoeven we liefde niet te vinden, niet te

LIEFDE VERWACHTEN VS. LIEFDE TONEN

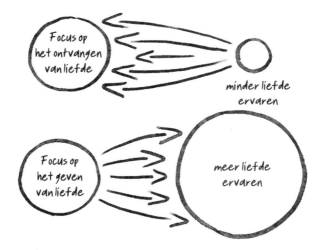

bouwen of te creëren. We zijn erop gemaakt om lief te hebben en liefdevol te zijn. Volgens de Veda's is de ziel *sat, chit, ananda*: eeuwig, vol van kennis, vol van geluk.[7] Dit is onze liefhebbende kern. Naarmate we de wereld ervaren, wordt deze kern bedekt door lagen van ego, afgunst, trots, jaloezie, lust en illusie die ons vermogen om lief te hebben in de weg zitten. We moeten ons best doen om deze lagen te verwijderen en terug te keren naar onze liefhebbendste zelf. Zo zouden de Veda's zelfs de slechtste en gevaarlijkste leden van de maatschappij zien. De liefde in hun kern wordt volledig aan het zicht onttrokken door de lagen van onzuiverheid. We hebben allemaal onzuiverheden, maar bij de meesten van ons zijn ze klein en relatief onschuldig, terwijl een leider bij wie de liefhebbende kern volledig is bedekt zijn bereik en invloed kan gebruiken voor de vernietiging van het leven. Sannyasi's zijn in staat om naar het gedrag en de handelingen van iedere persoon te kijken en ze te zien als mogelijkheden om liefdevol te reageren, hoe ontoegankelijk die kern van liefde ook is. Natuurlijk doen ze dit zonder hun leven op het spel te zetten en zonder de zaak van de corrupte leider te steunen.

Hoe we liefde kunnen geven

In de vierde fase van het leven komen we op een punt waar we niet meer alleen naar liefde in één persoon zoeken. Dit kan zijn omdat we geen partner meer hebben. Of misschien zijn we gelukkig met onze partner en hebben we het gevoel dat we nu genoeg liefde hebben om die uit te breiden. **Je bent een leerling van de liefde geweest, en nu ben je een rentmeester van de liefde.** De *Bhagavad Gita* spreekt over de principes van *śreyas* en *preyas*, die zich ruwweg laten vertalen als datgene wat we zoeken en datgene wat we zouden moeten zoeken.[8] Als we het vermogen en de gelegenheid hebben om verder te kijken dan onze eigen behoeften, dan moeten we dat doen. Je hebt je best gedaan om je eigen levensvervulling te bewerkstelligen. Misschien heb je er wel naar gestreefd om de doelen van je partner en je kinderen te vervullen. Nu kun je jezelf het doel van dienstbaarheid stellen. Als je een partner hebt, kun je de liefde voor elkaar verdiepen door dit samen te doen. Als je dit te vroeg probeert, zal het tot discussies en misverstanden leiden. Om samen anderen te kunnen dienen – je gemeenschap, de wereld – moet je een diep begrip van elkaars sterke en zwakke kanten hebben. Dan gaat samenwerken makkelijker en kunnen we die compassie naar iedereen uitbreiden.

Het is hard werken om een sannyasi te zijn. Zonder oefening zijn we niet per se klaar voor deze oneindige uitbreiding van liefde. Het kan makkelijk ontaarden in de wens om je eigen ego te voeden door iets voor andere mensen te doen. En hoe verder we in tijd en ruimte afraken van de mensen die we kennen en liefhebben, hoe moeilijker het wordt om liefde te voelen. Jamil Zaki, universitair docent psychologie aan Stanford University en hoofd van het Stanford Social Neuroscience Laboratory, schrijft: 'Empathie is ook eeuwenoud, afgestemd op een tijd waarin we in kleine groepjes van jagers-verzamelaars leefden. Net zoals toen vinden we het nog steeds makkelijker om voor mensen te zorgen die er net zo uitzien of net zo denken als wij, die vertrouwd zijn, en die zich recht voor onze neus bevinden.' Zaki beschrijft waarom we als wereldwijde gemeenschap moeite hebben met het aanpakken van klimaatverandering. Hij zegt: 'We leven enorm mee wanneer we over één slachtoffer van een ramp horen – iemand van wie we het gezicht kunnen zien en de angstkreten kunnen horen –, maar het doet ons niets wanneer we horen over honderden of duizenden slachtoffers. Dit "compassieverval" belemmert klimaatactie.'9

En toch, zoals Rumi zegt: 'Ik, jij, hij, zij, wij/In de tuin van mystieke gevers van liefde,/is hier geen echt onderscheid tussen.'10 Hoewel het niet zo moeilijk is om je een vredige wereld vol liefde voor te stellen, is het nog niet zo simpel om te bedenken hoe we dat vandaag voor elkaar kunnen krijgen, en morgen, en elke dag. Rumi suggereert dat we niet zo afgescheiden zijn van anderen als we denken. Natuurlijk bestaan er verschillen, maar met oefening kunnen we ons spectrum van liefde verbreden van het persoonlijke naar het professionele naar de gemeenschap naar de planeet.11 De *Bhagavad Gita* stelt het eenvoudig: 'Dankzij ware kennis kijkt de nederige wijze met dezelfde blik naar een geleerde en milde *brahmana*, een koe, een olifant. Een hond.'12

Houd van degenen die het dichtst bij je staan

Als eerste breiden we onze cirkel van liefde uit naar de mensen van wie we het makkelijkst kunnen houden. We kunnen onze vrienden en familie niet alleen onze liefde tonen door wat we zeggen en doen. Die handelingen steunen op vier sleuteleigenschappen.

1. *Begrip.* We willen allemaal begrepen worden. Probeer te begrijpen wie de ander is en wat hij probeert te bereiken. Dit doen we door te luisteren en vragen te stellen, in plaats van de ander onze ideeën op te dringen.

2. *Geloof.* Onze vrienden en familie willen dat we in ze geloven. Dit betekent dat we erin moeten geloven dat ze hun dromen

waar kunnen maken. Wanneer iemand van wie je houdt een idee met je deelt, geef dan positieve feedback. Spreek je steun uit en moedig de ander aan.

3. *Acceptatie*. Onze vrienden en familieleden willen dat we ze accepteren en van ze houden zoals ze zijn, om wie ze zijn, met al hun tekortkomingen en verschillen. We projecteren onze verwachtingen van wat ze zouden moeten doen of hoe ze zouden moeten handelen niet op hen.

4. *Waardering*. We geven liefde door de kleine en de grote dingen te waarderen die onze vrienden en familieleden doen, de worstelingen waar ze mee te maken krijgen, de inspanningen die ze doen en de veranderingen die ze aanbrengen, de energie die ze in de relatie stoppen. We denken dat het al genoeg waardering is dat we er zijn, maar ik kan niemand bedenken die het niet fijn vindt als je oprecht en in specifieke bewoordingen vertelt wat hij of zij goed heeft gedaan.

Een radius van respect

Soms valt het niet mee om te houden van de mensen die het dichtst bij ons staan. Het kan zijn dat iemand er niet positief op reageert. Het is moeilijk om met zo iemand om te gaan, maar we geven nog steeds om hem of haar en we willen die liefde blijven voelen. Wanneer iemand toxisch is, kunnen we vanuit een radius van respect van die persoon houden.

De psycholoog Russell Barkley zei: 'De kinderen die het hardst liefde nodig hebben, zullen er altijd op de minst liefdevolle manieren om vragen.'[13] Het is moeilijk om te accepteren dat iemand schadelijk of kwetsend gedrag vertoont omdat hij of zij op zoek is naar liefde. Misbruik accepteren we niet, maar we begrijpen dat iemand pijn veroorzaakt omdat hij pijn heeft. Zo iemand probeert zijn pijn op jou af te wentelen. Zoals bij een kind dat schreeuwt, huilt, krijst of zich hysterisch op de grond werpt om aandacht te trekken, zijn de gedragingen die we in anderen zien misplaatste smeekbedes om liefde. Het is niet ongebruikelijk om een vriend of familielid te hebben die je als lastig of toxisch beschouwt. Wanneer je tijd met deze persoon doorbrengt, word je geconfronteerd met een negatieve omgeving waarin je ideeën worden genegeerd, je stem niet wordt gehoord of waarin je je afgewezen of verwaarloosd voelt. Als je in zo'n situatie terechtkomt, kan het makkelijk zijn om liefdevolle gedachten te verruilen voor negatieve, kwetsende, hatelijke gedachten. Voel je daar niet schuldig over. Het is heel natuurlijk om boos of ontdaan te zijn als iemand je oneerlijk behandelt. Onze lastige dierbaren zijn in ons leven om ons verdraagzaamheid te leren. Treed mensen met liefde tegemoet, zelfs al doen ze dat niet bij jou. Een sannyasi biedt liefde aan iedereen, zoals een arts beide tegenstanders in een gevecht probeert te genezen, wie er ook is begonnen. Compromitteer je waarden niet en accepteer geen misbruik, maar rek je capaciteit om liefde te geven op.

Soms komen we mensen tegen met wie we de omgang moeilijk vinden. Om liefde voor die persoon te kunnen voelen, zullen we als eerste moeten begrijpen dat onze reactie op de ander bovenal iets over onszelf zegt. Is het onze eigen onzekerheid? Is het ons ego? Is het angst? Als je wacht en hoopt tot je vrienden of je familie het met je eens zullen zijn, je zullen aanmoedigen, en elk idee dat je hebt en elke beslissing die je neemt zullen toejuichen, is dat veel gevraagd. Hoe het ook uitpakt, ze kunnen niet anders dan hun beperkte gezichtspunt op jou projecteren, met al hun eigen twijfels en angsten. Wanneer de manier waarop ze op jou reageren je dwarszit, ga dan na of een deel van je reactie misschien voortkomt uit je eigen gebrek aan vertrouwen in het besluit dat je neemt. In plaats van er energie in te steken om het vertrouwen van de ander te winnen, kun je ook in je eentje aan je eigen vertrouwen bouwen. Wanneer je accepteert wie je bent en wat je wilt, is de kans veel kleiner dat je wordt getriggerd door wat iemand anders van jou of je ideeën vindt.

Wanneer we de reikwijdte van onze liefde verbreden, sluiten we geen mensen buiten om wat ze doen of hoe ze handelen (tenzij er sprake is van misbruik). We houden van hen omdat we liefhebbende mensen willen zijn. Als je graag in een schoon huis woont, dan houd je het schoon, of je nu gasten hebt of niet – op die manier is het een veilige plek voor jou om te wonen. Hetzelfde geldt wanneer je een liefdevolle omgeving in je hart creëert. Dat doe je voor jezelf, wie je liefde ook ontvangt of beantwoordt. Je maakt geen puinhoop van je huis als er een sloddervos binnenkomt. Je vult je hart niet met haat omdat er een hatelijk iemand in je radius opduikt. Je wilt in het huis van liefde leven.

Dat gezegd hebbende, we kunnen niet iedereen vanuit hetzelfde perspectief liefhebben. We kunnen ons best doen om bepaalde mensen van dichtbij lief te hebben, maar merken dat we na elke ontmoeting met die persoon over zijn of haar negativiteit klagen. Dan is het beter om een beetje afstand te bewaren en die persoon te blijven respecteren en steunen, dan te dichtbij te blijven en de ander alleen maar vervelender te gaan vinden. Als je een lastig familielid hebt met wie je toch contact wilt houden, is het misschien verstandig om eens per jaar af te spreken. En wellicht is een telefoongesprek beter dan een persoonlijk bezoek. Spreek die persoon zo lang als je aankunt. De afstand zorgt ervoor dat je je niet gebruikt zult voelen en stelt je in staat om deze persoon van ver weg het beste te wensen, tot je eraan toe bent om van dichtbij van hem of haar te houden. Het geeft je de ruimte en de mogelijkheid om in je eentje kracht en vertrouwen te ontwikkelen. Mogelijk zul je dan na verloop van tijd met compassie terug kunnen keren om deze persoon bij zijn of haar reis te helpen.

Je kunt een moeilijk iemand ook liefde geven door andere bronnen van liefde voor die persoon te zoeken. Soms denken we dat wij de enige bron van liefde van een bepaalde persoon zijn – en misschien is dat inderdaad zo gegroeid –, maar die afhankelijkheid is voor geen van beiden goed. Waarschijnlijk hebben we niet de tijd, de zin, het vermogen of zelfs het geduld om een moeilijke persoon als voltijds project op ons te nemen. Dat is prima. We hoeven geen verlossers te zijn. Van zo iemand houden kan, en zou misschien ook moeten, betekenen dat we ons weg bewegen van de een-op-eenliefde waar we ons tot nog toe op gericht hebben. Misschien zijn wij niet de beste persoon om van die ander te houden. Tenslotte willen we dat hij of zij omringd is door liefde en de mogelijkheid heeft om meer liefde te verspreiden.

Probeer dit:

HELP EEN MOEILIJK FAMILIELID OM LIEFDE TE VINDEN IN ZIJN OF HAAR GEMEENSCHAP

Als het moeilijk is om een vriend of familielid van dichtbij lief te hebben, kun je die persoon opnemen in je kring van liefde door hem of haar te helpen andere bronnen van liefde te vinden. Zoek nieuwe vrienden voor deze persoon. Stel hem of haar voor aan gelijkgestemde mensen. Vraag je vrienden of zij misschien mensen kennen die in de buurt wonen en het wellicht met je vriend of familielid zouden kunnen vinden.

Ga op zoek naar diensten waar deze persoon wellicht iets aan heeft. Breng hem of haar in contact met een spirituele gemeenschap of plaatselijke sportschool, of regel hulp voor een klusje dat hij of zij niet zelf kan of wil doen.

Help deze persoon om iets met zijn of haar hobby's te doen. We kunnen een eenzame ouder bijvoorbeeld helpen om een leesclub te beginnen of een pokertoernooi te organiseren.

Organiseer een familiebijeenkomst op neutraal terrein. Als je ergens in het openbaar afspreekt, is er vaak minder spanning en gedraagt iedereen zich beter. Als een thuisbezoek te intens is, probeer dan af te spreken in een restaurant of op een andere openbare plek waar jullie je allebei prettig voelen.

Schrijf deze persoon een waarderingsbrief. Deel goede herinneringen die je met deze persoon hebt, spreek uit wat je aan hem of haar bewondert, en vertel op welke manier hij of zij een positief verschil heeft gemaakt in je leven.

Als je alles hebt geprobeerd maar je hebt nog steeds geen goede manier gevonden om van die persoon te houden, dwing jezelf er dan niet toe. Soms is afstand nemen het beste wat je kunt doen voor iemand die ooit belangrijk voor je was. Soms is dat het enige wat je kunt doen. Dit kan moeilijk zijn. We aarzelen om iemand op te geven die belangrijk voor ons is of belangrijk voor ons is geweest. Dit is deels zo moeilijk omdat we instinctief weten dat de Veda's gelijk hebben. Er is goedheid in de ziel van deze persoon, ook al gaat die schuil onder de lagen van slechte ervaringen, negatieve emoties of zelfs trauma. Het is makkelijker om de afstand te creë-ren die we nodig hebben als we de ander met liefde loslaten. Zoals je iemand niet zou beoordelen op de kleren die hij of zij draagt, moet je iemand ook niet beoordelen op de buitenste lagen. **Probeer van iemand te houden om de sprankeling in zijn of haar binnen-ste, niet wat eromheen zit.**

Besteed je tijd bewust

Het kost tijd om onze vrienden en familie liefde te geven, en we zijn allemaal zo druk met van alles dat het soms moeite kost om die tijd te vinden. De oplossing voor dit probleem is planning. De Brit-se antropoloog Robin Dunbar kwam met de hypothese dat herse-nen maar een sociale groep van een bepaalde omvang aankunnen, en na het bestuderen van historische, antropologische en recente data bepaalden hij en zijn collega's dat aantal op ongeveer hon-derdvijftig.[14] Een artikel op BBC.com voegt eraan toe: 'Volgens de theorie bevat de hechtste kring slechts vijf mensen – dierbaren. Die wordt gevolgd door opeenvolgende lagen van vijftien (goede vrienden), vijftig (vrienden), honderdvijftig (betekenisvolle contac-ten), vijfhonderd (kennissen) en vijftienhonderd (mensen die je kunt herkennen). Er komen mensen bij en er verdwijnen mensen uit deze lagen, maar het idee is dat er ruimte moet worden vrijge-maakt voor nieuwkomers.'

Deze getallen zijn natuurlijk slechts gemiddelden. Toch kun je, door je persoonlijke contacten op deze manier in te delen, je tijd veel bewuster tussen hen verdelen. In plaats van je aanwezigheid zonder nadenken te schenken aan iedereen die contact met je zoekt kun je bewust besluiten wie je wilt zien en hoe vaak.

Probeer dit:

BRENG STRUCTUUR AAN IN DE LIJST MET MENSEN VAN WIE JE HOUDT

Maak een lijst van je grotere kring van vrienden en familie. (Je kunt hier bijvoorbeeld je vriendenlijsten van social media voor gebruiken. Facebook en Instagram bieden de mogelijkheid om je vrienden in te delen in categorieën die meer of minder online informatie ontvangen.) Doe nu hetzelfde in het echte leven. Deel deze lijst op in echte vrienden en naaste familie, goede vrienden en familie, betekenisvolle contacten en kennissen. Besluit hoeveel tijd je per jaar aan elke categorie wilt besteden. Misschien besluit je wel dat je je beste vrienden en je familie eens per week wilt zien, en goede vrienden eens per maand. Misschien wil je proberen elk kwartaal bij te praten met betekenisvolle contacten, en eens per jaar met je kennissen. Deze structuur stelt je in staat om je tijd op een bewuste manier te verdelen en helpt je om dit naar je kring te communiceren. Je kunt bijvoorbeeld zeggen: 'Ik zou het fijn vinden als we elke maand samen lunchen.' Hoewel het raar zou zijn om tegen je betekenisvolle contacten te zeggen dat je hebt besloten om ze eens per kwartaal te zien, helpt het idee dat je ze elk seizoen wilt zien – misschien rond bepaalde feestdagen – je om contact te houden en op de hoogte te blijven van wat er in het leven van deze mensen speelt.

Als je het moeilijk vindt om vrienden te maken, of je bent onlangs verhuisd en begint helemaal opnieuw, kan deze lijst je herinneren aan de mensen die je koestert. Zijn er verre familieleden of kennissen met wie je graag een betere band zou hebben? Een lijst met mensen die je interesseren en om wie je geeft zal je helpen om een netwerk te bouwen.

Waardeer je collega's

Vaak brengen we meer tijd door met onze collega's dan met onze familie. Onze werkplek is net zozeer een gemeenschap als elke andere gemeenschap waar we deel van uitmaken. De persoon in de postkamer, de reddende engel van IT, de bewaker in de hal, de marketinggoeroe en de collega's die dichter bij ons staan – dat zijn de voornaamste mensen die we elke dag zien, aan het bureau naast ons of in een klein hokje op ons beeldscherm. Toch voelt het raar om hen liefde te tonen, en het is ook niet duidelijk hoe je dat zou moeten doen. Door de formaliteit van een professionele omgeving voelen we ons niet vrij om van onze collega's te houden. Liefde op de werkplek ziet er anders uit. Die gaat niet diep. Die is vaak niet emotioneel. Misschien heb je niet een niveau van vertrouwen met je collega's dat je in staat stelt om heel persoonlijk te zijn of je kwetsbaar op te stellen. In feite kan het in jouw werkcultuur ook ongepast zijn om een persoonlijke band met je collega's te hebben. Dit lossen we op door manieren te vinden om waardering en warmte in een kantooromgeving te brengen.

We houden op verschillende manieren van mensen die jonger zijn dan wij, leeftijdsgenoten en mensen die ouder zijn dan wij. Van mensen die jonger zijn dan wij houden we door ze te begeleiden en te adviseren, niet door controle over ze uit te oefenen of ze te vertellen wat ze moeten doen. Trakteren op je verjaardag is niet de enige manier om liefde te tonen op kantoor. We brengen onze jongere collega's in contact met kennis en wijsheid die bij hun persoonlijke groei kunnen helpen. Wanneer we kunnen, bieden we mentorschap of toegang tot ideeën en inzichten die in hun dagelijkse werkleven niet tot hun beschikking staan. Kun je bijvoorbeeld een gastspreker uitnodigen, een TED-talk over meditatie delen of een liefdadigheidsloop organiseren waar collega's samen aan mee kunnen doen?

We zoeken naar nieuwe en creatieve manieren om onze waardering voor de inzet van jongere collega's te laten blijken. Blueboard is een bedrijf dat het waarderen van werknemers als speerpunt heeft. De oprichter van het bedrijf, Kevin Yip, zegt dat hij het idee voor het bedrijf kreeg toen hij zeven dagen per week twaalf tot vijftien uur per dag aan een project had gewerkt en zijn baas hem bedankte door een cadeaubon op zijn bureau te leggen. Blueboard maakt het mogelijk voor werkgevers om hun waardering voor hun werknemers via allerlei activiteiten te laten blijken. Denk bijvoorbeeld aan een zoutwatertank waarin werknemers kunnen ontspannen, een workshop over het maken van kaas, een uitstapje om het noorderlicht te bekijken of het gebruik van zware machines voor een 'extreem zandbakavontuur'.[15]

Wanneer we erkennen en uitspreken wat iemand heeft gedaan, waarderen we die collega als persoon. Volgens Work.com zegt bijna de helft van de werknemers dat ze van baan zouden veranderen als ze op de nieuwe werkplek meer waardering zouden krijgen.[16]

Van onze leeftijdsgenoten houden we door ze te steunen, ze aan te moedigen, met ze samen te werken en ze te waarderen. De liefdevolle eigenschappen waarmee we onze collega's tegemoet treden, lijken op de liefdevolle eigenschappen waarmee we onze vrienden en familie benaderen, maar dan enigszins aangepast aan de noodzaak om professioneel en productief te zijn.

Probeer dit:

BRENG LIEFDE NAAR JE WERK

1. *Begrip*. Je hoeft niet in dezelfde mate te begrijpen wie je collega's zijn en wat ze willen als bij je goede vrienden en familie, maar toon belangstelling voor hun privéleven en informeer naar hoogte- en dieptepunten. Wees vooral attent als collega's iets aan hun hoofd hebben en wel wat extra steun kunnen gebruiken. Vraag hoe het gaat als de stemming van een collega verandert. Vraag naar uitdagingen die in het leven van je collega spelen. Als een collega een moeilijke periode doormaakt, kijk dan of je steun kunt bieden door wat extra werk te doen of zijn of haar last op een andere manier te verlichten.

Benoem hoe hard je collega's werken en waar ze beter in worden, en feliciteer ze als ze een bepaalde taak goed hebben afgerond.

2. *Verbinding.* Of het nu online is of op kantoor, begin je dag of een overleg door te vragen hoe het met je collega gaat. Probeer een idee te krijgen van het verloop van zijn of haar dag. Informeer naar persoonlijke kwesties die hij of zij met je heeft gedeeld. Maak de ervaring wat menselijker, in plaats van meteen in de agenda te duiken.

3. *Waardering.* Kies elke dag een collega uit die je een kort bericht stuurt waarin je je waardering uitspreekt of deze persoon specifiek bedankt voor iets wat hij of zij op het werk heeft gedaan. Dit kan een appje zijn, een voicemailbericht of een mail.

Deze dingen doe je omdat je meer liefde in de wereld wilt brengen zonder dat je verwacht of eist dat je collega's iets terugdoen.

We houden van de mensen die ouder zijn dan wij door te doen wat we hebben toegezegd, door respectvol te zijn en door onze grenzen te bewaken. Advies en begeleiding accepteren we en we doen er iets mee, in plaats van er afwijzend op te reageren.

De krokodil en de aap

Er is een zenverhaal over een aap die een banaan ziet aan de andere kant van een rivier. De krokodil, die ziet dat de aap de banaan graag wil hebben, biedt aan om hem naar de andere kant van de rivier te brengen. De aap springt meteen op zijn rug, en de krokodil begint naar de overkant te zwemmen. Halverwege stopt hij echter en zegt: 'Domme aap, nu zit je halverwege de rivier gevangen op mijn rug, en ik ga je opeten.'

De aap denkt vlug na en zegt: 'Tja, krokodil, ik laat me met alle plezier door je opeten, maar ik heb mijn hart op de andere oever laten liggen, en dat is het lekkerste deel van mij. Het is sappig en smakelijk, een echte delicatesse. Ik zou niet willen dat je dat misloopt.'

De krokodil zegt: 'O, dat klinkt inderdaad lekker. Goed dan, ik zwem naar de andere oever, zodat je me je hart kunt geven.'

Zodra ze aan de overkant zijn, gaat de aap ervandoor en redt op die manier zijn eigen leven.

De clou van dit verhaal is dat je je hart thuis moet laten wanneer je te maken hebt met krokodillen. Je kunt niet altijd kwetsbaar zijn. Soms zal dat tegen je worden gebruikt.

Als je in een professionele context onvoorwaardelijk liefhebt, kan het zijn dat je mensen daarmee overvalt. Ze zijn eraan gewend om gemotiveerd te worden door angst of resultaten, maar niet door liefde. Het is een onbekende ervaring, en niet iedereen zal er even goed op reageren. We zien liefde als wederzijds, maar sannyasi's hebben eenzijdig lief. We moeten vasthouden aan ons liefhebbende hart, de kern van wie we zijn, zelfs in een werkomgeving vol krokodillen. We proberen meedogend te zijn tegenover mensen die ons pijn hebben gedaan. We geven de beste energie die we onder de omstandigheden kunnen opbrengen en gaan verder met ons leven. Tegelijkertijd zorgen we ervoor dat wij niet zelf de krokodil zijn, want wat we op het werk worden, vloeit over in wie we thuis zijn. Als je op je werk niet de sannyasi kunt zijn die je wilt, streef er dan in elk geval naar om liefde te geven in je privéleven.

Wees proactief in je gemeenschap

Wanneer we onze liefde buiten onze werkplek willen uitbreiden, komen we terecht bij de gemeenschappen waar we deel van uitmaken: buurtgroepen, schoolcomités, religieuze instellingen, leesclubs en andere groepen mensen met gedeelde interesses. We tonen liefde in onze gemeenschappen door te zien waar behoefte aan is en ons best te doen om in die behoeften te voorzien. Het kan zijn dat we een buurtwacht oprichten, of dat we een infrastructuurprobleem helpen oplossen, of een activiteit organiseren waarbij buren elkaar kunnen ontmoeten. Als je dit doet met macht, autoriteit of controle als oogmerk, zul je er een leeg gevoel aan overhouden. Maar als je het doet vanuit liefde, compassie en empathie, zal het je voldoening geven.

Naarmate je je liefde opschaalt, zul je op tegenwerking stuiten. Hoe meer mensen je dient, hoe meer mensen het niet met je eens zullen zijn. Als je lid bent van een buurtwacht, dan zijn er misschien één of twee mensen die je ideeën niet goed vinden. Zit je in de gemeenteraad, dan zul je meer mensen tegenkomen die het niet met je eens zijn of die je niet mogen. En als je de president van de Verenigde Staten bent, is bijna de helft van het land tegen je. Wanneer je te maken krijgt met meer tegengestelde meningen, besef dan dat die in verhouding zijn met de reis die je onderneemt.

Inspireer onbekenden

Als we op straat mensen tegenkomen die we niet kennen, zijn we voorzichtig – en terecht. We hebben geen idee of die mensen openstaan voor liefde, of hoe we liefde kunnen tonen zonder ze een ongemakkelijk gevoel te bezorgen. Toch zien we elke dag mensen die we niet kennen, zodra we ons huis verlaten. De meesten van ons brengen het leeuwendeel van onze tijd door in de aanwezigheid van mensen van wie we niet eens weten hoe ze heten. De buschauffeur. Een caissière. Een ober. De persoon die achter ons staat in de rij.

De makkelijkste (en veiligste) manier om die mensen liefde te geven is door te glimlachen. Dankzij ons overlevingssysteem zijn we continu op zoek naar aanwijzingen die ons vertellen of we al dan niet welkom zijn in onze omgeving. Volgens wetenschappers is een glimlach een signaal van sociale verbinding en stellen we mensen ermee op hun gemak.

Wetenschappers van Purdue University wilden onderzoeken in welke mate een flitsinteractie met een onbekende ons kan beïnvloeden.[17] Een onderzoeksassistent liep over een druk pad op de campus en reageerde op een van drie manieren op voorbijgangers: oogcontact, oogcontact met een glimlach, of dwars door de voorbijganger heen kijken, alsof die niet bestond. Een stukje verderop werden de proefpersonen, die van niets wisten, staande gehouden door een andere onderzoeker, die vroeg of ze een paar vragen wilden beantwoorden. De mensen die genegeerd waren gaven aan dat ze zich sociaal minder verbonden voelden dan degenen die een knikje of een knikje en een glimlach hadden gekregen. De onderzoekers concludeerden dat het een negatieve impact op ons kan hebben als we duidelijk worden genegeerd, al is het door onbekenden.

De reden hiervoor is wellicht puur chemisch – als we genegeerd worden, missen we de positieve impact van een glimlach. Door de glimlach komen dopamine, serotonine en endorfine vrij, de neurotransmitters die ons een goed gevoel bezorgen en onze stemming verbeteren.[18] En talloze onderzoeken bevestigen wat de meesten van ons ons leven lang al hebben geweten – glimlachen is besmettelijk.[19] Dus als je glimlacht en iemand beantwoordt die glimlach, dan komen bij allebei de hormonen vrij waar je je goed van gaat voelen. Als we werkelijk om de onbekenden om ons heen geven, kunnen we een transformatie in hun levens bewerkstelligen. Volgens het Bureau of Labor Statistics vindt grofweg 70 procent van de dienstverlening niet plaats binnen een formele organisatie, maar binnen plaatselijke initiatieven die mensen zelf hebben genomen.[20] Denk aan de vele minibiebs en voedselkasten die mensen in hun gemeenschap opzetten om boeken en voedsel te verspreiden. Talloze anonieme donoren vullen het leesmateriaal of het voedsel in deze minibibliotheken en minivoedselbanken aan.

Dan zijn er de mensen die een behoefte zien en simpelweg hun handen uit de mouwen steken. Op een koude novemberavond in New York City liep een dakloze man op blote voeten op zijn hielen over de stoep om zijn tenen tegen de ijskoude grond te beschermen.[21] Politieagent Lawrence DiPrimo zag de man en ging met hem in gesprek. Tijdens het gesprek vroeg DiPrimo naar de schoenmaat van de man, en daarna verdween hij kort. Toen hij terugkeerde, gaf hij de man een paar warme laarzen dat hij zojuist had aangeschaft. Dit verhaal zouden we niet kennen als een voorbijganger niet had gezien wat er gebeurde en een foto had gemaakt van DiPrimo die naast de dakloze man knielde om hem te helpen met de veters van de laarzen. En toen de verkoper van de schoenwinkel ontdekte waarom DiPrimo de laarzen kocht, gaf hij hem een werknemerskorting om de prijs te verlagen. Dat is liefde.

Geef middelen aan organisaties

Organisaties kunnen onpersoonlijk lijken, en dat geldt ook voor de manier waarop we worden aangemoedigd om ze liefde te geven – voornamelijk door geld te doneren, en soms door onze tijd of vaardigheden te investeren. Hoe sterker je emotionele connectie met een organisatie of een doel is, hoe meer passie je erin zult kunnen steken om ze te helpen.

Leanne Lauricella had een drukke carrière als evenementenplanner voor bedrijven in New York, wat inhield dat ze grootschalige evenementen organiseerde voor rijke cliënten.[22] Op een dag zei een collega iets over de 'bio-industrie'. Leanne had geen idee wat dat betekende, maar die avond zocht ze het online op en ze was geschokt door wat ze ontdekte. Ze besloot ter plekke om te stoppen met het eten van dieren. Daarnaast ging ze zich verdiepen in de veehouderij, onder andere door boerderijen te bezoeken, waar ze verliefd werd op de dieren – in het bijzonder de geiten. Ze was verrast en verrukt toen ze ontdekte hoe speels, intelligent en sociaal geiten zijn wanneer ze goed worden behandeld. Ze kon de geiten niet meer uit haar hoofd zetten, en dus besloot ze er twee te adopteren – Jax en Opie, vernoemd naar personages uit de tv-serie *Sons of Anarchy*. Leanne begon een Instagramaccount dat ze voor de grap 'Goats of Anarchy' noemde en waar ze de avonturen van Jax en Opie kon delen. Het bleek dat mensen het leuk vonden om de geiten te knuffelen en te voeren, en Leanne genoot ervan om voor ze te zorgen. Dit bracht haar ertoe om nog meer geiten te adopteren, waaronder een aantal dieren met speciale medische behoeften. Uiteindelijk zegde ze haar baan op, en inmiddels is Goats of Anarchy een geregistreerde liefdadigheidsorganisatie, gelegen op een perceel van 8 hectare waar meer dan tweehonderdvijftig dieren wonen. Leanne en haar helpers verzorgen de geiten en bieden onderwijsprogramma's aan voor het publiek, en toveren daarmee een glimlach op heel veel gezichten.

Zoek verbinding met de aarde

Het is moeilijk om de aarde liefde te tonen, omdat hij zo groot is. We kunnen niet elk element van de natuur herstellen of zelfs maar zien. We zijn er niet op getraind om te geloven dat de aarde ons thuis of onze verantwoordelijkheid is. We denken dat hij wel voor zichzelf zal zorgen, of dat het de taak van de overheid is om ervoor te zorgen.

We maken de aarde kleiner door manieren te vinden om ons ermee te verbinden. Op een reisje naar het Hawaii Volcanoes National Park kregen Radhi en ik de rotstekeningen te zien die inheemse bewoners van Hawaii honderden jaren geleden in de rotsen hadden uitgesneden. Onze gids vertelde ons dat de ouderen bij de geboorte van baby's deze cirkels uitsneden en de navelstreng erin plaatsten, zodat het kind voor altijd verbonden was met de aarde. Die verbinding is niet alleen goed voor de natuur. De natuur heeft ons ook liefde te geven.

Native Americans en andere inheemse culturen hebben talloze gebruiken waarmee ze de natuur eren, waaronder liederen en dansen die zijn gewijd aan water, aarde, wind en vuur.[23] Yogi's beoefenen Surya Namaskar, oftewel de zonnegroet.[24] De oude Kelten en andere volkeren verzamelden zich op festivals om de cycli van de seizoenen te vieren.[25] Jung-analist Erich Neumann schreef: 'De tegenstelling tussen licht en donker heeft de spirituele wereld van alle mensen geïnspireerd en vormgegeven.'[26]

De moderne wetenschap toont aan dat onze biologie wordt gereguleerd door de natuur. Samer Hattar, hoofd van de Section on Light and Circadian Rhythms aan het National Institute of Mental Health, zegt dat licht niet alleen dient om ons te helpen zien, maar dat het in feite een heleboel van onze lichaamsfuncties reguleert.[27] Neuronen in onze ogen stellen onze lichaamsklok in op basis van informatie van het opkomen en ondergaan van de zon. Bovendien wordt alles van onze slaap-waakcyclus tot ons metabolisme en onze stemming beïnvloed door zonlicht. (Kunstlicht heeft ook invloed op ons, maar ons lichaam functioneert het best wanneer we worden blootgesteld aan het heldere licht van de zon.) Zoals neurowetenschapper Andrew Huberman zegt, kunnen we daadwerkelijk een vorm van 'lichthonger' ervaren wanneer we niet genoeg zonlicht krijgen.[28] We zijn al op meer manieren met de aarde verbonden dan we weten – dat besef inspireert ons om voor onze planeet te zorgen.

DE COMFORTZONES VAN DE LIEFDE

Begeef je door de cirkels van liefde naar buiten. Begin in je comfortzone met de personen die het dichtst bij je staan, en beweeg je dan steeds verder bij de mensen die je persoonlijk kent vandaan.

We dienen in onwetendheid wanneer we niet buitengesloten willen worden. We dienen uit passie wanneer we geprezen willen worden om wat we hebben gedaan, of als we willen dat de ontvanger ons iets verschuldigd is. We dienen in goedheid wanneer we niet uit zijn op erkenning of een resultaat – we willen gewoon pure liefde tonen.

Toen je dit boek begon te lezen, hoopte je misschien wel dat de liefde bij je aan zou kloppen, je in haar armen zou tillen en je mee zou dragen. Misschien had je er alles voor over om liefde te vinden. Bedenk dat liefde iets is wat je moet verkrijgen, verdienen, bereiken en ontvangen. We zoeken haar in de vorm van aandacht en complimenten en mensen die ons erkennen. De mooiste manier om liefde te ervaren, is echter door liefde te geven.

Stel dat je jezelf bij het binnengaan van een kamer vraagt: hoe kan ik houden van iedereen die hier vandaag is? Je zegt tegen jezelf: ik ga gewoon liefde geven. Dit is een geweldige manier om je dag te beginnen en je erdoorheen te leiden. Als iemand iets negatiefs of afwerends uitstraalt, stap dan op die persoon af en informeer naar iets waar die persoon om geeft. Zo simpel is het. Geef liefde.

Aan het begin van dit boek besprak ik dat we een bloem waar we van houden elke dag water geven. Nu ben jij degene die het planten voor zijn rekening neemt – je plant zaadjes voor anderen, je geeft vruchten aan anderen, je biedt anderen schaduw. Je kunt je leven lang naar liefde zoeken en haar nooit vinden, of je kunt je leven lang liefde geven en vreugde ervaren. Ervaar, beoefen en creëer liefde in plaats van dat je wacht tot ze jou vindt. Hoe meer je doet, hoe meer je elke dag van de rest van je leven de dieptes van liefde van verschillende mensen zult ervaren.

Schrijf een liefdesbrief
aan de wereld

Ooit liep ik met een van mijn leraren op een strand in Zuid-India. We bevonden ons in een vissersgemeenschap, en er waren een heleboel netten met vis het strand op gesleept. Er lagen echter ook duizenden vissen die om de een of andere reden waren aangespoeld en langzaam lagen te sterven. Mijn leraar begon de vissen een voor een terug te werpen in de zee, in de hoop dat ze het zouden overleven. Ik besefte dat we ze nooit allemaal zouden kunnen redden, en ik vroeg hem wat zijn actie voor zin had.

'Voor jou is het maar één vis,' zei mijn leraar, 'maar voor die vis is het alles.'

Mijn leraar handelde in het werkelijke leven naar een boodschap uit een zenverhaal dat ik later tegen zou komen, over een leraar die zeesterren terugwierp in de zee.

Het nieuws vandaag de dag is overweldigend. We zien wereldwijde pijn en leed en vragen ons af wat we kunnen doen, maar als we positieve wensen en goede energie naar iedereen sturen die ze nodig heeft, dan hoop en geloof ik dat ze iemand zullen bereiken en iets voor die persoon zullen betekenen. We onderschatten wat je kunt bewerkstelligen als je één iemand helpt. Door een liefdesbrief aan de wereld te schrijven breng je jezelf in herinnering dat je elke dag in al je interacties op deze manier moet handelen.

Lieve wereld,

Een groot deel van mijn leven heb ik liefde gezien als geven om de mensen die om mij geven. Vanaf mijn vroegste jeugd heb ik liefde ervaren als iets wat ik ontving en beantwoordde. Maar die ervaring van liefde, hoe mooi ook, is beperkt. Het beperkt mijn ervaring van liefde tot de mensen die ik ken, de mensen met wie ik een bepaalde omgang heb. Ik wil meer liefde ervaren. Een grotere liefde. Een liefde die niet beperkt blijft tot mijn eigen achtertuin, maar een liefde die zich over de grenzen van mijn eigen wereld uitstrekt naar de hele wereld, naar de hele mensheid. Liefde die verder gaat dan biologie of wederzijdsheid. Zelfs verder dan mensen die ik persoonlijk ken. Want, zoals ik nu begrijp, ik hoef je niet te kennen om van je te houden. Of liever gezegd, op een bepaalde manier ken ik je wel, door onze gedeelde menselijkheid. We zijn allemaal samen op deze plek, met onze worstelingen en onze triomfen, en we doen allemaal ons best. Wat ons met elkaar verbindt, is onze verbinding met de liefde. Ik weet dat het soms moeilijk is om dat te zien, zo gescheiden als we zijn door onze verschillende meningen, waarden en overtuigingen. Maar onder dat alles hebben we allemaal één krachtig ding met elkaar gemeen – we willen allemaal liefde ervaren.

Dat is wat ik nu met je deel. Wie je ook bent, wat je ook hebt gedaan of niet hebt gedaan in je leven, ik bied je liefde. Ik beloof je dat je het waard bent om liefde te ontvangen. Weet alsjeblieft dat iemand van je houdt, wat je ook meemaakt. Zonder voorbehoud. Zonder oordeel. Volledig en compleet.

Liefs,
Ik

Meditatie om te verbinden

Deze meditatie is erop gericht om liefde in al haar vormen te zien en te delen. Ze kan je helpen om je dieper verbonden te voelen met liefde en de wereld om je heen.

1. Zoek een comfortabele positie, of het nu zittend op een stoel is, op een kussen op de vloer, of liggend.
2. Doe je ogen dicht, als dat goed voelt. Zo niet, verzacht dan gewoon je focus.
3. Of je ogen nu open of dicht zijn, laat je blik langzaam zakken.
4. Adem diep in. En adem uit.
5. Het is niet erg als je gedachten afdwalen. Breng ze rustig terug naar een ruimte van kalmte, balans en stilte.

Meditatie om liefde te delen

1. Adem diep in. En adem uit.
2. Denk aan alle liefde die je in je leven hebt ontvangen.
3. Denk aan alle liefde die je hebt geuit en met anderen hebt gedeeld.
4. Voel nu alle liefde die je in je hebt, vanuit elke bron, waaronder jezelf. Richt je bewustzijn op alle liefde die je hebt gekozen in je te hebben. Merk liefde op in je hart. Voel haar door je lichaam vloeien, voel dat ze je voeten, benen, armen, borst en hoofd verkwikt.
5. Voel dat de liefde sterker wordt, en krachtiger. Merk op dat ze vanuit je hart door je lichaam straalt.
6. Stel je nu voor dat deze liefde zich verspreidt naar de mensen die je kent en om wie je geeft.

7. Stel je voor dat deze liefde zich verspreidt naar elke persoon van wie je weet dat hij of zij het moeilijk heeft.

8. Stel je voor dat deze liefde zich verspreidt naar mensen die je nog nooit hebt ontmoet, en de onbekenden die je elke dag ziet.

9. Voel nu dat de liefde in je binnenste zich zelfs nog verder verspreidt, naar iedere persoon in de hele wereld.

Dankwoord

De leer van de Veda's en de *Bhagavad Gita* heeft mijn leven, relaties en carrière vergaand beïnvloed. Dit boek is mijn nederige poging om de Veda's te interpreteren en te vertalen naar een vorm die relevant en praktisch is, zodat je zinvolle, betekenisvolle en krachtige relaties in je leven kunt creëren. Ik wil mijn dankbaarheid uitspreken voor de relaties die hebben geholpen dit boek tot leven te brengen.

Ik wil mijn agent James Levine bedanken voor het naleven van zoveel van deze principes tijdens de vijfenvijftig jaar van zijn huwelijk, en voor zijn verzekering dat ze werken. Hij en zijn vrouw hebben onlangs gevierd dat het zestig jaar geleden was dat ze voor het eerst een afspraakje hadden. Wat een inspiratiebron! Ik wil mijn redacteur Eamon Dolan bedanken, die uit zijn eigen innige, liefdevolle relatie putte toen hij er bij mij op aandrong om een beter boek te schrijven voor jullie allemaal. Dank aan mijn medewerkster Hilary Liftin, omdat ze nooit opgaf, altijd bereid was zich aan te passen (eigenschappen waar ze ongetwijfeld ook profijt van heeft in haar relatie met de man met wie ze twintig jaar getrouwd is), en haar ongelooflijke vermogen om deze lessen door te geven en toe te passen. Kelly Madrone en haar vrouw waren beste vriendinnen voordat ze trouwden en werden verliefd omdat ze elkaar zo goed kenden – wat verklaart waarom ze zulke fantastische research en inzichten aan dit boek konden bijdragen. Dank aan

Jordan Goodman, die zich, terwijl ze er immer glimlachend voor zorgde dat ik me aan de planning hield, op de een of andere manier heeft verloofd en beweert dat ze elke regel in dit boek heeft gevolgd (maar als ik zie hoe hard ik haar heb laten werken, kan ik niet bevestigen dat ze het daadwerkelijk heeft gelezen). Dank aan Nicole Berg voor alle creatieve discussies, haar betrokkenheid bij het omslag en de illustraties, en haar steun. Terwijl ze haar eigen bruiloft plande, hielp ze ook om dit boek te plannen. Wat een prestatie! Dank aan Rodrigo en Anna Corral voor het omslagontwerp en de illustraties. Dit samenwerkende echtpaar heeft ontdekt dat vertrouwen zelfs door de kleinste taken en woorden groeit, en deze aandacht voor details blijkt duidelijk uit hun werk. Dank aan Oli Malcolm van HarperCollins UK, die acht jaar getrouwd is en zegt dat zijn vrouw het brein achter de operatie is. Hij is bijzonder geduldig – hoewel zijn vrouw daar misschien de eer voor verdient?

Dank aan alle cliënten die me toelieten in hun leven, zodat ik menselijke emotie op een dieper niveau kon begrijpen. Zodat ik deze ideeën in de werkelijkheid kon toepassen. Zodat ik transformatie en werkelijke verbinding kon zien.

Nawoord van de auteur

In dit boek heb ik geput uit de wijsheid van vele religies, culturen, inspirerende leiders en wetenschappers. Ik heb in alle gevallen mijn uiterste best gedaan om citaten en ideeën aan de oorspronkelijke bronnen toe te schrijven; het resultaat is hier opgenomen. In sommige gevallen ben ik op fantastische citaten of ideeën gestuit die aan verschillende bronnen worden toegeschreven, of aan eeuwenoude teksten waarvan ik de oorspronkelijke versie niet kon traceren. In die gevallen heb ik, met de hulp van een onderzoeker, geprobeerd om de lezer zoveel mogelijk nuttige informatie te geven over de bron van het materiaal. Daarbij heb ik in dit boek de ware verhalen van mijn cliënten en vrienden gedeeld, maar ik heb hun namen en andere herkenbare kenmerken veranderd om hun privacy te beschermen.

Noten

Inleiding

1 Terence M. Dorn, *Quotes: The Famous and Not So Famous* (Conneaut Lake, PA: Page Publishing Inc., 2021).
2 Tim Lomas, 'How I Discovered There Are (at Least) 14 Different Kinds of Love by Analysing the World's Languages,' *The Conversation*, 13 februari 2018, https://theconversation.com/how-i-discovered-there-are-at-least-14-different-kinds-of-love-by-analysing-the-worlds-languages-91509.
3 Neel Burton, 'These Are the 7 Types of Love,' *Psychology Today*, 15 juni 2016, https://www.psychologytoday.com/au/blog/hide-and-seek/201606/these-are-the-7-types-love.
4 'Love: Love Across Cultures,' *Marriage and Family Encyclopedia*, geraadpleegd 8 mei 2022, https://family.jrank.org/pages/1086/Love-Love-Across-Cultures.html.
5 Chrystal Hooi, 'Languages of Love: Expressing Love in Different Cultures,' *Jala-blog*, 10 februari 2020, https://jala.net/blog/story/30/languages-of-love-expressing-love-in-different-cultures.
6 Hooi, 'Languages of Love'.
7 Marian Joyce Gavino, 'The "Pure" Intentions of Kokuhaku,' Pop Japan, 13 februari 2018, https://pop-japan.com/culture/the-pure-intentions-of-kokuhaku/.
8 Hooi, 'Languages of Love'.
9 Fred Bronson, 'Top 50 Love Songs of All Time,' *Billboard*, 9 februari 2022, https://www.billboard.com/lists/top-50-love-songs-of-all-time/this-guys-in-love-with-you-herb-alpert-hot-100-peak-no-1-for-four-weeks-1968/.

10 S. Radhakrishnan, 'The Hindu Dharma,' *International Journal of Ethics* 33, nr. 1 (oktober 1922): 8-21, https://doi.org/10.1086/inte-jethi.33.1.2377174.

11 'Ashram,' Yogapedia, 11 februari 2018, https://www.yogapedia.com/definition/4960/ashram.

12 Ashley Fetters, '"He Said Yes!" Despite Changing Norms, It's Still Exceedingly Rare for Women to Propose in Heterosexual Couples,' *Atlantic*, 20 juli 2019, https://www.theatlantic.com/family/archive/2019/07/women-proposing-to-men/594214/.

13 Alexandra Macon, '7 Ways Engagement-Ring Buying Is Changing,' *Vogue*, 12 april 12 2019, https://www.vogue.com/article/how-engagement-ring-buying-is-changing.

14 'This Is What American Weddings Look Like Today,' *Brides*, 15 augustus 2021, https://www.brides.com/gallery/american-wedding-study.

15 D'vera Cohn en Jeffrey S. Passel, 'A Record 64 Million Americans Live in Multigenerational Households,' Pew Research Center, 5 april 2018, https://www.pewresearch.org/fact-tank/2018/04/05/a-record-64-million-americans-live-in-multigenerational-households/.

16 'What Percentage of Americans Currently Live in the Town or City Where They Grew Up?' PR Newswire, 5 november 2019, https://www.prnewswire.com/news-releases/what-percentage-of-americans-currently-live-in-the-town-or-city-where-they-grew-up-300952249.html.

17 Jamie Ballard, 'A Quarter of Americans Are Interested in Having an Open Relationship,' YouGovAmerica, 26 april 2021, https://today.yougov.com/topics/lifestyle/articles-reports/2021/04/26/open-rela tionships-gender-sexuality-poll.

18 Jason Silverstein en Jessica Kegu, '"Things Are Opening Up": Non-Monogamy Is More Common Than You'd Think,' CBS News, 27 oktober 2019, https://www.cbsnews.com/news/polyamory-rela tionships-how-common-is-non-monogamy-cbsn-originals/.

DEEL 1: ALLEEN-ZIJN: LEREN VAN JEZELF TE HOUDEN

1 Richard Schiffman, 'Ancient India's 5 Words for Love (And Why Knowing Them Can Heighten Your Happiness,' *YES!*, 14 augustus 2014, https://www.yesmagazine.org/health-happiness/2014/08/14/ancient-india-s-five-words-for-love.

Regel 1: Gun het jezelf om alleen te zijn

1 'Poems by Hafiz,' The Poetry Place, 13 augustus 2014, https://thepoetryplace.wordpress.com/2014/08/13/poems-by-hafiz/.

2 Stephanie S. Spielmann, Geoff MacDonald, Jessica A. Maxwell, Samantha Joel, Diana Peragine, Amy Muise en Emily A. Impett, 'Settling for Less Out of Fear of Being Single,' *Journal of Personality and Social Psychology* 105, nr. 6 (december 2013): 1049-1073, https://doi: 10.1037/a0034628.

3 *Superbad*, geregisseerd door Greg Mottola, Columbia Pictures/Apatow Productions, 2007.

4 *Cast Away*, geregisseerd door Robert Zemeckis, Twentieth Century Fox/DreamWorks Pictures/ImageMovers, 2000.

5 Paul Tillich, *The Eternal Now* (New York: Scribner, 1963).

6 Martin Tröndle, Stephanie Wintzerith, Roland Wäspe en Wolfgang Tschacher, 'A Museum for the Twenty-first Century: The Influence of "Sociality" on Art Reception in Museum Space,' *Museum Management and Curatorship* 27, nr. 5 (februari 2012): 461-486, https://doi.org/10.1 080/09647775.2012.737615.

7 Mihály Csíkszentmihályi, *Flow: The Psychology of Optimal Experience* (New York: Harper Perennial Modern Classics, 2008), 273.

8 Mihály Csíkszentmihályi, *Creativity: Flow and the Psychology of Discovery and Invention* (New York: HarperCollins, 1996).

9 'Confidence,' Lexico, geraadpleegd 23 juni 2022, https://www.lexico.com/en/definition/confidence.

10 Hamid Reza Alavi en Mohammad Reza Askaripur, 'The Relationship Between Self-Esteem and Job Satisfaction of Personnel in Government Organizations,' *Public Personnel Management* 32, nr. 4 (december 2003): 591-600, https://doi.org/10.1177/00910 2600303200409.

11 Ho Cheung William Li, Siu Ling Polly Chan, Oi Kwan Joyce Chung en Miu Ling Maureen Chui, 'Relationships Among Mental Health, Self-Esteem, and Physical Health in Chinese Adolescents: An Exploratory Study,' *Journal of Health Psychology* 15, nr. 1 (11 januari 2010): 96-106, https://doi.org/10.1177/13591053 09342601.

12 Ruth Yasemin Erol en Ulrich Orth, 'Self-Esteem and the Quality of Romantic Relationships,' *European Psychologist* 21, nr. 4 (oktober 2016): 274-283, https://doi.org/10.1027/1016-9040/a000259.

13 'Become an Instant Expert in the Art of Self-Portraiture,' Arts So-

ciety, 1 oktober 2020, https://theartssociety.org/arts-news-featu res/become-instant-expert-art-self-port raiture-0.

14 Vers 2.60 uit C. Bhaktivedanta Swami Prabhuppada, *Bhagavad-gita As It Is* (Bhaktivedanta Book Trust International), https://apps. apple.com/us/app/bhagavad-gita-as-it-is/id1080562426.

15 Vers 2.67 uit Prabhuppada, *Bhagavad-gita As It Is*.

16 Rigdzin Shikpo, *Never Turn Away: The Buddhist Path Beyond Hope and Fear* (Somerville, MA: Wisdom, 2007), 116.

17 Lisa Feldman Barrett, *7½ Lessons About the Brain* (New York: Houghton Mifflin Harcourt, 2020), 84-85, 93.

Regel 2: Negeer je karma niet

1 'Vedic Culture,' Hinduscriptures.com, geraadpleegd 3 oktober 2022, https://www.hinduscriptures.in/vedic-lifestyle/reasoning-customs/ why-should-we-perform-panchamahayajnas.

2 'Samskara,' Yogapedia, 31 juli 2020, https://www.yogapedia.com/ definition/5748/samskara.

3 Verzen 3.19, 3.27 uit Prabhuppada, *Bhagavad-gita As It Is*.

4 Coco Mellors, 'An Anxious Person Tries to Be Chill: Spoiler: It Doesn't Work (Until She Stops Trying),' *The New York Times*, 10 september 2021, https://www.nytimes.com/2021/09/10/style/ modern-love-an-anxious-person-tries-to-be-chill.html.

5 'The True Meaning of Matha, Pitha, Guru, Deivam,' VJAI.com, geraadpleegd 11 mei 2022, https://vjai.com/post/138149920/the-true-meaning-of-matha-pitha-guru-deivam.

6 'The Freudian Theory of Personality,' Journal Psyche, geraad-pleegd 21 juni 2022, http://journalpsyche.org/the-freudian-theory-of-personality/.

7 Thomas Lewis, Fari Amini en Richard Lannon, *A General Theory of Love* (New York: Vintage, 2007).

8 *Sneeuwitje en de zeven dwergen*, geregisseerd door William Cot-trell, David Hand en Wilfred Jackson, Walt Disney Animation Studios, 1937.

9 *Forrest Gump*, geregisseerd door Robert Zemeckis, Paramount Pictures/The Steve Tisch Company/Wendy Finerman Producti-ons, 1994.

10 Alexander Todorov, *Face Value: The Irresistible Influence of First Impressions* (Princeton, NJ: Princeton University Press, 2017); Daisy Dunne, 'Why Your First Impressions of Other People Are

Often WRONG: We Judge Others Instantly Based on Their Facial Expressions and Appearance, but This Rarely Matches Up to Their True Personality,' *Daily Mail*, 13 juni 2017, https://www.dailymail.co.uk/sciencetech/article-4599198/First-impressions-people-WRONG.html.

11 Greg Lester, 'Just in Time for Valentine's Day: Falling in Love in Three Minutes or Less,' *Penn Today*, 11 februari 2005, https://penntoday.upenn.edu/news/just-time-valentines-day-falling-love-three-minutes-or-less.

12 Lawrence E. Williams en John A. Bargh, 'Experiencing Physical Warmth Promotes Interpersonal Warmth,' *Science* 322, nr. 5901 (24 oktober 2008): 606-607, https://www.science.org/doi/10.1126/science.1162548.

13 Andrew M. Colman, *A Dictionary of Psychology*, vierde editie (Oxford: Oxford University Press, 2015).

14 *500 Days of Summer*, geregisseerd door Marc Webb, Fox Searchlight Pictures/Watermark/Dune Entertainment III, 2009.

15 'The History of the Engagement Ring,' Estate Diamond Jewelry, 10 oktober 2018, https://www.estatediamondjewelry.com/the-history-of-the-engagement-ring/.

16 'De Beers' Most Famous Ad Campaign Marked the Entire Diamond Industry,' The Eye of Jewelry, 22 april 2020, https://theeyeofjewelry.com/de-beers/de-beers-jewelry/de-beers-most-famous-ad-campaign-marked-the-entire-diamond-industry/.

17 Emily Yahr, 'Yes, Wearing That Cinderella Dress "Was Like Torture" for Star Lily James,' *The Washington Post*, 16 maart 2015, https://www.washingtonpost.com/news/arts-and-entertainment/wp/2015/03/16/yes-wearing-that-cinderella-dress-was-like-torture-for-star-lily-james/.

18 *Jerry Maguire*, geregisseerd door Cameron Crowe, TriStar Pictures/Gracie Films, 1996.

19 *Brokeback Mountain*, geregisseerd door Ang Lee, Focus Features/River Road Entertainment/Alberta Film Entertainment, 2006.

20 *Love Actually*, geregisseerd door Richard Curtis, Universal Pictures/StudioCanal/Working Title Films, 2003.

21 *The Princess Bride*, geregisseerd door Rob Reiner, Act III Communications/Buttercup Films Ltd./The Princess Bride Ltd., 1987.

22 *It's a Wonderful Life*, geregisseerd door Frank Capra, Liberty Films (II), 1947.

23 *Notting Hill*, geregisseerd door Roger Michell, Polygram Filmed

Entertainment/Working Title Films/Bookshop Productions, 1999.

24 The Unsent Project, geraadpleegd 12 mei 2022, https://theun-sentproject.com/.

25 'Understanding the Teen Brain,' University of Rochester Medical Center Health Encyclopedia, geraadpleegd 12 mei 2022, https://www.urmc.rochester.edu/encyclopedia/content.aspx?Content TypeID=1&ContentID=3051.

26 Daniel Amen, *The Brain in Love: 12 Lessons to Enhance Your Love Life* (New York: Harmony, 2009), 27.

27 Vers 14.19 uit C. Bhaktivedanta Swami Prabhuppada, *Bhagavad-gita As It Is* (The Bhaktivedanta Book Trust International, Inc.), https://apps.apple.com/us/app/bhagavad-gita-as-it-is/id1080562426.

28 *I Know What You Did Last Summer*, geregisseerd door Jim Gillespie, Mandalay Entertainment/Original Film/Summer Knowledge LLC, 1997.

29 Charlotte Brontë, *Jane Eyre* (New York: Norton, 2016).

30 Emily Brontë, *Wuthering Heights* (New York: Norton, 2019).

31 Stephenie Meyer, *Twilight* (New York: Little, Brown, 2005).

32 Helen Fisher, *Why Him? Why Her? Finding Real Love by Understanding Your Personality Type* (New York: Henry Holt, 2009), 208.

33 Amen, *The Brain in Love*, 65.

34 Amen, *The Brain in Love*, 65.

35 Alexandra Owens, 'Tell Me All I Need to Know About Oxytocin,' Psycom, geraadpleegd 12 mei 2022, https://www.psycom.net/oxytocin.

36 Amen, *The Brain in Love*, 65.

37 'John & Julie Gottman ON: Dating, Finding the Perfect Partner, & Maintaining a Healthy Relationship,' interview door Jay Shetty, *On Purpose*, Apple Podcasts, 28 september 2020, https://podcasts.apple.com/us/podcast/john-julie-gottman-on-dating-finding-perfect-partner/id1450994021?i=1000492786092.

38 Vers 10.1 uit C. Bhaktivedanta Swami Prabhuppada, *Bhagavad-gita As It Is* (Bhaktivedanta Book Trust International), https://apps.apple.com/us/app/bhagavad-gita-as-it-is/id1080562426; 'Bhagavad Gita Chapter 10, Text 01,' Bhagavad Gita Class, geraadpleegd 12 mei 2022, https://bhagavadgitaclass.com/bhagavad-gita-chapter-10-text-01/.

39 Beyoncé, 'Halo,' *I Am... Sasha Fierce*, Columbia Records, 20 januari 2009.

40 Ayesh Perera, 'Why the Halo Effect Affects How We Perceive Others,' Simply Psychology, 22 maart 2021, https://www.simply-psychology.org/halo-effect.html.

41 Pramahansa Yogananda, 'Practising the Presence of God,' Pramahansa Yogananda, geraadpleegd 11 augustus 2022, http://yoga nanda.com.au/gita/gita0630.html.

42 Vers 14.5 uit Prabhuppada, *Bhagavad-gita As It Is.*

43 Vers 14.5, Prabhuppada.

44 Vers 14.5, Prabhuppada.

45 Greg Hodge, 'The Ugly Truth of Online Dating: Top 10 Lies Told by Internet Daters,' *HuffPost*, 10 oktober 2012, https://www.huffpost.com/entry/online-dating-lies_b_1930053; Opinion Matters, 'Little White Lies,' BeautifulPeople.com, geraadpleegd 12 mei 2022, https://beautifulpeoplecdn.s3.amazonaws. com/studies/usa_studies.pdf.

46 Emily Wallin, '40 Inspirational Russell Brand Quotes on Success,' Wealthy Gorilla, 20 maart 2022, https://wealthygorilla.com/russell-brand-quotes/.

47 Eknath Easwaran, *Words to Live By: Daily Inspiration for Spiritual Living.* (Tomales, CA: Nilgiri Press, 2010).

DEEL 2: VERENIGBAARHEID: LEREN OM VAN ANDEREN TE HOUDEN

1 'Kama,' Yogapedia, geraadpleegd 12 mei 2022, https://www.yogapedia.com/definition/5303/kama; 'Maitri,' Yogapedia, 23 juli 2020, https://www.yogapedia.com/definition/5580/maitri.

Regel 3: Definieer liefde voordat je haar denkt, voelt of uitspreekt

1 Kelsey Borresen, '8 Priceless Stories of People Saying 'I Love You' for the First Time,' *HuffPost*, 28 september 2018, https://www.huffpost.com/entry/saying-i-love-you-for-the-first-time_n_5bad19 b8e4b09d41eb9f6f5a.

2 Martha De Lacy, 'When WILL He Say "I Love You?" Men Take 88 Days to Say Those Three Words – But Girls Make Their Man Wait a Lot Longer,' *Daily Mail*, 7 maart 2013, https://www.dailymail.co.uk/femail/article-2289562/I-love-Men-88-days-say-girlfriend-women-134-days-say-boyfriend.html.

3 'Chapter 25 – The Nine Stages of Bhakti Yoga,' Hare Krishna Temple, geraadpleegd 12 mei 2022, https://www.harekrishnatemple.com/chapter25.html.

4 Helen Fisher, 'Lust, Attraction, and Attachment in Mammalian Reproduction,' *Human Nature* 9, nr. 1 (1998): 23-52, https://doi.org/10.1007/s12110-998-1010-5.

5 Jade Poole, 'The Stages of Love,' MyMed.com, geraadpleegd 12 mei 2022, https://www.mymed.com/health-wellness/interesting-health-info/chemistry-or-cupid-the-science-behind-falling-in-love-explored/the-stages-of-love.

6 Matthias R. Mehl, Simine Vazire, Shannon E. Holleran en C. Shelby Clark, 'Eavesdropping on Happiness: Well-being Is Related to Having Less Small Talk and More Substantive Conversations,' *Psychological Science* 21, nr. 4 (1 april 2010): 539-541, https://doi.org/10.1177/0956797610362675.

7 Marlena Ahearn, 'Can You Really Train Your Brain to Fall in Love?' Bustle, 19 oktober 2016, https://www.bustle.com/articles/190270-can-you-really-train-your-brain-to-fall-in-love-the-science-behind-building-intimacy-in.

8 Lisa Firestone, 'Are You Expecting Too Much from Your Partner? These 7 Ways We Over-Rely on Our Partner Can Seriously Hurt Our Relationship,' PsychAlive, geraadpleegd 13 mei 2022, https://www.psychalive.org/are-you-expecting-too-much-from-your-partner/.

9 Rebecca D. Heino, Nicole B. Ellison en Jennifer L. Gibbs, 'Relationshopping: Investigating the Market Metaphor in Online Dating,' *Journal of Social and Personal Relationships* 27, nr. 4 (9 juni 2010): 427-447, https://doi.org/10.1177/0265407510361614.

10 Florence Williams, *Heartbreak: A Personal and Scientific Journey.* (New York: Norton, 2022), 112.

11 'Response-Time Expectations in the Internet Age: How Long Is Too Long?' High-Touch Communications Inc., geraadpleegd 21 juni 2022, https://blog.htc.ca/2022/05/18/response-time-expectations-in-the-internet-age-how-long-is-too-long/.

12 Seth Meyers, 'How Much Should New Couples See Each Other? To Protect the Longevity of a Relationship, Couples Should Use Caution,' *Psychology Today*, 29 november 2017, https://www.psychologytoday.com/us/blog/insight-is-2020/201711/how-much-should-new-couples-see-each-other.

Regel 4: Je partner is je goeroe

1 Antoine de Saint-Exupéry, *Airman's Odyssey* (New York: Harcourt Brace, 1984).

2 Jeremy Dean, 'How to See Yourself Through Others' Eyes,' Psych Central, 1 juni 2010, https://psychcentral.com/blog/how-to-see-yourself-through-others-eyes#1.

3 Arthur Aron en Elaine Aron, *Love and the Expansion of Self: Understanding Attraction and Satisfaction* (London: Taylor & Francis, 1986).

4 Kripamoya Das, *The Guru and Disciple Book* (Belgium: Deshika Books, 2015).

5 Kripamoya Das, *The Guru and Disciple Book*.

6 Sean Murphy, *One Bird, One Stone: 108 Contemporary Zen Stories* (Newburyport, MA: Hampton Roads, 2013), 67.

7 *Doctor Strange*, geregisseerd door Scott Derrickson, Marvel Studios/Walt Disney Pictures, 2016.

8 Kripamoya Das, *The Guru and Disciple Book*.

9 Jamie Arpin-Ricci, 'Preach the Gospel at All Times? St. Francis Recognized That the Gospel Was All Consuming, the Work of God to Restore All of Creation Unto Himself for His Glory,' *HuffPost*, 31 augustus 2012, https://www.huffpost.com/entry/preach-the-gospel-at-all-times-st-francis_b_162 7781.

10 Kripamoya Das, *The Guru and Disciple Book*.

11 'Ramayana Story: Little Squirrel Who Helped Lord Rama!' Bhagavatam-katha, geraadpleegd 14 mei 2022, http://www.bhagavatam-katha.com/ramayana-story-little-squirrel-who-helped-lord-rama/.

12 Murphy, *One Bird, One Stone*, 13.

13 Kripamoya Das, *The Guru and Disciple Book*.

14 Kripamoya Das, *The Guru and Disciple Book*.

15 Matt Beck, 'The Right Way to Give Feedback,' Campus Rec, 27 juni 2019, https://campus recmag.com/the-right-way-to-give-feedback/; Carol Dweck, *Mindset: The New Psychology of Success* (New York: Ballantine Books, 2006).

16 Dweck, *Mindset*, 6.

17 Kripamoya Das, *The Guru and Disciple Book*.

18 Christian Jarrett, 'How to Foster "Shoshin": It's Easy for the Mind to Become Closed to New Ideas: Cultivating a Beginner's Mind Helps Us Rediscover the Joy of Learning,' Psyche, geraadpleegd 14 mei 2022, https://psyche.co/guides/how-to-cultivate-shoshin-

or-a-beginners-mind; Shunryu Suzuki, *Zen Mind, Beginner's Mind*, 50th Anniversary Edition (Boulder, CO: Shambhala, 2020).

19 Kripamoya Das, *The Guru and Disciple Book*.

20 Kripamoya Das, *The Guru and Disciple Book*.

21 Stephen Covey, *The 7 Habits of Highly Effective People*, 30th Anniversary Edition (New York: Simon & Schuster, 2020).

22 Kripamoya Das, *The Guru and Disciple Book*.

23 Nicole Weaver, '5 Ways You Become More Like Your Partner Over Time (Even If You Don't Realize It),' Your Tango, 6 mei 2021, https://www.yourtango.com/2015275766/5-ways-couples-become-more-alike-when-in-love.

24 David Bruce Hughes, 'Sri Vedanta-Sutra: The Confidential Conclusions of the Vedas,' Esoteric Teaching Seminars, geraadpleegd 11 augustus 2022, https://www.google.com/books/edition/Śrī_Vedānta_sūtra_Adhyāya_2/gfHRFz6lU2kC?hl=en&gb pv=1&dq=Vedic+%22scriptures%22+meaning&pg=PA117&printsec=frontcover.

Regel 5: Je levensvervulling staat voorop

1 David Viscott, *Finding Your Strength in Difficult Times: A Book of Meditations* (Indianapolis, IN: Contemporary Books, 1993).

2 'Dharma,' Yogapedia, 23 april 2020, https://www.yogapedia.com/definition/4967/dharma.

3 'Artha,' Yogapedia, 9 oktober 2018, https://www.yogapedia.com/definition/5385/artha.

4 'Kama,' Yogapedia, geraadpleegd 12 mei 2022, https://www.yogapedia.com/definition/5303/kama.

5 'Moksha,' Yogapedia, 23 april 2020, https://www.yogapedia.com/definition/5318/moksha. De Veda's waren duidelijk over de volgorde: 'Dharma, Artha, Kama, and Moksha: The Four Great Goals of Life,' David Frawley (Pandit Vamadeva Shastri), Sivananda, geraadpleegd 16 mei 2022, https://articles.sivananda.org/vedic-sciences/dharma-artha-kama-and-moksha-the-four-great-goals-of-life/; David Frawley, *The Art and Science of Vedic Counseling* (Twin Lakes, WI: Lotus Press, 2016).

6 Barbara L. Fredrickson, Karen M. Grewen, Kimberly A. Coffey, Sara B. Algoe, Ann M. Firestine, Jesusa M.G. Arevalo, Jeffrey Ma en Steven W. Cole, 'A Functional Genomic Perspective of Human Well-Being,' *Proceedings of the National Academy of Sciences* 110,

nr. 33 (juli 2013): 13684-13689, https://doi.org/10.1073/pnas. 1305419110.

7 Anthony L. Burrow en Nicolette Rainone, 'How Many *Likes* Did I Get? Purpose Moderates Links Between Positive Social Media Feedback and Self-Esteem,' *Journal of Experimental Social Psychology* 69 (maart 2017): 232-236, https://doi.org/10.1016/j.jesp. 2016.09.005.

8 Jackie Swift, 'The Benefits of Having a Sense of Purpose: People with a Strong Sense of Purpose Tend to Weather Life's Ups and Downs Better: Anthony Burrow Investigates the Psychology Behind This Phenomenon,' Cornell Research, geraadpleegd 16 mei 2022, https://research.cornell.edu/news-features/bene fits-having-sense-purpose.

9 Thich Nhat Hanh, *How to Fight* (Berkeley, CA: Parallax Press, 2017), 87-88.

10 Kelsey Borresen, '6 Ways the Happiest Couples Change Over Time: Long, Happy Relationships Don't Happen by Accident: They Take Work and a Willingness to Evolve,' *HuffPost*, 29 maart 2019, https://www.huff post.com/entry/ways-happiest-couple-cha nge-over-time_l_5c9d037de4b 00837f6bbe3e2.

11 Sal Khan, 'Khan Academy: Sal Khan,' interview door Guy Raz, *How I Built This*, podcast, NPR, 21 september 2020, https://www. npr.org/2020/09/18/914394221/khan-academy-sal-khan.

12 Brigid Schulte, 'Brigid Schulte: Why Time Is a Feminist Issue,' *The Sydney Morning Herald*, 10 maart 2015, https://www.smh. com.au/lifestyle/health-and-wellness/brigid-schulte-why-time-is-a-feminist-issue-20150309-13zimc.html.

13 'F1 Records Drivers,' F1 Fansite, geraadpleegd 22 juni 2022. https://www.f1-fansite.com/f1-results/f1-records-drivers/.

14 HAO, 'Lewis Hamilton: Daily Routine,' Balance the Grind, 9 april 2022, https://balancethegrind.co/daily-routines/lewis-hamilton-dai ly-routine/; Lewis Hamilton, 'Optimize Your Body for Performance,' MasterClass, geraadpleegd 22 juni 2022, https://www. masterclass.com/classes/lewis-hamilton-teaches-a-winning-mindset/chapters/optimize-your-body-for-performance.

15 'Seven Steps (Seven Pheras) of Hindu Wedding Ceremony Explained,' Vedic Tribe, 17 november 2020, https://vedictribe.com/ bhartiya-rights-rituals/seven-steps-seven-pheras-of-hindu-wedding-ceremony-explained/.

16 Claire Cain Miller, 'The Motherhood Penalty vs. the Fatherhood

Bonus,' *The New York Times*, 6 september 2014, https://www.ny-times.com/2014/09/07/upshot/a-child-helps-your-career-if-youre-a-man.html.

17 Khan, 'Khan Academy'.

18 A.P. French, *Einstein: A Centenary Volume* (Cambridge, MA: Harvard University Press, 1980), 32.

19 Jeremy Brown, 'How to Balance Two Careers in a Marriage Without Losing Yourselves: It's Possible: You Just Have to Follow These Rules,' Fatherly, 2 januari 2019, https://www.fatherly.com/love-money/marriage-advice-two-career-household/.

DEEL 3: HELEN: DOOR WORSTELING LEREN OM LIEF TE HEBBEN

Regel 6: Samen winnen of verliezen

1 'M. Esther Harding Quotes,' Citatis, geraadpleegd 17 mei 2022, https://citatis.com/a229/12e75/.

2 Society for Personality and Social Psychology, 'Sometimes Expressing Anger Can Help a Relationship in the Long-Term,' Science-Daily, 2 augsutus 2012, www.sciencedaily.com/releases/2012/08/120802133649.htm; James McNulty en V. Michelle Russell, 'Forgive and Forget, or Forgive and Regret? Whether Forgiveness Leads to Less or More Offending Depends on Offender Agreeableness,' *Personality and Social Psychology Bulletin* 42, nr. 5 (30 maart 2016): 616-631, https://doi.org/10.1177/0146167216637841.

3 Vers 14.5-9 uit de Bhagavad Gita, introductie en vertaling door Eknath Easwaran (Tomales, CA: Nilgiri Press, 2007), 224-225.

4 Verzen 1.21, 28-30, uit C. Bhaktivedanta Swami Prabhuppada, *Bhagavad-gita As It Is* (Bhaktivedanta Book Trust International), https://apps.apple.com/us/app/bhagavad-gita-as-it-is/id1080562426.

5 Sri Swami Krishnananda, 'The Gospel of the Bhagavadgita – Resolution of the Fourfold Conflict,' Divine Life Society, geraadpleegd 17 mei 2022, https://www.dlshq.org/religions/the-gospel-of-the-bhagavadgita-resolution-of-the-fourfold-conflict/.

6 Carly Breit, 'This Is the Best Way to Fight with Your Partner, According to Psychologists,' *Time*, 24 september 2018, https://time.com/5402188/how-to-fight-healthy-partner/.

7 Art Markman, 'Seeing Things from Another's Perspective Creates

Empathy: Should You Literally Try to See the World from Someone Else's Perspective?' *Psychology Today*, 6 juni 2017, https://www.psychologytoday.com/us/blog/ulterior-motives/201706/seeing-things-anothers-perspective-creates-empathy.

8 *Dimensions of Body Language*, 'Chapter 17: Maximize the Impact of Seating Formations,' Westside Toastmasters, geraadpleegd 17 mei 2022, https://westsidetoastmasters.com/resources/book_of_body_language/chap17.html.

9 'Ritu Ghatourey Quotes,' Goodreads, geraadpleegd 17 mei 2022, https://www.goodreads.com/quotes/10327953-ten-per-cent-of-conflict-is-due-to-difference-of.

10 Phillip Lee en Diane Rudolph, *Argument Addiction: Even When You Win, You Lose – Identify the True Cause of Arguments and Fix It for Good*. (Bracey, VA: Lisa Hagan Books, 2019).

Regel 7: Je breekt niet in een relatiebreuk

1 'Rumi Quotes,' Goodreads, geraadpleegd 5 september 2022, https://www.goodreads.com/quotes/9726-your-task-is-not-to-seek-for-love-but-merely.

2 'Types of Abuse,' National Domestic Violence Hotline, geraadpleegd 18 mei 2022, https://www.thehotline.org/resources/types-of-abuse/.

3 Clifford Notarius en Howard Markman, *We Can Work It Out: How to Solve Conflicts, Save Your Marriage, and Strengthen Your Love for Each Other* (New York: TarcherPerigee, 1994).

4 'Admitting to Cheating: Exploring How Honest People Are About Their Infidelity,' Health Testing Centers, geraadpleegd 18 mei 2022, https://www.healthtest ingcenters.com/research-guides/admit ting-cheating/.

5 Shirley P. Glass met Jean Coppock Staeheli, *NOT 'Just Friends': Rebuilding Trust and Recovering Your Sanity After Infidelity* (New York: Free Press, 2003), 162-163.

6 Glass, *NOT 'Just Friends'*, 192.

7 Jim Hutt, 'Infidelity Recovery – Consequences of Punishing the Cheater,' Emotional Affair Journey, geraadpleegd 18 mei 2022, https://www.emotionalaffair.org/infidelity-recovery-consequences-of-punishing-the-cheater/.

8 Glass, *NOT 'Just Friends'*, 5, 133.

9 Robert Taibbi, 'The Appeal and the Risks of Rebound Relation-

ships: When Every Partner Is "The One," Until the Next One,' *Psychology Today*, 14 november 2014, https://www.psychologytoday.com/us/blog/fixing-families/201411/the-appeal-and-the-risks-rebound-relationships.

10 Annette Lawson, *Adultery: An Analysis of Love and Betrayal* (New York: Basic Books, 1988).

11 K. Aleisha Fetters, 'The Vast Majority of Divorces Are Due to Inertia – and 7 More Marriage Insights from Divorce Lawyers,' *Prevention*, 10 februari 2015, https://www.pre vention.com/sex/relationships/a20448701/marriage-tips-from-divorce-lawyers/.

12 'Growing Together Separately,' Relationship Specialists, geraadpleegd 22 juni 2022, https://www.relationshipspecialists.com/media/growing-together-separately/.

13 'Great Minds Discuss Ideas; Average Minds Discuss Events; Small Minds Discuss People,' Quote Investigator, geraadpleegd 18 mei 2022, https://quoteinvestigator.com/2014/11/18/great-minds/.

14 'Travel Strengthens Relationships and Ignites Romance,' U.S. Travel Association, 5 februari 2013, https://www.ustravel.org/research/travel-strengthens-relationships-and-ignites-romance.

15 Melissa Matthews, 'How to Be Happy: Volunteer and Stay Married, New U.S. Study Shows,' Yahoo! News, 12 september 2017, https://www.yahoo.com/news/happy-volunteer-stay-married-u-121002566.html?guccounter=1.

16 Charlotte Reissman, Arthur Aron en Merlynn Bergen, 'Shared Activities and Marital Satisfaction: Causal Direction and Self-Expansion Versus Boredom,' *Journal of Social and Personal Relationships* 10 (1 mei 1993): 243-254.

17 Andrew Huberman, 'The Power of Play,' *Huberman Lab*, podcast, Scicomm Media, 7 februari 2022, https://hubermanlab.com/using-play-to-rewire-and-improve-your-brain/.

18 Arthur P. Aron en Donald G. Dutton, 'Some Evidence for Heightened Sexual Attraction Under Conditions of High Anxiety,' *Journal of Personality and Social Psychology* 30, nr. 4 (1974): 510-517.

19 Lisa Marie Bobby, Growingself.com.

20 'Marriage and Couples,' Gottman Institute, geraadpleegd 18 mei 2022, https://www.gott man.com/about/research/couples/.

21 Helen E. Fisher, Lucy L. Brown, Arthur Aron, Greg Strong en Debra Mashek, 'Reward, Addiction, and Emotion Regulation Systems Associated with Rejection in Love,' *Journal of Neurophysiology* 104, nr. 1 (juli 2010): 51-60.

22 Fisher et al., 'Reward, Addiction, and Emotion Regulation Systems Associated with Rejection in Love'.

23 Florence Williams, *Heartbreak: A Personal and Scientific Journey* (New York: Norton, 2022), 36-37.

24 'Oxytocin Bonding in Relationships – Dr. C. Sue Carter, Ph.D. – 320,' interview door Jayson Gaddis, *The Relationship School Podcast*, Relationship School, 8 december 2020, https://relationship school.com/podcast/oxytocin-bonding-in-relationships-dr-c-sue-carter-ph-d-320/.

25 Fisher et al., 'Reward, Addiction, and Emotion Regulation Systems Associated with Rejection in Love'.

26 Verzen 2.17, 23-24 uit C. Bhaktivedanta Swami Prabhuppada, *Bhagavad-gita As It Is*. (The Bhaktivedanta Book Trust International, Inc.). https://apps.apple.com/us/app/bhagavad-gita-as-it-is/id 1080562426.

27 Guy Winch, 'How to Fix a Broken Heart,' TED2017, april 2017, https://www.ted.com/talks/guy_winch_how_to_fix_a_broken_heart.

28 Kyle J. Bourassa, Atina Manvelian, Adriel Boals, Matthias R. Mehl en David A. Sbarra, 'Tell Me a Story: The Creation of Narrative as a Mechanism of Psychological Recovery Following Marital Separation,' *Journal of Social and Clinical Psychology* 36, nr. 5 (24 mei 2017): 359-379, https://doi.org/10.1521/jscp.2017.36.5.359.

29 Brett Sears, 'Scar Tissue Massage and Management,' Verywell Health, 19 april 2022, https://www.verywellhealth.com/scar-tissue-massage-and-management-2696639.

30 Mark Matousek, 'Releasing the Barriers to Love: An Interview with Tara Brach,' *Psychology Today*, 24 november 2015, https://www.psychologytoday.com/us/blog/ethical-wisdom/201511/releasing-the-barriers-love-interview-tara-brach.

31 Lisa Capretto, 'What Buddhist Teacher Pema Chödrön Learned After a 'Traumatizing' Divorce,' *HuffPost*, 6 mei 2015, https://www.huffpost.com/entry/pema-chodron-divorce-lesson_n_7216638.

32 Vers 3.42 uit C. Bhaktivedanta Swami Prabhuppada, *Bhagavad-gita As It Is* (Bhaktivedanta Book Trust International), https://apps.apple.com/us/app/bhagavad-gita-as-it-is/id1080562426.

33 Christin Ross, 'Christin Ross at Story District's Sucker for Love,' Story District, 14 februari 2020, https://www.youtube.com/watch?v=8ClCLIs3h5Q&list=PLDGn_6N3BeYprjF0ExwvVvWU6nd-zshh3d.

34 'Maya,' Yogapedia, 21 oktober 2018, https://www.yogapedia.com/definition/4986/maya.

35 Williams, *Heartbreak*, 222-223.

36 'Shambhala Sun: A Wind Through the Heart; A Conversation with Alice Walker and Sharon Salzberg on Loving Kindness in a Painful World,' Alice Walker Pages, 23 augustus 1998, http://math.buffalo.edu/~sww/walker/wind-thru-heart.html.

DEEL 4: VERBINDING:
LEREN OM VAN IEDEREEN TE HOUDEN

1 'Karuna,' Yogapedia, 10 april 2016, https://www.yogapedia.com/definition/5305/karuna.

Regel 8: Steeds opnieuw liefhebben

1 'Kabir,' Poet Seers, geraadpleegd 18 mei 2022, https://www.poetseers.org/the-poetseers/kabir/.

2 Joanna Macy, *World as Lover, World as Self: Courage for Global Justice and Ecological Renewal* (Berkeley, CA: Parallax Press, 2007), 156.

3 'Sannyasin,' Yogapedia, 5 augustus 2018, https://www.yogapedia.com/definition/5348/sannyasin.

4 Marianna Pogosyan, 'In Helping Others, You Help Yourself,' *Psychology Today*, 30 mei 2018, https://www.psychologytoday.com/us/blog/between-cultures/201805/in-helping-others-you-help-yourself.

5 'Anne Frank,' Goodreads, geraadpleegd 18 mei 2022, https://www.goodreads.com/quotes/81804-no-one-has-ever-become-poor-by-giving.

6 Larry Dossey, 'The Helper's High,' *Explore* 14, nr. 6 (november 2018): 393-399, https://doi.org/10.1016/j.explore.2018.10.003; Allan Luks with Peggy Payne, *The Healing Power of Doing Good: The Health and Spiritual Benefits of Helping Others* (New York: Fawcett, 1992).

7 'Sat-Chit-Ananda,' Yogapedia, 10 april 2019, https://www.yogapedia.com/definition/5838/sat-chit-ananda.

8 Sampadananda Mishra, 'Two Paths: Shreyas and Preyas,' Bhagavad Gita, 14 maart 2018, http://bhagavad gita.org.in/Blogs/5ab0b9b75369ed21c4c74c01.

9 Jamil Zaki, 'Caring About Tomorrow: Why Haven't We Stopped Climate Change? We're Not Wired to Empathize with Our Descendents,' *The Washington Post*, 22 augustus 2019, https://www. washingtonpost.com/outlook/2019/08/22/caring-about-tomorrow/.

10 'Rumi Quotes,' Goodreads, geraadpleegd 18 mei 2022, https:// www.goodreads.com/author/quotes/875661.Rumi?page=8.

11 Vers 5.18 uit C. Bhaktivedanta Swami Prabhuppada, *Bhagavad-gita As It Is* (Bhaktivedanta Book Trust International), https://apps. apple.com/us/app/bhagavad-gita-as-it-is/id1080562426.

12 Vers 5.18 uit C. Bhaktivedanta Swami Prabhuppada, *Bhagavad-gita As It Is*. (The Bhaktivedanta Book Trust International, Inc.). https:// apps.apple.com/us/app/bhagavad-gita-as-it-is/id1080562426.

13 'Russell A. Barkley Quotes,' Goodreads, geraadpleegd 18 mei 2022, https://www.goodreads.com/quotes/1061120-the-children-who-need-love-the-most-will-always-ask.

14 'Dunbar's Number: Why We Can Only Maintain 150 Relationships,' BBC, geraadpleegd 18 mei 2022, https://www.bbc.com/future/article/20191001-dunbars-number-why-we-can-only-maintain-150-relationships.

15 Kevin Yip, 'Recognizing Value: Blueboard's COO Explains Why Companies Send Employees Skydiving,' interview door Sean Ellis en Ethan Garr, *The Breakout Growth Podcast*, Breakout Growth, 22 februari 2022, https://breakoutgrowth.net/2022/02/22/podcast-recognizing-value-blueboards-coo-explains-why-companies-send-employees-skydiving/; Kevin Yip en Taylor Smith, 'Kevin Yip & Taylor Smith – Cofounders of Blueboard – the Other Side of Success Equals Sacrifice,' interview door Matt Gottesman, *H&DF Magazine*, 12 april 2022, https://hdfmagazine.com/podcast/ep-37-kevin-yip-taylor-smith-co-founders-blueboard-the-other-side-success-equals-sacrifice/.

16 Kristin Long, 'Infographic: 49 Percent of Employees Would Change Jobs to Feel More Appreciated,' Ragan, 23 april 2013, https://www. ragan.com/infographic-49-percent-of-employees-would-change-jobs-to-feel-more-appreciated/.

17 Stephanie Pappas, 'Why You Should Smile at Strangers,' Live Science, 25 mei 2012, https://www.livescience.com/20578-social-connection-smile-strangers.html; Neil Wagner, 'The Need to Feel Connected,' *Atlantic*, 13 februari 2012, https://www.theatlantic. com/health/archive/2012/02/the-need-to-feel-connected/252924/; 'Being Ignored Hurts, Even by a Stranger,' Association for Psycho-

logical Science, 24 januari 2012, https://www.psychologicalscience.
org/news/releases/being-ignored-hurts-even-by-a-stranger.html.

18 Ronald E. Riggio, 'There's Magic in Your Smile,' *Psychology Today*,
25 juni 2012, https://www.psychologytoday.com/us/blog/cutting-
edge-leadership/201206/there-s-magic-in-your-smile.

19 'Why Smiles (and Frowns) Are Contagious,' Science News, 11
februari 2016, https://www.sciencedaily.com/releases/2016/02/
160211140428.htm.

20 'Volunteering Facts & Statistics,' Trvst, 11 juni 2021, https://www.
trvst.world/charity-civil-society/volunteering-facts-statistics/#cmf
SimpleFootnoteLink1; 'Volunteering in the United States – 2015,'
Bureau of Labor Statistics, 25 februari 2016, https://www.bls.gov/
news.release/pdf/volun.pdf.

21 Dave Anderson, 'A Short Story of Great Selflessness in 500 Words,'
Anderson Leadership Solutions, 27 maart 2018, http://www.ander
sonleadershipsolutions.com/short-story-great-selflessness-500-
words/; 'Family of Man Who Was Pictured Being Given Boots by
NYPD Cop Say They Didn't Know He Was Homeless,' *Daily Mail*,
2 december 2012, https://www.dailymail.co.uk/news/article-2241
823/Lawrence-DePrimo-Family-man-pictured-given-boots-NYPD-
cop-say-didnt-know-homeless.html.

22 'Our Story,' Goats of Anarchy, geraadpleegd 22 juni 2022, https://
www.goatsofanarchy.org/about.

23 Gertrude Prokosch Kurath, 'Native American Dance,' Britannica,
geraadpleegd 19 mei 2022, https://www.britannica.com/art/Native-
American-dance/Regional-dance-styles.

24 Richard Rosen, 'Sun Salutation Poses: The Tradition of Surya Namaskar,' *Yoga Journal*, 28 augustus 2007, https://www.yogajournal.
com/poses/here-comes-the-sun/.

25 McKenzie Perkins, 'Irish Mythology: Festival and Holidays,' Thought
Co, 29 december 2019, https://www.thoughtco.com/irish-mytho
logy-festival-and-holidays-4779917.

26 Rosen, 'Sun Salutation Poses'.

27 'Dr. Samer Hattar – Timing Light, Food, & Exercise for Better Sleep,
Energy, and Mood,' interview door Andrew Huberman, *Huberman
Lab*, podcast, Scicomm Media, 25 oktober 2021, https://huberman-
lab.com/dr-samer-hattar-timing-light-food-exercise-for-better-sleep-
energy-mood/.

28 'Dr. Samer Hattar'.

Volgende stappen

Er zijn talloze uren van onderzoek, schrijven, redactie en liefde in dit boek gaan zitten. Ik stop mijn ziel en zaligheid in alles wat ik doe. En wat het project of medium ook is, in wezen is het doel van mijn werk altijd hetzelfde. Ik wil anderen helpen om op alle mogelijke manieren door waarheid, wetenschap en intentie te groeien.

Dat gezegd hebbende, nodig ik je uit om lid te worden van Genius.

Genius is mijn wereldwijde coachingsgemeenschap die elkaar wekelijks ontmoet voor live workshops en meditaties. We begrijpen dat ingrijpende verandering vanbinnen begint en dat werkelijke groei betekent dat we ons hele wezen moeten voeden – mentaal, fysiek, emotioneel en spiritueel.

Als je lid bent, zal ik je begeleiden tijdens wekelijkse livesessies gebaseerd op praktische wijsheid en het nieuwste onderzoek op het gebied van persoonlijke ontwikkeling en welzijn. Daarnaast heb je toegang tot alle workshops en meditaties in de Genius-app. Ik behandel alles van relaties tot carrière, gezondheid, spiritualiteit en persoonlijke ontwikkeling.

Mijn Genius-methode is eenvoudig maar effectief. Wanneer coaching, consistentie en community worden gecombineerd, verbetert alles in je leven van binnenuit. De tijd die we elke week samen vrijmaken dient als een veilige plek waar we onze gedachten tot rust kunnen brengen, kunnen mediteren en stress en angsten los kunnen laten, en ons kunnen concentreren op datgene wat er het meeste toe doet – leren hoe we zowel onszelf als de wereld kunnen verbeteren.

Bovendien kun je in meer dan honderdvijftig landen maandelijks persoonlijke bijeenkomsten met andere Genius-leden bijwonen om nieuwe vrienden te maken en gelijkgezinden te ontmoeten.

Kijk voor meer informatie op www.jayshettygenius.com.

JAY SHETTY CERTIFICATION SCHOOL

Als de regels en de concepten in dit boek je op een diep niveau aanspreken en je je geroepen voelt om zelf een gidsrol op je te nemen, nodig ik je uit om te overwegen een opleiding tot levenscoach te volgen aan de Jay Shetty Certification School.

Vanuit de droom om impact te hebben op een miljard levens, heb ik deze school in 2020 opgericht om de volgende generatie van coaches op te leiden. Het is een volledig erkend instituut met als doel het verbeteren van de wereld door middel van een gericht lesprogramma dat gestoeld is op traditionele coachingstheorieën, professionele competenties, oosterse filosofie en Vedische wijsheid. We leiden onze studenten op tot gespecialiseerde coaches op allerlei deelgebieden – relatiecoaches, zakelijke coaches, levenscoaches. Wat voor verandering je ook in de wereld wilt bewerkstelligen, wij kunnen je erbij helpen.

De opleiding zal bestaan uit begeleide studie, het onder toezicht coachen van medestudenten en groepssessies waarin je de instrumenten en de technieken aangereikt zult krijgen die je nodig hebt voor professionele sessies met cliënten. Verder zul je leren hoe je een gezonde professionele praktijk op kunt bouwen en zowel jezelf als je bedrijf in de markt kunt zetten. Alle gecertificeerde Jay Shetty Coaches zijn opgenomen in een wereldwijde database waar cliënten rond kunnen neuzen en een coach kunnen kiezen.

Meer dan wat dan ook wilde ik dat deze school toegankelijk zou zijn voor iedereen. Je kunt online studeren op elke plek in de wereld, op je eigen tempo en wanneer het jou uitkomt.

De Jay Shetty Certification School is aangesloten bij de Association for Coaching en EMCC Global.

Kijk voor meer informatie op www.jayshettycoaching.com.

Register